새로운 아시아를 상상한다

새로운 아시아를 상상한다

왕 후이 지음 이욱연 외 옮김 이욱연 대담

Changbi Publishers

■

비판적 지성이 만드는 동아시아

16세기에 지리적 명칭으로 도입된 '아시아'는 굴욕과 영광의 언어이다. 19세기 후반 서세동점의 역사 속에서 서양의 문명적 표준에 비춰진 동아시아는 '야만' 또는 '반야만'으로 위치지어진 이후로 그로부터의 탈출을 역사적 과제로 삼는 피동적 존재였다. 그러나 동아시아는 또한 이 지역 인민이 제국주의에 대항하기 위한 지역연대를 꿈꾸는 상상력의 근거이기도 했다. 더 나아가 20세기 후반에는 세계경제의 활력을 불러일으키는 거점으로서의 자부심을 표상하는 기호로 떠올랐다. 21세기 초입인 지금 동아시아는 세계의 번영과 쇠퇴, 평화와 전쟁을 갈음하는 핵심적 지역으로 부상하고 있다.

동아시아의 중간에 위치한 한반도에서는 19세기에서 20세기로 넘어가는 교체기에 지역연대로서의 동아시아 구상이 등장했지만, 일제 식민지로 전락하면서 그 지역구상도 민족국가 수립의 비원에 가려져 몰락했다. 해방이 되어서도 사정은 달라지지 않았다. 냉전이 조성한 진영적 논리에 사로잡혀 우리의 공간인식은 반도의 남쪽을 벗어나지 못했다. 그러나 지난 90년대 분단체제가 흔들리면서 한반도를 넘어선 지역에 대한 주체적 관심이 되살아나, '동아시아' 담론이 지식인사회에서 유행이랄 정도로 활기를 띠었다. 이런 흐름을 타고 국내에서 동아시아 연대운동을 주도하는 움직임이 움트더니, 급기야 '참여정부'가 '평화와 번영의 21세기 동북아시대'를 국정목표로 정해 대외적으로 제안할 정도가 되었다. 동아시아지역을 단위로 한 발상이 우리의 현실을 움직이고 있는 증거가 아닐 수 없다.

이런 상황은 이제 우리가 '왜' 동아시아인가에서 더 나아가 '어떤' 동아시아인가를 물을 때임을 깨닫게 한다. 동아시아란 지리적으로 고정된 경계나 구조를 가진 실체가 아니라, 이 지역을 구성하는 주체의 행위에 따라 유동하는 역사적 공간이다. 이 때문에 동아시아를 문화적 구성물로 간주하는 시각이 우리 주위에서 유행하고 있는 것 같다. 이 시각이 동아시아를 지리적으로 고정된 것으로 보는 관념을 해체하는 데 일정 정도 기여함은 인정되지만, 우리로 하여금 동아시아를 말하지 않을 수 없게 하는 역사적 맥락에 소극적으로 대응하도록 조장하는 경향이 있지 않은지 따져보아야 한다. 사실 동아시아세계에는 서로 긴밀히 연관된 문화적 가치나 역사적으로 지속되어온 일정한 지역적 교류 등의 실체 같은 것이 있고, 특히 근대에 들어와 제국주의와 냉전이 조성한 시공간적 상황 속에서 갖게 된 공통의 경험은 이 지역을 역사적 실체로서 규정할 수 있게 하는 기반이 아닐 수 없다. 이제 동아시아가 역사적 실체로서 허용하고 요구하는 미래지향적 과제를 한층 더 적극적으로 감당해야 할 싯점이다. 이것을 '실천과제(또는 프로젝트)로서의 동아시아'라 부르고자 한다. 새로운 동아시아는 목하 형성중이다.

그간 한국에서 비판적 토론의 산실이 되어온 창비는 우리의 논의를 동아시아적 맥락에서 재조명함으로써 새로운 발전을 위한 성찰의 기회를 얻고자 비판적 지성 6인이 발신하는 동아시아의 비전에 주목한다. 2차대전 종결 이후 동아시아 출생자인 이들은 타이완, 중국 대륙, 일본, 미국에 흩어져 활동하지만, 그 시야는 전공학문 영역과 국가의 경계를 넘나든다는 점에서, 그리고 이 지역에 드리워진 식민주의와 냉전 그리고 미국 주도의 패권질서에 비판적 거리를 유지하고 있다는 점에서 공통된다. 이들이 자신의 사상 모색의 기반인 개별 정치사회의 역사와 현실에 대해 비판적 시각을 견지하되 그것을 동아시아적·전지구적 근대성의 맥락과 연결하여 파악함으로써 동아시아 근대질서, 나아가 근대 세계질서에 대한 근본적인 문제제기를 통해 새로운 대안으로서의 미래, 전지구적 희망의 근거지로서의 새로운 동아시아의 상(像)을 모색해온 점을 소중하게 생각한다. 이들에게는 자기 사회의 과제와 동아시아의 과제, 전지구적 과제가 하나의 유기적 총체를 구성하고 있다. 이들 지식인들이 펼치는 동아시아에 대한 새로운 상상이 기존의 숱한 동아시아론과 구별되는 것도 바로 이 지점이다.

이들이 자민족중심주의를 비판하고 동아시아의 근대성이 지닌 내재적 모순을 직시하면서 21세기 새로운 사회의 구상력을 동아시아란 공간에서 탐색해온 지적 성과와 그 과정에서 변화하는 자기 자신에 대한 증언을 한데 모은 것이 이번 기획씨리즈 '동아시아의 비판적 지성'이다. 이 기획서의 간행이 안으로는 한반도에서 수행해온 이론적·실천적 모색이 평화공존과 호혜평등의 동아시아를 건설하는 발단이자 핵심임을 자각하여 가일층 분발하는 다짐의 계기가 되고, 밖으로는 동아시아 지식인이 공동으로 향유하는 열린 토론공간의 확산에 기여해 주체적 참조체계 형성의 연결고리로 작동하기를 간절히 바란다.

*

6인 가운데 하나이며 이 책 『새로운 아시아를 상상한다』의 저자 왕 후이(汪暉)는 중국 근대성이란 주제에 일관된 관심을 보여왔다. 그가 사상사 연구를 통해 제시한 중국 근대성의 주요 특징은 양가적(兩價的)이고 모순적인 근대이다. 청말 이후 마오 쩌뚱(毛澤東)시기까지의 근현대사에서 이런 근대성이 견지되었는데, 떵 샤오핑(鄧小平)시대, 특히 1990년대 이후 시장이데올로기가 지배하는 가운데 중국은 근대주의의 신화에 사로잡혀 근대성을 이해하는 균형잡힌 시각을 결여하게 되었다고 비판한다. 이 점에서 드러나듯이, 그의 작업은 학문연구인 동시에 강한 현실비판의 차원에서 진행되고 있다.

중국의 근대성 규명에 몰두한 그에게 중국 문제란 더이상 전근대, 또는 사회주의체제만의 것이 아닌 곧 전지구적 자본주의 문제의 일부이다. 따라서 그가 기대하는 중국의 변혁은 자연스럽게 전지구적 자본주의화에 대한 저항과 밀접하게 연관된다. 그는 전지구화의 대안을 모색하는 가운데 중국 현실 속에 흩어져 있는 사회주의의 '파편들'에서 영감을 구하며, 또한 최근에는 아시아의 새로운 연대를 상상하면서 대안의 가능성을 타진하기 시작했다. 개혁개방 이후 중국을 지배하고 있는 발전주의 신화, 그리고 이와 결합된 민족주의에 대해 비판적 입장을 취하는 것도 이러한 맥락에서이다.

근대에의 적응과 그 극복을 동시에 수행하는 과제는 동아시아의 역사와 현실의 복합성을 진지하게 응시하는 우리 모두가 공유할 수밖에 없는 주제이다. 이 긴요한 과제를 중국의 역사적 경험에 비추어 반추해온 그의 지적 성취는 우리에게 값진 참고체계가 될 것이다.

2003년 9월
'동아시아의 비판적 지성' 기획위원
백영서 이연숙 이욱연 임성모

8

차례

― 일러두기 ―

1. 이 책은 「지적 편력」 「문선」 「대담」의 3부로 구성되어 있다.
2. 「지적 편력」은 한국 독자들의 이해를 돕기 위해 저자의 지적인 궤적을 자전적으로 서술한 글로, 이 씨리즈를 위해 저자가 새로 집필했다.
3. 「문선」은 기획위원들과 저자가 협의하여 추린 논문들로, 저자의 사상을 가장 핵심적으로 드러내는 글들을 가려 뽑았다.
4. 「대담」은 한국의 대담자가 저자와 직접 또는 전자우편을 통해 주고받은 글로, 논문에서는 파악되기 어려운 저자의 생생한 육성을 들려준다.
5. 주요 개념어를 우리말로 옮길 때는 개별 저자들의 섬세한 쓰임을 존중하여 각권별로 통일하는 것을 원칙으로 하였다.
6. 본문의 주는 저자의 것이고 한국 독자들을 위해 번역자가 작성한 주에는 '옮긴이'라고 표시하였다.
7. 외국어와 외래어는 현지음에 가깝게 표기하되, 굳어진 표기는 관용에 따랐다.

지 적 편 력 　　　知 的 遍 歷

지적 편력

나의 사상역정

1. 인연

대략 23년 전, 어머니는 글쓰기 연습을 시킬 요량으로 나에게 동양문학 자료집에 실을 두 편의 글을 쓰게 하였다. 한 편은 박지원(朴趾源)의 생애와 사상에 대한 간단한 소개였고, 다른 한 편은 『춘향전』을 소개하는 짧은 글이었다. 당시 어머니는 외국문학 교사로서, 전국 대학교재 『외국문학간편(外國文學簡編)』(동양문학편)의 편집위원 및 집필을 맡고 있었고, 나는 아직 대학생 신분이었다. 물론 어머니가 필요한 모든 자료를 넘겨주었지만, 나는 상당히 긴 시간을 보내고 나서야 짧은 글을 완성할 수 있었다. 조선문화와 연관된 이 글들은 나의 글쓰기 생애에서 활자로 인쇄된 최초의 글이었다. 2000년 처음으로 한국을 방문했을 때 문득 젊은 시절 습작이 떠올랐지만, 후에 고향으로 돌아가 부모님을 뵐 때도 정작 어머니의 장서 속에 있는 그 두 편의 글을 찾아보지는 않았다. 그 글들은 단지 내 기억 속에 존재할 뿐이었다.

중국인에게는 '인연'이라는 관념이 있지만, 나는 이것을 그다지 믿지 않는다. 그런데 10여년 후 마치 윤회의 유전처럼 훗날 중국에서 자못 논쟁을 불러일으킨 내 글 두 편이 중국보다 한국에서 먼저 발표되었다. 우선

「중국 사상계의 현황과 현대성 문제」는 1994년 「중국 사회주의와 근대성 문제」라는 제목으로 『창작과비평』에 실렸고(몇년 후 이 글의 수정원고가 『당대비평』에 발표되었다), 두번째 글 「1989년 사회운동과 중국 '신자유주의'의 기원」은 2000년 중국어로 『중국현대문학』(한국 중국현대문학회 발행)에 발표되었다. 나는 지금 이 글을 쓰면서도 자연히 '인연'이라는 두 글자를 떠올렸다. 한 가지 분명한 사실은 한국과 중국은 공통의 역사 운명을 지니고 있으며, 한국의 지식전통에는 중국을 포함한 다른 지역에서는 쉽게 볼 수 없는 공간이 있다는 것이다. 중국이 '혁명과 고별하며' 전면적인 시장화로 나아갈 때, 한국 지식계는 여전히 비판적인 사상이 존속하고 발전할 가능성을 간직하고 있었다. 한국에서 이 책의 출판에 즈음하여, 나는 이 자리를 빌려 감사하는 마음을 표하지 않을 수 없다. 이 책을 출판하는 창비의 친구들과 역자들에게 감사하며, 귀중한 문화공간과 함께 나눌 수 있는 사상전통에 감사한다.

편집자의 요청에 따라 나는 이른바 '사상자전(思想自傳)' 형식의 글로 서문을 대신하게 되었는데, 내 생애에서 이러한 형식의 글쓰기는 처음이며 이 또한 인연을 입증하는 또 하나의 실례라고 할 수도 있을 것 같다.

2. 양저우―뻬이징, 루 쉰을 만나다

나는 중화인민공화국 건국 10주년인 1959년에 태어났다. 창강(長江) 중하류에 있는 양저우(揚州)는 나의 고향이자 문학전통이 풍부한 옛 도시로, 그곳에서 20여년을 보내면서 대학과 석사과정을 마쳤다. 1985년 나는 고향을 떠나 뻬이징으로 와서 중국사회과학원 대학원의 박사 응시생으로서, 루 쉰(魯迅)의 제자 탕 타오(唐弢) 교수의 지도하에 루 쉰과 중국현대문학을 연구했다.

나는 소년시절을 온전히 문화대혁명의 분위기 속에서 보냈다. 문화대혁명은 내가 1966년 초등학교에 막 입학하던 해에 시작되어 1976년 고등학교를 졸업하던 해에 종결되었다. 이 시대가 나에게 미친 영향을 정확히 설명하기란 어렵지만, 나에게 깊은 낙인을 남긴 것만은 분명하다. 부모님은 충격을 받고 형들은 하나씩 먼 길을 떠나 후에 농촌으로 하방(下放)되어 갔다. 우리는 다소 무정부주의적으로, 폭력이 만연하고 전에 없이 느슨한 분위기에서 생활하였다. 문화대혁명이 종결된 후 널리 퍼진 '문혁'에 대한 갖가지 기억들은 모두 부모님의 것(즉 타도된 관원 혹은 지식인)이 아니면 형이나 누나 세대들의 것(즉 조반造反의 홍위병 또는 하방되었던 지식청년)이었다. 그러다 「햇빛 쏟아지던 날들(陽光燦爛的日子)」이라는 영화를 보고 나서야, 나는 비로소 우리 세대의 문혁 기억은 문혁 이후의 시간 속에서 여태까지 드러나본 적이 없다는 사실을 깨달았다. 그 시기의 중국 교육체계는 커다란 변화가 일어나 대학입시가 폐지되고 중고등학교 입학시험 역시 폐지되어 우리는 초등학교 때부터 시험 때문에 고민할 필요가 거의 없었다. 그 대신 우리는 매학기 농촌이나 공장으로 가서 노동에 참가하여 노동자·농민의 생활을 체험하였다. 우리 세대가 이렇게 습득한 농촌생활과 기본적인 산업기술에 대한 조예는 오늘의 젊은 세대에서는 거의 찾아보기 힘들다.

내가 고등학교를 졸업하던 그해에 겨우 언라이(周恩來)와 마오 쩌뚱(毛澤東)이 연이어 사망하자, 갑자기 십대 소년의 마음속에 중국의 운명이라는 이 거대한 문제에 대한 사고가 점차 싹트기 시작했다. 그야말로 불가사의한 일이었다. 이러한 특수한 분위기 속에서 내 또래의 다른 친구들도 모두 이러한 문제를 고민하는 것처럼 보였다. 우리는 막연하게 사색하고 무의미하게 논쟁하면서, 정작 자신의 미래에 대해서는 아무런 설계도 하지 않았다. 흐릿하고 막연한 생활궤도를 달리면서도 모든 것이 아주 자연스럽게만 느껴졌다. 1976년 초부터 1978년까지 거의 2년 동안, 나는 세 군데의 공장에서 견습공 생활을 하였다. 처음에는 방직공장에서 전기공과 포장일을 했고, 다음에는 통조림공장에서 점심용 고기통조림을 만들었으며, 마지막으로는 무선전신공장에서 군사용 전화기를 조립하였다. 내 기억으로 월급은 매달 13위안이었고 많이 받을 때는 대개 20위안 정도였는데, 나는 한번도 가난하다는 생각을 해본 적이 없었다.

바로 그 즈음 중국에서는 대학입시가 부활되어 나는 입시 부활 후 제1기 대학생이 되었고, 그에 따라 생활도 점차 변해갔다. 1978년부터 1985년까지의 역사시기를 우리는 사상해방운동시대라고 불렀다. 국가적으로나 사회적으로 문화대혁명을 비판하고 부정하게 되면서, 역사적인 사건과 인물에 대한 재평가, 각종 문혁시대의 비극 발굴 등이 이 시대의 분위기를 이루었다. 막연한 사색과정에서 우리는 갑자기 이전에 전혀 느껴보지 못한 해방감을 맛보았다. 모든 우상은 파괴될 수 있으며, 모든 성전은 거짓이다. 사회주의는 잘못되었고, 맑스주의는 가짜 과학이다. 이렇게 모든 것이 하나하나 전복되었다. 국가의 정치상황은 여전히 불안했고, 매번의 동요——영화 「고달픈 사랑(苦戀)」에 대한 비판, 맑스주의-인도주의에 대한 비판, '정신오염'의 일소 등——는 단지 우리 세대의 반역적인 정서를 강화할 뿐이었다. 정치는 한 세대를 반역적인 경향으로 몰고 갔다. 뿐만 아니라 바로 이 시기에 나의 사상생애에 매우 중요한 사건이 발생했는데, 그것은 바로 루 쉰 및 그의 문학세계와의 만남이었다. 문화대혁명 시기에 마오 쩌둥이 높이 평가한 루 쉰은 중국현대문학과 문화사상에서 여전히 의심의 여지 없이 읽을 가치가 있는 유일한 작가로 남아 있었다. 각종 정치운동의 와중에서 마오 쩌둥의 저작과 어록 이외에 루 쉰의 저작과 말들이 아마도 가장 많이 인용되었을 것이다. 또 바로 이러한 연유로 비록 70년대 말에서 80년대 초에 루 쉰을 연구하는 조류가 다시 출현하였지만, 이 조류의 깊은 곳에서 꿈틀거리던 것은 바로 루 쉰과 그가 대표하는 전통에 대한 부정이었다. 우리가 마오 쩌둥에 대한 '개인숭배'를 회의하는 것처럼 사람들은

16

일반적으로 '신화가 된 루 쉰'을 회의하고 '루 쉰 성전'을 철거할 시대가 곧 오리라 믿었다.

나는 이렇게 루 쉰을 회의하는 분위기 속에서 그와 만났다. 나는 새로이 루 쉰의 작품을 체계적으로 읽어나갔다. 『외침(吶喊)』 『방황(彷徨)』 『들풀(野草)』뿐만 아니라, 그의 전체 잡문과 서신 그리고 각종 전기자료와 그와 관련있는 간행물·작품·단체·인물들을 읽었다. 루 쉰에 대한 이해는 나를 청말(淸末)에서 20세기 30년대까지 중국의 정치·경제·문화의 역사적 맥락으로 이끌었고, 이것은 내가 근대중국의 혁명과 문화정치를 다시 이해하는 데 커다란 영향을 미쳤다. 중국 역사와 현실에 대한 루 쉰의 깊은 통찰, 한 지식인의 마음 깊숙한 곳, 아주 깊숙한 곳의 어두운 기억에 대한 발굴, 그의 문학과 사상세계 속에 만연한, 지옥과 천당의 기운이 혼합되어 있고 절망과 희망이 뒤엉켜 있는 분위기. 이러한 것들은 나에게 진정한 의미의 계몽이었다. 나는 처음으로 영혼의 깊이와 억압된 격정이 지닌 매력에 이끌렸다. 이전의 '루 쉰 성전'의 붕괴로 루 쉰에 대해 관심이 사라지기는커녕, 오히려 중국현대사의 기적 같은 이 인물을 다시 이해해야겠다는 강렬한 충동이 생겼다. 이러한 충동에는 내 마음 깊은 곳의 반항정서와 우울한 고민이 섞여 있었다. 나는 갑자기 내 자신이 그 해방시대의 분위기와 소원해지는 것을 느꼈는데, 이러한 거리감은 감정과 이성 모두에서 솟아나는 일종의 회의와 허무에서 비롯한 것이었다. 석사논문의 주제로 나는 '루 쉰과 개인적 무정부주의의 관계'를 선택하였다. 루 쉰은 그의 제자였다가 나중에 아내가 된 쉬 꽝핑(許廣平)에게 보낸 편지에서 자신의 사상은 줄곧 인도주의와 개인적 무정부주의 사이에서 기복운동을 해왔다고 고백했다. 루 쉰은 분명히 이러한 측면을 그의 사상과 내면생활의 어두운 면으로 간주하였고, 그 가운데는 허무와 절망, 반역과 복수가 서로 혼합되어 있었다.

루 쉰의 세계 속으로 들어가기 전에 나는 허무·어둠·복수 같은 감정과 세계관에 대해 이렇게 절실하게 체험해본 적이 없었다. 이러한 강렬한 체험은 역사와 현실에 대한 이해와 감각 속에서 생겨났고, 또 내가 역사를 대하는 방식을 재구성하였다. 만약 허무와 어둠과 복수에 대한 이해가 없었더라면, 나는 루 쉰과 슈티르너(Max Stirner), 아르찌바셰프(Artsybashev)의 관계를 석사논문의 주제로 잡았을 것이다. 이 두 사람은 모두 무정부주의자이다. 나는 루 쉰과 니체(Nietzsche)의 관계도 분석했는데 니체는 무정부주의자라고 할 수 없지만, 그의 이론은 많은 부분에서 무정부주의자와 상통하는 면이 있고 관점에서 문장 풍격까지 모두 슈티르너와 유사한 측면이 있다. 무정부주의자는 또 이른바 노동조합적 무정부주의, 공산주의적 무정부주의 그리고 개인주의적 무정부주의로 나뉜다. 청말시기 프랑스에서 『신세계』를 창간했던 우 즈후이(吳稚暉), 쟝 지(張繼), 리 스청(李石曾)은 프랑스 무정부주의의 영향을 비교적 많이 받아 공산주의적 무정부주의 경향을 띠었다. 반면 당시 일본에서는 끄로뽀뜨낀(Kropotkin)과 러시아 허무당이 가장 영향력있는 대표적인 무정부주의자였다. 쟝 타이옌(章太炎), 루 쉰 등은 완전한 무정부주의자라고 할 수는 없지만 사상경향에서는 개인주의적 무정부주의에 가까웠다. 그들과 비교적 가까웠던 류 스페이(劉師培)는 『톈이(天義)』를 창간하고, 무정부주의 이념을 노자(老子)와 포경언(鮑敬言)의 사상과 함께 결합시켰다. 지금까지 중국 무정부주의에 관한 연구는 주로 그것과 공산주의운동과의 관계에 집중되었다. 중국현대문학 방면에서는 빠 진(巴金)이 무정부주의자였는데, 그는 끄로뽀뜨낀파에 속했다. 후에 나는 또 우 즈후이를 연구하였지만 그의 사상을 그다지 좋아하지 않았고, 그에 대한 후 스(胡適)의 높은 평가에 동의하기 어려웠다. 그의 사상에는 현대성의 내재적 모순에 대한 이해가 결핍되어 있었다. 지금까지 나는 여전히 다음과 같은 문제를 떨쳐버릴 수 없다. 19세기부터 20세기까지 무정부주의 사조는 거대한 영향을 미쳤는데, 왜 세계화의 물결 속에서조차 이러한 사조는 진정한 사회적·정치적 역량을 생산하지 못했는가?

18

왜 중국 근대역사의 대다수 무정부주의자는 결국 이러저러한 방식으로 '국가'의 운동 속으로 끌려들어가고 말았는가? 무정부주의 입장을 견지하던 사람들은 기본적으로 정치적인 영향력을 상실했다. 나는 이러한 문제는 단순히 무정부주의 사조의 문제로만 간주할 수 없고, 자본주의체제 속에서의 '국가'의 지위·기능·전화를 연구할 필요가 있다고 생각한다.

나는 루 쉰, 후에는 쟝 타이옌의 사상에서 출발하여 개인에 대한 관념과 무정부주의에 대한 연구를 진행하였는데, 주된 관심은 이전과 비교하여 완전히 달랐다. 개인주의적 무정부주의 노선은 현대성·기독교·산업주의·프랑스혁명·의회제정치와 민족-국가에 대한 강렬한 반발이었다. 내가 당시 주목했던 것은 다음과 같은 문제였다. 즉 민족주의의 물결 속에서 공화주의자들은 왜 이론적으로 무정부주의와 그토록 깊은 관련이 있었는가? 혁명적 민족주의자는 어떻게 민족국가, 즉 그들이 당시 건립하려 애쓰던 공화국을 오히려 부정할 수 있었는가? 공화, 민주와 산업화를 추구하던 혁명가와 지식인들은 니체와 슈티르너 및 키르케고르(Kierkegaard) 등에 왜 그토록 심취했는가? 루 쉰을 포함한 이런 사람들은 왜 18세기의 계몽운동·산업혁명·프랑스혁명에 대해 그토록 격렬하게 비판적 태도를 취했는가? 루 쉰은 그의 초기 논문에서 몇가지 악성(惡聲)[1]에 대해 비판한 적이 있는데 그중 대표적인 것이 '국민'으로, 이것은 량 치챠오(梁啓超) 등의 '국민주의'와 『신세계』가 대표하는 '세계인'을 가리키는 것이었다. 그는 이러한 모든 것은 '악성'이고, 이러한 악성을 추구하는 사람들은 모두 '위선적인 지식인'일 뿐만 아니라 그 자체도 고유한 성질이 있는 것이 아니고 단지 시류를 좇는 사람들일 뿐이라고 보았다. 루 쉰은 말하기를 상인·자본·입헌·국회 등 이런 유행하는 주장은 좋은 것이 하나도 없다고 하였다. '위선적인 지식인'에 대한 루 쉰의 비판은 나에게도 커다란 충격을 주었다. 그는

----

1) 루 쉰이 1908년 「악성을 타파함(破惡聲)」이란 글에서 당시 잘못된 주장이나 관념을 지칭한 말—옮긴이.

차라리 미신을 믿을지언정 스스로 시대의 조류라고 여기는 '위선적인 지식인'들의 미혹은 믿지 않았다. 나는 그가 말한 개인적 무정부주의는 하나의 정치철학이라기보다는 세계와 자신을 대하는 하나의 방식이었다고 생각한다.

1988년 나는 박사논문 「절망속에서의 반항: 루 쉰과 그의 문학세계」를 완성했다. 그리고 그해에 「루 쉰 연구의 역사비판」이라는 글을 발표하고 그에 관한 연구를 끝내기로 했다. 그러다 1996년이 되어서야 다시 또 루 쉰 문제로 되돌아가서 「꺼진 불 다시 살아나: 루 쉰 서거 60주년을 기념하여」라는 제목의 글을 발표하였다. 이 글에서 나는 다시금 다음과 같은 사실을 발견할 수 있었다. 그가 생존했던 현실세계와 대비하여, 루 쉰의 암흑세계는 강렬하고도 따뜻한, 어두우면서도 밝은 색채를 띠고 있다. 이것이 바로 그의 사상이며 문학 내부의 '귀신'세계이다. 즉 무상(無常)·여조(女弔)·형천(刑天)[2] 등 민간전설과 민간희극에 나오는 '귀신'이 세운 세계이자 민국시대의 중생 모습을 '귀신'의 눈으로 그린 세계이다. 이러한 '귀신'세계의 그림자는 루 쉰의 각종 형태의 창작물 속에 널리 드리워져 있다. 나는 그러한 세계에서 루 쉰의 아프고 슬픈 탄식과 복수의 외침을 들었을 뿐 아니라, 그의 웃음소리도 들었고, 어둠이라는 주제에서 환락의 빛도 보았다. 나는 루 쉰을 고독한 지식인의 위치에 놓고 그를 이해하는 것이 얼마나 협애한 것인지 분명히 느낄 수 있었다. 아마도 현대혁명에 대한 루 쉰의 동정은 바로 그와 이런 '귀신'세계와의 소통과 이해에서 생겨난 것인지도 모른다. 이것은 충분히 가능한 일이다.

----

2) 무상(無常)은 저승사자, 여조(女弔)는 목매달아 죽은 여인으로 복수의 여신이다. 형천(刑天)은 중국 산해경에 나오는 인물로 전설에 의하면 황제(黃帝)와 싸우다 머리가 잘려 땅속에 묻히자, 두 가슴을 눈으로 삼고, 배꼽을 입으로 삼아 양손에 도끼와 방패를 들고 끝까지 싸웠다는 인물로 영원불사의 정신을 의미하기도 한다 — 옮긴이.

3. 뻬이징-친링, 1989년의 충격

1983년 나는 쑤져우(蘇州)에서 열린 루 쉰 학술토론회에 참여했다가, 우연히 뻬이징에서 온 루 쉰 박물관 부관장 왕 떠허우(王得后)를 알게 되었다. 그의 격려를 받으며 나는 다음해에 중국사회과학원 대학원에 시험을 치고, 1985년에 뻬이징에 왔다. 그 이전에는 단지 자료를 찾기 위해 뻬이징 쳰먼(前門) 부근에 있는 한 여관의 지하방에서 얼마동안 지낸 적이 있을 뿐이었다. 내가 생활한 작은 도시의 눈으로 보았을 때 이 도시는 전형적인 제국의 수도였고, 이 곳에서 생활하는 지식인은 마치 모두 문화의 중심지대에 살고 있는 것처럼 보였다. 양져우라는 조용하고 다소 폐쇄적인 도시에서 뻬이징으로 왔을 때, 나는 곧 이 도시와 이 곳의 지식분위기에 빨려들어갔다. 중국사회과학원 대학원에는 당시 각 학과의 가장 중요한 학자와 그 학생들이 모여 있었다. 이 곳의 대학원 제도는 다른 대학과 달랐으며, 내가 속해 있던 84학번의 박사반도 중국에서 정식으로 박사학위과정이 부활한 이래 제1기 학생들로서 모두 20여명 정도였고, 각각 경제학·정치학·사회학·국제관계학·역사학·종교학·철학·문학 등의 학과로 나뉘어 있었다. 그중에서 경제학 각 분야의 학우들이 절반 이상을 차지했다. 박사논문은 각자 지도교수의 연구를 따르는 것 외에 학과의 구분에 그다지 얽매이지 않았다. 우리는 학교 기숙사 1층에 묵으면서 자주 정식·약식 토론을 벌였고, 국내외의 학자를 초청하여 좌담회를 열기도 했다. 이러한 학술분위기는 본래 품고 있던 철학, 사회이론과 구체적인 정치경제학 문제에 대한 내 관심을 몹시도 자극하였다.

1985년은 바로 중국 도시개혁이 시작된 시기로, 대학원생들 중 몇몇은 쟈오 쯔양(趙紫陽) 시대의 국무원이 조직한 경제개혁 정책토론에 직접 참여하기도 하였고, 후에 어떤 학생들은 요절(夭折)한 정치체제 개혁의 토론에 직접 참여하기도 하였다. 학우들간에는 지식과 이론에 대한 토론 분위기 외에도 실제적인 정치·경제와 관련한 토론 분위기도 널리 퍼져 있었다. 그때 가장 사람들의 관심을 끌었던 화제는 베버(Weber)의 사회이론, 하이에크(Hayek)의 경제이론, 칸트(Kant)와 헤겔(Hegel)의 문제, 실존철학 등이었다. 가장 관심이 있었던 정치·경제 분야의 화두는 가격개혁과 소유제개혁, 정치체제 개혁, 기업소유제와 회사체제 문제, 언론의 자유, 소련과 동유럽(특히 헝가리·폴란드·유고)의 대전환 등이었고, 가장 인기있던 문화문제는 전통과 반전통, 중국과 서방, 계몽문제와 미학토론이었다. 그리고 나 자신이 속해 있던 이 작은 집단과 당시 뻬이징 지식계는 서로 호응관계에 있었다. 즉 『문화: 중국과 세계』 편집위원회의 조직과 서구 현대학술 번역총서의 출판, 중국현대문학 영역의 참신한 토론 그리고 부단히 지속되는 역사에 대한 재평가 등을 함께 진행해나갔다. 그러나 1985년에서 1988년 사이의 이러한 토론에 대한 나의 흥취는 결코 나의 연구주제를 바꾸어놓지 못했으며, 나는 줄곧 박사논문의 준비와 집필에 온 정력을 집중하고 있었다.

박사논문을 완성한 후에 나는 루 쉰 연구로부터 새로운 연구분야로 관심을 바꾸었다. 그것은 바로 중국의 사상사, 특히 근대사상사의 연구였다. 사상사 연구는 80년대 중국 지식인이 당대 변화과정에 개입하는 중요한 방식 가운데 하나였다. 리 쩌허우(李澤厚)의 고대·근대와 현대에 관한 '사상사론'(및 그의 『비판철학의 비판』과 미학에 관계된 연구)은 가장 영향력이 큰 저작이었다. 1989년은 5·4운동이 발생한 지 70주년이 되는 해였다. 나는 중국현대사 가운데 위대한 사상운동이자 학생운동이었던 5·4운동을 기념하기 위해 1988년 말부터 「예언과 위기: 중국현대역사 속의 5·4계몽운동」이라는 글을 쓰기 시작했고, 후에 상·하로 나누어 『문학평론(文學評論)』(1989년 제3기와 4기)에 발표하였다. 이 글은 5·4문화운동이 형성될 수 있었던 사상적·사회적 조건을 분석한 것으로, 특히 이러한 문화운동을 최종적으로 해체시킨 내재적인 사상모순을 분석하였다. 뻬이징에서 생활한 몇년 동안, 나는 한편으로는 문화중심지에서 생활하는 지식인들의 넓은 시야와 활발한 이론 탐색을 느꼈고, 다른 한편으로는 이러한 분위기 속의 과장되고 자아중심적인 습관에 적응할 수 없었다. 이 도시에서 각종 사조는 잇따라 등장하여 서로 유행을 다투며 다른 도시로 확산되어갔다. 5·4문화운동의 내재적인 모순에 대한 나의 분석은 80년대 중국 문화운동의 결함을 다소 보여주었다. 이 글이 발표될 무렵, 사회 전체를 진동시킨 사회운동이 발발했다. 공산당 전 총서기 후 야오빵(胡耀邦)의 서거를 계기로 엄청난 규모의 학생운동이 촉발되었으며, 도시의 사회 각계층이 점차 운동에 참여하고, 결국에는 전 중국으로 파급되어갔다. 실패한 이 사회운동은 1989년 소련과 동유럽이 급변하는 전주곡이 되었다.

바로 5·4문화운동이 실패하게 된 내부조건을 연구하고, 뻬이징 지식인 사회의 상황이 낙관적이지 않음을 느끼게 되자, 나는 5·4시기의 몇가지 현상이 바로 내 앞에서 재연되고 있음을 깨달았다. 그래서 운동 초기에 나는 관망자의 태도를 취했다. 그러나 학생들의 단식투쟁과 정부의 완고한 태도는 결국 나를 이 운동에 참여하게 만들었다. 6월 4일 새벽, 나와 끝까지 남은 몇몇 학우들이 군대와 경찰의 물리력에 쫓겨 광장을 떠날 때 여명의 어둠속에서 나의 마음에 용솟음친 것은 비분뿐이었다. '유혈사태가 다시 있어서는 안된다!' 이것은 몇십년 전 루 쉰의 마음속을 울리던 탄식이었다. 나는 일찍이 몇번씩이나 루 쉰의 사상 가운데 역사순환과 관계된 서술을 언급한 적이 있었다. 왜냐하면 나는 그것이 바로 루 쉰의 작품에 반복적으로 출현하는 '암흑'주제의 근원이라고 여겼기 때문이다. 우리는 이러한 순환을 멈출 어떤 조건을 창조해낼 수 있을까?

1989년 여름부터 1990년 봄까지 나는 줄곧 심문받는 처지였다. 중국사회과학원은 원래 90년 3월초에 나와 몇몇 젊은이들을 샨시성(陝西省) 친링(秦嶺) 샹뤄(商洛)지역에 보내 노동활동과 '훈련'을 받게 할 계획이었는데, 심문·조사가 늦어진 관계로 출발이 5월로 연기되었다. 5월부터 그해 말까지 나는 샹뤄지구의 샨양현(山陽縣)에서 각종 활동에 참여하였다. 즉 토지 청부제의 시행에서 농민도박을 반대하는 선전까지, 남녀평등의 제창에서 농촌출산 문제까지, 농민의 토지와 수자원분규 해결에서 지역의 교육위기에 대한 조사에 이르기까지, 인구조사에서부터 농촌간부 배양훈련에 이르기까지 다양한 작업이었다. 샨시 농촌에서의 이러한 생활과 내가 이미 익숙해지기 시작한 뻬이징 지식인집단의 생활은 선명한 대비를 이루었다. 그리고 이 적막하고 빈궁한 산속에서 내 자신이 몸담았던 사회운동에 대해 다시 생각하게 되었다. 샨양현에는 중국사회과학원에서 온 젊은 사람들이 십여명 있었는데, 그들은 각각 농업발전연구소, 서아시아와 아프리카 연구소, 인구연구소, 종교연구소와 문학연구소 등에서 온 사람들이었다. 나는 그곳에서 나이가 가장 많았고, 나와 함께 일하던 젊은이들은 작업활동 이외에 사회조사활동을 아울러 진행하였다. 우리는 조사의 대강을 정해 각각 지역인구·교육·공업·정부직능·향촌조직·토지분배·인구계획·종교와 그밖의 문제를 조사하고 많은 자료를 수집하였다. 1990년 뻬이징으로 돌아와서 우리는 이러한 자료를 한 편의 보고서로 펴내려 했으나 뻬이징은 여전히 분주한 곳이라 모두 각자의 연구분야로 돌아가고 나니 이러한 작업을 할 겨를이 없었다. 지금까지도 나는 이 일을 매우 유감스럽게 생각한다. 만약 1989년 사회운동과 그러한 강제적인 농촌파견 활동이 없었더라면, 나는 아마도 중국의 빈곤한 농촌과 그것이 직면한 문제를 그토록 절실하게 느끼기는 무척 어려웠을 것이다. 그뿐만 아니라 내가 몸담고 있는 뻬이징의 분위기와 뻬이징의 한계를 다시 생각할 수 있는 시간을 얻기도 힘들었을 것이다. 샨시에서 뻬이징으로 돌아온 후, 나는 민주는 단지 엘리뜨만의 구호일 수 없고, 그것은 반드시 샹뤄지구의 농민이익과 처지를 고려해야하며 민주를 쟁취하기 위한 투쟁은 반드시 중국의 구체적인 사회조건에 입각한 광범한 사회투쟁이어야 한다는 사실을 깨달았다.

일찍이 친링으로 가기 전에 일본의 몇몇 친구들이 곤경에 처한 중국 지식인에게 도움을 주고자 한 적이 있었다. 나는 그들에게 자금을 출자하여 우리가 편집을 맡은 학술간행물이 출판될 수 있도록 해줄 것을 건의했다. 친링에서 돌아온 후, 이 잡지를 창간하고 전통과 아시아 현대화에 관한 토론회에 참가하기 위해 나는 처음으로 토오꾜오(東京)를 방문했다. 그곳에서 일본 친구들과 공동으로 잡지 『쉬에런(學人)』을 창간할 계획을 상의했다. 1991년 말 이 잡지는 정식으로 출판되었고, 나는 편집위원을 맡은 세 사람 가운데 하나였다. 이 잡지는 그후로 10년간 지속적으로 발행되었다. 나와 많은 친구들의 연구논문들이 이 잡지를 통해 소개되었다. 『쉬에런』은 하나의 중요한 진지로서, 인문과학연구에 종사하는 수많은 학자들을 결집시킬 수 있었을 뿐만 아니라, 내가 1989년 전부터 이미 시작한 중국사상사 연구를 계속 할 수 있게 해주었다. 이 잡지에 나는 옌 푸(嚴復), 천 뚜슈(陳獨秀), 후 스, 우 즈후이, 량 치챠오, 장 쥔리(張君勱) 등 현대사상가에 관한 전문적인 연구논문을 잇따라 발표하여 5·4문화운동, '과학과 현학' 논쟁, '민족형식' 논쟁 등 문화사 과제를 논했다. 그때부터 나의 사고와 연구는 두 가지 서로 다른 방향에서 전개되었다. 하나는 역사적 방향이고, 다른 하나는 현실적 방향이었다. 그러나 이 두 방향은 내재적인 연관이 있었는데, 모두 1989년의 충격하에서 전개된 역사와 현실에 대한 이해가 그 내용이었다.

1989년 이후 나는 정체성을 다시 확립해야 한다는 절박감을 느꼈다. 내가 후에 진행한 각종 작업은 모두 중국, 다시 말해 중국의 역사와 전통을 어떻게 이해할 것인가 하는 문제와 밀접하게 연관되어 있다.

4. 이론적 반성과 현대성 문제

1992년부터 1993년까지 나는 하바드대와 캘리포니아대 로스앤젤레스

분교에서 포스트 박사과정을 밟았다. 그로부터 몇년 동안 나는 앞서 언급한 두 측면을 모두 '현대성에 대한 재사고'라는 이론구도 속에 놓고 종합적인 분석과 사색을 진행하였다. 80년대의 문화운동과 90년대의 사상조류 속에서 근대혁명과 사회주의역사에 대한 비판과 거부는 종종 자본주의에 대한 전면적 긍정을 전제로 한 것이었다. 나는 근대혁명과 사회주의역사의 비극을 현대성에 대한 비판적 반성의 시야 안에 놓으려 했다. 그 이유 가운데 하나는 이러한 과정과 당대 현실의 진행과정을 비판적 반성의 범위 속으로 함께 끌어들여, 서로 대립하는 것처럼 보이는 이 두 진행과정간의 상호추동관계를 밝히기 위한 것이었다. 현대성 문제에 대해 비교적 체계적이고 이론적으로 해석하기 위해서 나는 이 시기에 셸러(M. Scheler), 만하임(K. Mannheim)의 지식사회학에서 프랑크푸르트학파의 비판이론까지, 푸꼬(Foucault), 리오따르(Lyotard) 등의 이론저작에서 브로델(Braudel)이 대표하는 아날(Annales)학파와 폴라니(K. Polanyi)의 『대전환』(*The Great Transformation*)이 대표하는 일련의 인류학 저작에 이르기까지 집중적으로 읽어나갔다. 1997년 나는 홍콩 쭝원(中文)대학에서의 연구기간 중에 홍콩 링난(嶺南)학원의 몇몇 성실한 지식인을 만났는데, 그중에 쉬 빠오창(許寶强)은 월러스틴(Wallerstein)과 아리기(G. Arrighi)의 제자로 경제사와 경제이론에 상당히 조예가 깊었다. 우리는 상의하여 공동으로 '새로운 시각 총서'를 편집·번역하기로 했다. 이러한 사람들과 교류하면서 나는 많은 것을 얻을 수 있었다. 그중에서도 브로델과 폴라니에 대한 토론은 시장의 역사적 형성에 대한 나의 이해를 심화해주었다.

그러나 이러한 이론과 중국의 전통은 무슨 관계가 있는가? 이러한 이론과 중국의 역사는 또 무슨 관계가 있는가? 이 모든 문제들은 여전히 모호하기만 했다. 미국에서 귀국한 후 얼마동안 나는 줄곧 우리 자신의 역사와 사상방식 속에 들어 있는 '서구의 유령'을 사고했다. 1994년 발표한 「베버와 중국의 현대성 문제」는 바로 이러한 사색의 결과였다. 이러한 이론에 대한 독서과정에서 한편으로는 내가 원래 시작했던 중국현대사상에 대한 연구, 특히 과학문제에 대한 연구로 다시 되돌아갔고, 다른 한편으로는 훨씬 더 일찍 읽었던 하이에크, 베버, 벌린(I. Berlin) 등의 저작을 다시 분석하기 시작했다.

만약 1989년이 세계적 차원에서 사회주의운동의 실패를 상징한다면, 그것은 또한 중국 지식인집단과 몇세대의 사람들이 '혁명' '사회주의' 그리고 자본주의와 대립하는 모든 가치, 이상 및 비판사상과의 결별을 의미하기도 했다. 사회주의체제의 와해, 중국 국가의 합법성이 위기를 맞는 역사적 시기에 사람들은 모든 희망을 시장화·자본주의·세계화의 역사과정에 걸었다. 오늘날 이 거대한 조류는 여전히 역사와 미래에 대한 우리의 사고를 제한하고 규정하고 있다. 그렇지만 친링에서의 체험이든 아니면 그후 앞에서 말한 이론저서에 대한 학습이든, 소련과 동유럽의 전환과 여러 분야에서 신자유주의가 조성한 재난에 대한 관찰이든, 아니면 중국 시장화과정에 대한 분석이든 이 모든 것은 나로 하여금 다른 유의 발전노선과 사회이상을 찾도록 했다. 이 시기에 나는 「과학주의와 사회이론의 몇가지 문제」 「세계를 구성하고 지식을 합법화하는 것으로서의 과학」 등의 글들과 『문화와 공공성』 『반시장으로서의 발전주의』 두 편역서의 서문을 통해 각기 다른 방면에서 '또다른 선택'을 위한 사상적 자원을 탐색하였다. 예를 들어 「과학주의와 사회이론의 몇가지 문제」는 역사와 이론적 차원에서 현재의 신자유주의 문제를 비판적으로 분석한 글이다. 과학주의 문제에 대한 토론을 통해 나는 시장과 사회의 관계, 사회와 국가의 관계 등 일련의 이론문제를 분석하였다. 이러한 문제들은 신자유주의가 전제로 설정한 몇가지 주요 이론을 직접적인 비판대상으로 한 것이었다. 과학과 과학주의의 문제는 내가 10여년 동안 연구해온 문제였지만, 이 장편의 논문과 중국의 하이에크 열기는 매우 깊은 관계가 있었다. 나의 연구는 하이에크의 『과학의 반혁명』이라는 저서의 주요 논점을 정리하고 분석하는 것에서 시작되었다. 그에 대한 나의 비판은 이러하다. 하이에크의 과학주의에 대한 비판은 인식방식에 집중되어 있는데, 그는 과학주의는 이성주의의 방법론적인 오류, 다시 말해 자연을 인식하는 방식을 사회에 적용하는 오류에서 기인한다고 보았다. 그러나 내 생각에 과학주의는 방법론 또는 인식론적 문제가 아니라 현대사회 및 그 운행방식의 근본적인 문제이다. 만약 자연에 대한 이해와 통제를 사회에 대한 이해와 통제에서 완전히 구분해낸다면, 다음과 같은 현상을 해석할 방법이 없다. 즉 현대사회의 고도로 조직화된 과학연구체제에서 왜 자연에 대한 인식은 항상 기술적인 운용과 밀접한 관계가 있고, 또 후자는 자연에 대한 인식과 정복을 사회적 과정으로 변화시켰는가? 현대과학의 대상으로서의 자연은 그리스철학의 자연개념과 다르며, 또 중국 전통의 자연개념과도 다르다. 그것은 이미 일종의 인식과 정복의 관계로, 주체와 객체의 관계로 편입되었다. 이것은 단지 자연에 대한 정복이 합리적인지 비합리적인지 하는 문제를 말하는 것이 아니라, 자연에 대한 정복과정 자체가 바로 사회조직의 과정이자 사회통제의 과정임을 말하는 것이다. 따라서 자연에 대한 끊임없는 정복과정이 곧 사회적 과정이라는 것을 알지 못하고, 근대과학의 대상으로서의 자연이 이미 정복을 기다리는 자연이라는 것, 즉 사회와 관계없으면서 인류사회가 정복하기를 기다리는 영역임을 깨닫지 못한다면, 이는 바로 사회통제기제에 대한 이해를 포기하는 것과 다를 바 없다. 자연과 사회의 이원론에 대한 분석을 통해 나는 다시 국가와 사회, 계획과 시장이라는 이원론의 이론적·역사적 오류를 분석하였고, 아울러 중국의 역사적 맥락에 입각하여 자본주의와 시장, 시장경제와 국가의 관계에 대한 역사적 분석을 진행하였다. 이 논문들은 1996년에서 1997년 내가 중원대학 연구원으로 있을 때 집필하였지만, 발표할 즈음에는 마침 중국 지식계에서 신자유주의에 관한 논쟁이 한창일 때여서 내가 제기한 이론문제는 자유주의 경제학자들의 비판을 불러일으켰다. 사실상 「베버와 중국의 현대성 문제」의 중국연구방법론 문제에 대한 사색과 「과학주의와 사회이론의 몇가지 문제」가 보여주는 경향은 바로 내가 1997년 이후 중국 지식계의 대논쟁에 참가하게 된 내재적인 동력이 되었으며, 당대 문제에 대한 나의 관점의 이론적 토대였다. 소련과 동유럽 사회주의체제의 해체와 1989년 발생한 중국의 비극으로 중국 지식계는 이미 사회주의라는 문제에 대해 더이상 흥미가 없었다. 그러나 1989년 이래 가장 억압적인 시기를 거치고 난 후, 중국은 민주발전이 좌절된 상황에서 다시 대대적으로 시장개혁을 추진하여 새로운 권력의 시장화과정을 낳았다. 바로 이러한 때에, 러시아의 사유화개혁은 결국 심각한 사회적·정치적 위기를 불러왔고, 이러한 위기는 1993년 10월 러시아대통령의 의회에 대한 폭력적인 진압을 통해 전세계에 전모를 드러냈다. 1989년 좌절을 경험한 중국 지식인들은 중국보다 앞서 진행된 러시아와 동유럽국가의 민주화에 대해 커다란 기대를 품었다. 그러나 러시아와 동유럽국가의 정치민주화과정 자체는 결코 시장화과정의 공정성을 보장하지 못했고, 일부 국가에서는 과두적(寡頭的) 사회구조와 농업의 파산, 이윤생활자(대금, 대부업 종사자 등)사회의 형성과 사회보장제도의 해체 등 사회 위기가 출현하였다. 이러한 조건에서 정치적 민주의 의의를 부정하는 것이 아니라 민주에 대한 우리의 이해를 확대하는 것, 민주와 자유를 쟁취하는 투쟁을 정치·경제·문화 등 각 영역으로 확대하는 것 그리고 새로운 세계화 조건에서 중국의 발전모델을 다시 사고하는 것, 이러한 것들은 중국 지식인과 중국사회 앞에 놓인 어려운 과제였다. 그러나 중국의 사상논쟁에서 추이 즈위안(崔之元) 등 개별적인 지식인이 이러한 '자발적 사유화'과정에 대해 비판적 사색을 제기한 것 이외에, 대다수의 지식인은 중국의 민주와 진보를 조금도 주저하지 않고 시장주의와 자발적 사유화라는 환상에 기탁함으로써 민주에 대한 이해에 커다란 한계를 부여했다.

1993년 10월말 미국에서 뻬이징으로 돌아온 후 나는 한편으로는 사상사 연구를 진행하면서, 동시에 또 우리가 직면한 사회전환을 사고했다. 그해 말쯤 뻬이징사범대학에서 연구중이던 한국의 이욱연 선생을 만나 중국의 시장화, 자본주의화와 관련하여 이야기를 나누었다. 그는 이와 관련한 중국 지식인사회의 동향을 고려대 학보에 짧게 소개해줄 것을 요청했다. 나는 1989년 이후 줄곧 써왔던 단편적인 글들을 정리하여 그에게 주었는데, 이 글이 바로 「중국 사회주의와 현대성 문제」였다. 나는 이 글의 초보적 구상을 확대·심화해 후에 『창작과비평』에 발표했고, 그로부터 10여년이 지났다. 그동안 중국개혁의 성과든 아니면 중국개혁이 야기한 사회위기(예컨대 도농분화, 지역분화, 사회보장체제의 와해, 제도적 부패와 사유화 명의하의 권력과 자본의 결탁 등)든 모두 신자유주의 시장계획이 중국, 러시아 등의 국가개혁 과정에서 심각한 문제를 야기했음을 증명하고 있으며, 겉으로 급진적인 것처럼 보이는 그들의 태도는 가장 보수적인 정치적 함의를 포함하고 있다. 1989년 이후 중국 지식인들이 이러한 신자유주의 시장계획에 희망을 기탁함으로써, 바로 당대 발전과정에 대한 이해와 비판능력은 오히려 상실되었다. 이 논문은 발표된 지 3년 뒤인 1997년에 작가 한 샤오꿍(韓少功)이 주관하던 멀리 하이난따오(海南島)의 『톈야(天涯)』지에 「당대 중국사상의 지형과 현대성 문제」라는 제목으로 다시 실렸다. 우연하게도 그 일이 있기 얼마 전, 바로 1996년 초에 나는 싼롄서점(三聯書店)의 총편집장 뚱 슈위(董秀玉)여사의 요청으로 『뚜슈(讀書)』지의 편집장을 맡게 되었는데, 나는 이 잡지를 통해 다시 당대와 역사에 관한 각종 중요한 문제에 대한 토론을 전개할 수 있었다. 『뚜슈』에서 전개된 일련의 토론은 마침내 중국 지식인사회에 중국발전노선을 둘러싼 길고도 격렬한 논쟁을 불러일으켰다. 줄곧 조용하기만 했던 나의 학술적 삶은 이때부터 전례없는 사상의 폭풍 속으로 빠져들었고, 지금까지도 멈추지 않고 있다.

5. 나의 역사 속으로 돌아와서

그러나 이러한 사상논쟁과 그로 인한 폭풍이 결코 나의 생활방식이나 연구방식을 바꾸어놓지는 못했다. 1989년 이후 나의 작업은 줄곧 청말과 현대중국사상의 연구에 집중되어 있었으며, 연구가 진행됨에 따라 이러한 작업은 점차 더욱 이른 시기의 중국사상 영역으로 거슬러올라갔을 뿐만 아니라, 처음의 연구 구도도 대대적으로 수정되었다. 역사서술 속에서 나는 거의 모든 이론적 언어를 버리고, 역사의 틈을 통해 중국과 그 사회변화를 이해할 수 있는 길을 모색하려 하였다. 중국에서 곧 출간될 『현대중국사상의 기원(現代中國思想的興起)』은 구상부터 완성까지 10여년의 시간이 소요되었다. 나는 시간을 거슬러올라가는 방식으로 이 저작을 완성하였다. 즉 먼저 현대부분을 완성하고 나서 청말 시기를 쓰고, 다시 전체 청대 사상의 변화과정을 정리하고 다시 송대 또는 그 이전 시기까지 거슬러올라갔다. 앞으로 출판하려는 저작은 각각 '이(理)와 물(物)' '제국과 국가' '공리(公理)와 반공리' 그리고 '현대성의 과학적 창출' 등 네 방면을 중심으로 다음과 같은 문제를 탐구한 것이다. 북송시대부터 점차 등장한 천리(天理)세계관이 형성된 역사적 동력은 무엇인가? 청대 제국건설과 근대중국의 국가건설은 도대체 어떤 관계인가? 청말사상의 현대성에 대한 복잡한 태도는 우리에게 어떤 사상적 자원을 제공해주는가? 현대 중국의 지식체계는 어떻게 구성된 것인가? 이러한 문제에 대한 연구가 제공해주는 것은 무엇이 '중국'이고 무엇이 '중국의 현대'인가에 관한 것이고, 중국사상의 현대적 의의에 대한 역사적 이해이다. 이를 개괄하면 나의 연구와 사고는 대체적으로 다음과 같은 범위를 다루고 있다. ① 유학(儒學)과 그 전환을 중심으로 하는 사상전통 ② 다민족왕조 내부에서 유학이 서로 다른 민족·종족의 관계를 처리하는 방식 ③ 제국 전통과 국가 전통의 형성 및 그들의 내외관계의 형성 ④ 중국 현대 전통과 지식의 형성.

일찍이 5·4문화운동과 청말사상의 연구과정에서 나의 사고는 두 측면을 포함하고 있었다. 첫째는 1989년 사회운동의 실패와 중국 근대역사의 비극을 총결하는 과정에서 나는 사상사의 내부에서 내재적 모순, 문제와 곤경을 찾으려 하였다. 둘째, 아마도 80년대 문화운동이 지닌 농후한 서구화경향에 대한 반동으로서, 나는 현대사상의 전통적 자원을 다시 이해하려고 하였다. 90년대 초 발표한 「중국에서의 과학선생 운명: 중국 근현대사상중의 '과학' 개념 및 그 사용」과 량 치챠오, 우 즈후이 등에 관련된 연구부터 시작하여, 나는 점차 사상사와 사회사 사이의 상호추동 관계에 대한 연구를 진행하였다. 그러나 나는 한번도 관념 자체에 대한 연구를 저버린 적이 없으며 사상사의 문제, 방식 및 명제와 사회사 간의 복잡한 상호관계에 주목했다. 이러한 방법론의 형성은 내가 중국사상에서 문화자원을 발굴하려 했던 의도와 직접적인 관계가 있다. 1994년에 발표한 「베버와 중국 현대성 문제」라는 글에서는 베버의 '이성화' 개념을 중심으로 전개한 현대성 해석에 대해 문제를 제기하고 언어, 문화와 소통적 실천의 범주 속에서 역사연구의 구도를 세우려 하였다. 이것은 현대성 서사에 대한 이론적 분석이다.

90년대 초부터 사상사 연구를 시작한 이래로 어떻게 서구중심론/중국중심론의 서술구도를 벗어날 수 있을까 하는 것이 내 사고의 주요문제 가운데 하나였다. 그러나 중국의 역사와 사상에 대한 이해가 점차 깊어짐에 따라, 또 한국·일본·인도 그리고 그밖의 지역의 학자들과 교류하면서 나는 이러한 구도를 벗어나려는 의지와 바람이 어떻게 '중국/서구'의 구도에 제한되어 있는지를 더욱 분명하게 깨닫게 되었다. 1991년 토오꾜오대학의 미조구찌 유우조오(溝口雄三)가 뻬이징을 방문하였는데, 그는 중국의 과학개념에 관한 내 논문을 읽고 나서 나에게 중국과 일본 유학의 관계와 차이를 설명해주었다. 그리고 중국의 '천(天)' 개념과 일본의 '천(天)' 개념을 비교·분석하여 과학이라는 범주가 중국사상과 일본사상에서 전개된 방식을 설명해주었다. 이러한 참조계의 전환은 또다른 사상 시각의 필요성을 크게 일깨워주었다. 나는 다시 이러한 '중국사상의 기원' 문제를 탐색하면서, 각종 대답의 배후에 존재하는 커다란 공백을 분명하게 볼 수 있었다. 사람들은 이미 수없이 '아시아' 문제를 토론하였는데도 중국 자체에 대한 인식에 이런 공백이 존재한다는 사실은 실로 놀라운 일이 아닐 수 없다. 청대 사상과 사회를 연구하면서, 나는 스스로에게 이렇게 묻지 않을 수 없었다. 즉 나를 포함한 중국 지식인이 만청(滿淸), 몽골, 회교족, 시창(西藏)과 서남부 각 민족 및 문화에 대해 얼마나 이해하고 있는가? 우리의 제도와 문화는 또 어떻게 동서남북의 장기적인 상호관계 속에서 형성되었는가? 우리가 '아시아'라는 문제를 토론할 때, 유럽과 아시아의 상호관계 속에서 발생한 두 번에 걸친 혁명과 유럽자본주의 확장에 대한 반응을 어떻게 처리할 것인가? '중국'은 거대하고 홀시될 수 없는 존재이다. 그러나 전문적으로 중국을 연구하는 사람일지라도 반드시 그 존재를 진정으로 이해하는 것은 아니다.

만약 1989년 이래 나의 사상역정을 한마디로 표현한다면, 서로 다른 방향에서 탐색을 진행하면서 자기 역사 속으로 회귀하였다고 할 수 있을 것이다. 이 '회귀'과정이 최종적으로 나를 어디로 이끌지 나 역시 아직 확실히 알 수 없다.

6. 유토피아의 미래

중국이나 한국에서든 아니면 다른 곳에서든, 사람들은 이미 유토피아에 대해 염증을 느끼기 시작했다. 중국에서는 '혁명과의 고별'이라는 말로써 이러한 염증을 표현하였고, 미국은 '역사의 종말'이라는 말로써 유토피아에 사형을 선고하였다. 우리는 더이상 과거도 없고 그리하여 미래도 없는 세계에 처해 있다. 이러한 세계에는 그것의 '타자'가 존재하지 않는다. 20세기의 각종 혁명과 급진적인 사회운동은 이미 비판의 원기를 소진하여 더이상 미래를 구상할 수 없는 것처럼 보인다. 나의 중국에서의 경험과는 달리, 내가 아는 한국 친구들의 사상에는 더욱 비판적인 격정과 이상주의가 담겨 있다. 그러나 그렇다 할지라도, 나는 그들의 눈빛에서 가끔씩 피곤하고 우울한 상심을 볼 수 있었다.

전쟁, 냉전과 민족이익의 충돌이 구성한 역사 구도는 여전히 우리의 눈앞에 있다. 한반도의 핵위기는 지금 한창 각종 세계권력이 각축하는 무대를 제공하고 있다. 아시아는 도대체 누구의 아시아인가? 새로운 식민지의 가능성을 벗어나기 위해 우리에게 필요한 것은 비판적 국제주의이고, 우리가 회고해야 할 것은 기나긴 역사과정 속의 풍부한 교류활동과 19세기와 20세기의 대변동과정에서 우리의 역사운명을 공동으로 대면하는 생동적인 고사(故事)이다. 이러한 교류와 고사는 외교와 무역, 패권과 각종 소란스러운 교류의 상황 속에 침전되어 있고, 심지어는 우리가 다시 관계를 수립하는 방식 속에 깃들어 있다. 나는 갑자기 루 쉰의 '귀신', 다시 말해 민간생활 속에 떠도는, 영원히 세계권세에 빌붙기를 거부하는, 엘리뜨주의와 어긋나는, 광명의 세계 속에서 암흑을 보는, 영원히 우리의 일상세계를 떠나기를 거부하는 유령이 떠오른다. 중국과 아시아지역의 풍부한 사회관계, 종교신앙과 전통에는 비할 수 없이 다양한 문화형태가 존재하며, 아시아라는 범주는 절대로 이러한 다양성을 억압하는 개념이 아니라 공동으로 향유하는 공간이 되어야 한다. 그곳에도 루 쉰이 좋아했던, 애증이 선명한 복수여신 여조와 긴 밤을 바삐 오가는 저승사자 무상이 있을 것이다.

우리는 이러한 유토피아가 없는 세계에서 살고 있다. 우리는 바로 유토피아가 없는 세계의 일부분이다. 내가 존경하는 스승 가운데 한 사람인 이또오 토라마루(伊藤虎丸)는 루 쉰의 '귀신'에 대한 나의 설명에 대해 다음과 같이 덧붙였다.

　기독교는 사람들을 위를 향하여, 상제를 향하여 초월케 하지만, 루 쉰의 '귀신'세계는 아래를 향해 초월한다. 이것이 대체로 그의 비판정신이 영원히 불사하는 근원일 것이다. 어쩌면 영원히 어둠을 떠나지 않는, 영원히 그림자처럼 현실세계를 바삐 오가는, 부단히 자아비판하는 이 '귀신'이야말로 우리 유토피아의 미래가 아닐까.

문 선

文 選

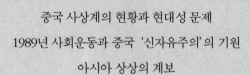

문선

중국 사상계의 현황과 현대성 문제

1989년 사회운동과 중국 '신자유주의'의 기원

아시아 상상의 계보

중국 사상계의 현황과 현대성 문제

- 1 -
역사는 끝났는가

1989년은 하나의 역사적인 이정표였다. 거의 한 세기에 걸친 사회주의 실천이 일단락되었다. 두 개의 세계가 하나의 세계, 전지구적 자본주의 세계로 변했다. 중국은 소련이나 동구 사회주의국가들처럼 붕괴되지는 않았다. 하지만 이 사실이 중국사회가 경제영역에서 빠른 속도로 전지구적인 생산과 무역과정에 편입되는 데 방해가 되는 것은 아니다. 중국정부가 사회주의를 견지하고 있다고 해서 중국사회의 각종 행위들, 경제와 정치, 문화 행위들, 심지어 정부의 행위까지 자본과 시장의 영향을 받고 있다는 사실을 부인할 수는 없다. 우리가 1990년대 중국의 사상적·문화적 상황을 이해하려 할 경우, 이러한 변화와 그에 따른 사회적 변화에 대한 이해가 필수적이다.

작금의 중국 지식인사회의 사상을 분석하기 전에 먼저 1990년대 중국 지식인사회의 사고와 밀접한 연관을 지니고 있는 몇가지 전제사항에 대해 언급할 필요가 있다.

우선, 1989년 6·4 톈안먼(天安門)사건으로 중국이 70년대말부터 추진해온 개혁노선이 변화된 것은 아니고, 반대로 국가의 주도 아래 개혁의 발걸음(주로 시장화를 뒷받침하기 위해 추진된 경제체제 및 입법방면의 개혁)은 가장 개방적이었던 80년대와 비교해보아도 훨씬 급진적이었다. 생산과 무역, 금융체제의 진일보한 개혁을 통해 중국은 세계시장의 경쟁 속으로 깊이 들어갔고, 이로 인해 내부의 생산과 사회 메커니즘의 개조작업이 시장원리에 따라 진행되었다. 그런가 하면, 상업화와 그에 수반된 소비주의문화가 사회 제반영역에 침투함으로써 국가와 기업이 시장을 만들어 낸 것은 비단 경제적 사건만이 아니다. 이를 통해 모든 사회생활이 결국은 시장원리에 제약받게 된다는 점이 드러났다. 이러한 역사적 상황 속에서 지식인들의 기존의 사회적 역할이나 직업 방식에 심각한 변화가 일어났고, 사회적·경제적 활동에서 국가, 특히 각 지방정부의 역할에도 상응한 변화가 생겼으며, 경제자본과의 관계가 갈수록 밀접해지고 있다.

둘째, 90년대 중국 지식인사회의 목소리는 국내에서만이 아니라 해외에서도 나왔다. 1989년 톈안먼사건으로 중국현대사에서 보기 드물게 주요 지식인들이 대규모로 서구로 옮겨갔고, 많은 학자들과 지식인들도 각기 다른 이유로 출국하여 해외에 체류하거나 망명의 삶을 택했다. 그런가 하면 70년대말 중국정부가 시행한 유학생정책이 90년대에 영향을 미쳤는데, 당시 구미와 일본으로 유학을 갔던 많은 학생들이 학위를 받은 뒤 그중 상당수는 그 나라에서 자리를 잡았지만, 일부는 중국으로 돌아왔다. 인적 구성 차원에서 볼 때, 톈안먼사건 이후 해외로 망명한 지식인들과 70년대말 유학생 신분으로 출국했던 이들 두 세대의 중국 지식인들은 국내 지식인들과는 다른 경험을 하며 서구사회와 서구의 학술을 깊이있게 이해할 수 있었다. 또한 서구사회를 보고 느낀 것을 토대로 중국 문제를 사고하였고, 그 결과 국내 지식인들이 문제를 사고하는 것과 차이가 있었다. 한편 지식제도 차원에서 보면, 현대 교육과 학술제도가 점점 초국가적 체제로 되었고 지식의 생산과 학술적 활동이 전지구화 과정의 일부가 되었다.

셋째, 1989년 이후 중국 국내의 지식인들은 자신들이 겪은 역사적 사건을 다시 생각하지 않을 수 없었다. 외부환경적 압력과 자신의 자발적 선택에 따라 대부분의 인문사회과학 지식인들은 80년대 계몽주의 지식인 스타일을 버리고, 지식의 고유한 성격에 대한 토론을 통해 한층 전문적인 학술연구에 종사하였고, 직업의 일환으로 지식을 활용하는 방향으로 분명하게 전환하였다. 『문화: 중국과 세계』 등 서구학문을 중국에 소개하는 것을 주목적으로 한 지식인단체가 해체되고, 『쉬에런(學人)』 등 중국 역사와 사상연구를 중심으로 한 학술잡지가 출현하자 90년대 중국 지성이 '국학(國學)'으로 전환했다고 보는 사람도 있다. 하지만 이러한 분석은 어떤 의미에서도 정확하지 않다. 우선, 1989년 텐안먼사태는 지식인들로 하여금 80년대 사상운동의 의미에 대해 다시 생각하게 만들었고, 자신이 종사한 문화운동과 중국역사와의 관계를 다시 성찰하도록 했다. 이로 인해 연구의 관심을 중국역사로 돌렸지만 거기에는 현실의 요청이 내재되어 있었으며, 때문에 단순한 학술부흥은 아니었다. 다음으로, 학술사연구가 일시적으로 지식인사회의 화제가 되었지만 새로운 세대의 학술연구를 '국학'이라는 범주로 정의하기는 어렵다. 주목할 사실은 그러한 지적 전환이 직접적으로는 '서구'에서 '중국'으로 지적 관심이 변화한 것으로 나타났지만 그러한 자기조정의 노력은 당시 '직업으로서의 학문'이라는 막스 베버(Max Weber)의 이론을 근거로 하였다는 점이다. 갖가지 지적 관심의 변화 속에서 학문의 직업화가 두드러진 추세였던 것은 분명하다. 1992년 이후 나타난 시장화경향은 사회적 분화 추세를 촉진하였고, 이러한 경향은 학술의 직업화라는 지식사회 내부의 요구와 맞아떨어졌다. 직업화의 경향과 아카데미즘 경향이 확산되면서 지식인들의 사회적 역할에 변화가 일어났다. 기본적으로 80년대 지식인계층은 점차 전문가와 학자, 직업인으로 변했다.

물론 중요한 현상을 더 거론할 수도 있다. 하지만 전반적으로 앞에서 언급한 세 가지 측면이 상호작용하여 80년대 중국 지식인사회와는 다른 문화공간이 90년대에 들어 형성되었고, 기존의 지식인과 국가 사이의 관계가 크게 변화하였고, 지식인사회 자체의 동일성 역시 더이상 존재하지 않게 되었다. 전통적 가치관의 추구에서 인문정신에 대한 호소에 이르기까지 그리고 직업적 책임의식의 자임에서 사회적 사명감에 대한 새로운 요구에 이르기까지 중국 지식인들이 보여준 서로 구분되는 동시에 연관되기도 한 이러한 노력은 한편으로는 작금의 중국사회 변화에 대한 비판적인 도덕적 태도였고, 다른 한편으로는 이러한 태도를 통해 자신들의 정체성을 다시금 확립하려는 사회적 행위였다. 80년대 지식인사회는 자신을 문화적 영웅이자 선각자로 여겼고, 90년대 지식인사회는 새로운 적용방식을 찾으려 노력하는 가운데 무소부재(無所不在)로 퍼진 상업문화 속에서 자신들이 더이상 문화적 영웅도, 가치의 창조자도 아니라는 사실을 고통스럽게 의식했다.

작금의 중국사회는 극히 복잡한 역사시기로 접어들었고, 지식인들의 사회문제에 대한 입장 역시 모호하게 변했다. 근대 이후 중국 지식인사회의 역사적 성찰은 어떻게 중국의 현대화를 실현할 것인가와 왜 중국은 성공적으로 현대화를 이룰 수 없었는가에 집중되었다. 1980년대를 통틀어 중국 지식인들은 중국 사회주의를 재검토하는 데 문제의식을 집중했고, 사회주의 방식을 반현대화의 형식으로 이해하곤 했다. 당시 사상적 상황이 단순명료했던 것은 사회적 문제가 분명했기 때문이다. 중국 지식인들에게 현대화란 부강한 현대 민족국가를 건립하는 방식이자, 서구 현대사회 및 그 문화와 가치관을 기준으로 삼아 중국의 사회와 전통을 비판하는 과정이었다. 때문에 중국 현대성담론의 가장 중요한 특징 가운데 하나는 '중국/서구' '전통/현대'의 이원대립 방식으로 중국 문제를 해부한 점이다.

하지만 서구(특히 미국)에 거주하면서 서구의 비판사상에 영향을 받은 젊은 지식인들은 '서구의 길'이 중국의 모델이 될 수 있을지 의심하기 시작했다. 그런가 하면 중국적 특징을 지닌 시장 속에 살고 있는 국내 지식인들에게는 개혁의 목표가 무엇인지 모호해지기 시작했다. 80년대 중국의 계몽사상이 약속했던 '좋은 사회'는 경제시장화와 함께 도래하지도 않았고, 시장사회 자체가 새로운, 어떤 의미에서는 훨씬 극복하기 어려운 모순을 드러냈다.[1] 자본주의 전지구화는 경제, 문화, 심지어 정치 영역에서도 민족국가의 경계를 타파하였고, 전지구적 경제관계와 국내 경제관계 속에서 자신의 이익이 존재하는 곳을 사람들이 좀더 분명하게 인식할 수 있다는 것을 의미한다. 주목할 것은, 경제적인 전지구화 과정에서 민족국가가 그것을 정치적으로 보장한다는 것이다. 왜냐하면 민족국가의 역할에 변화가 일어났지만 경제적인 전지구화 과정에서 민족국가라는 이익단위가 지니는 의미가 오히려 더욱 커졌기 때문이다. 어떤 의미에서는 국제경제 씨스템에서 이익관계가 분명해짐으로써 민족국가 내부의 통합을 촉진하고 있다. 중국을 놓고 볼 때, 중국에서 경제적 전지구화가 진행됨으로써 1989년 톈안먼사건으로 야기된 국가와 사회의 긴장관계가 일정정도 완화되기도 했다.

사상적 측면에서 90년대 중국 지식인들이 직면한 문제는 아주 복잡하다. 첫째, 작금의 중국사회의 문화적 위기와 도덕의 위기를 더이상 단순히 중국 전통의 부패 탓으로 돌릴 수 없게 되었다(반대로 전통을 상실해서 문화적·도덕적 위기가 생겨났다고 보는 사람도 있다). 왜냐하면 많은 문제가 현대화과정 자체에서 발생하고 있기 때문이다. 둘째, 중국의 경제개혁이 시장사회의 기본적인 형태를 띠고 있는 상황에서 중국사회의 문제를 단순하게 사회주의의 문제로 볼 수는 없게 되었다. 셋째, 소련과 동유럽에서 사회주의체제가 와해된 뒤 자본주의 전지구화 과정이 새로운 역사단계에

---

1) 이른바 '시장사회'란 시장과는 다르고, 시장경제와도 다르다. 시장사회는 사회의 기본구조와 작동방식이 시장의 작동방식에 따르는 사회를 말한다. 칼 폴라니의 해석에 따르면 시장사회가 바로 현대자본주의사회이다. Polanyi, Karl, *The Great Transformation: the Political and Economic Origins of Our Time*, Boston: Beacon Press 1957.

접어들었고, 중국의 사회주의 개혁은 이미 중국의 경제와 문화의 생산과정을 전지구적 시장 속으로 편입시켰다. 이러한 역사조건에서 정부의 활동까지를 포함하여 중국의 사회와 문화 문제는 더이상 단순히 중국 자체의 맥락에서만 분석할 수 없게 되었다. 바꿔 말하면 중국사회 문제를 성찰할 때 통상 비판대상이 되어왔던 측면만으로는 더이상 현재의 사회적 곤경을 해석하기 어렵다. 예컨대 아시아에서 자본주의가 도약을 이루었다는 역사적 현실을 감안할 때 전통은 더이상 부정적 의미가 아니다. 생산과 무역의 과정이 국경을 초월하고 전지구화되는 역사적 현실을 감안할 때 민족국가는 더이상 명쾌한 분석단위가 아니다(이것은 오늘날 세계가 민족국가를 초월하는 정치씨스템을 성공적으로 건설했다는 의미가 결코 아니며, 반대로 생산과 무역의 초국가화는 원래의 민족국가체제를 정치적 보장물로 삼는다. 문제는 민족국가체제가 갈수록 전지구적인 생산과 문화의 흐름을 따라가지 못한다는 것이다. 바로 이러한 의미에서 민족국가체제와 민족국가의 사회·정치적 역할은 심각한 변화에 직면했다). 자본의 운동이 사회생활 각 분야에까지 스며들고 있는 역사적 상황에서 정부와 그밖의 국가기구들의 움직임과 권력작동 방식은 이미 시장 그리고 자본의 운동과 밀접하게 연관되어 있고, 따라서 문제를 단순히 정치차원에서만 분석할 수 없다(이것은 정치분석이 의미나 가치가 없다는 이야기가 아니다). 그렇다면 중국의 문제는 어떠한 문제인가? 어떤 방식, 어떤 언어로 중국의 문제를 분석할 것인가? 다원주의 문화와 상대주의 이념, 허무주의의 각종 이론이 모든 형태의 통일된 가치관이나 규범을 와해시켜나가는 현실 속에서 비판성을 특징으로 한 각종 이론들은 그 격렬한 비판과정에서 비판성 자체가 점차 활력을 잃어가고 있음을 깨닫기 시작했다. 때문에 필요한 것은 비판의 전제를 다시금 확인하는 일이다. 하지만 지금까지도 '개혁/보수' '서구/중국' '자본주의/사회주의' '시장/개혁'이라는 이원론이 여전히 지배적인 사유방식이고, 이러한 사고방식으로는 앞에서 언급한 문제들을 거의 설명할 수 없다.

지금 중국의 사상계가 자본의 운동과정(정치자본·경제자본·문화자본의 복잡한 관계를 포함하여)에 대한 분석을 방기하고, 시장과 사회, 국가 간의 상호 침투와 충돌에 대한 분석을 방기한 채 자신의 시야를 도덕의 차원이나 현대화 의식의 틀에 묶어두는 것은 매우 주목할 만한 현상이다. 현재 중국사회의 문화문제 및 중국 현대성 문제 등 여러 복잡한 문제와 관련하여 나의 문제의식은 다만 이렇다. 중국 사회주의의 역사적 실천이 중국 현대성의 특수한 형태라고 할 때, 중국의 계몽주의 지식인들은 막스 베버의 이론이나 그밖의 이론을 빌려 중국 사회주의를 비판하면서 왜 동시에 중국 현대성 문제를 성찰하지 못하는 것일까? 오늘날 세계적 변화 속에서 중국사회의 개혁은 한편으로는 중국사회의 기본구조를 크게 재편하였고 (지식인들이 어쩔 수 없이 진행하는 자기정체성의 확인행위 자체가 사회적·문화적 주체로서의 지식인이 이미 중심에서 주변으로 전락하고 있다는 사실을 말해준다. 특정한 계층의 사회적 지위 변동은 분명 중국 사회구조 재편을 상징하는 것 가운데 하나이다), 다른 한편으로는 세계 자본주의의 발전방향에 불확정적인 요소를 제공하였다('중국의 길'의 특수성에 대한 토론에서 최종적으로 답해야 할 문제는 자본주의역사 형식에서 격리된 현대사회가 존재할 수 있는지, 혹은 현대화에 대한 비판적 성찰을 담지한 현대화과정이 존재할 수 있는지의 여부이다). 나는 앞에서 언급한 문제들이 오늘날 중국 지식인들의 도덕적 자세 너머에 존재하는 훨씬 중요한 문제라고 보며, 이러한 문제가 바로 지금 중국 사상계가 애매한 상태에 놓인 역사적 원인을 보여주는 것이라고 생각한다.

- 2 -
세 가지 맑스주의

　현재의 중국 사상계가 비판성을 상실하고 있는 문제를 논의하려면 우
선 중국 맑스주의와 현대화 사이의 역사적 관계를 이해하여야 한다. 현대
화이론에 입각해 중국 문제를 연구하는 서구학자들은 중국의 현대화를 단
순하게 과학과 기술이 발전하고 전통적 농업사회가 도시화, 공업화되는
거대한 전환으로 이해한다.[2] 현대화론은 유럽 자본주의 발전과정을 전제
로 현대화의 기본법칙을 이해하기 때문에 현대화과정을 통상 자본주의화
과정으로 이해한다. 맑스에게 현대화는 자본주의 생산방식을 의미한다.
그러나 중국의 상황은 다소 다르다. 왜냐하면 중국의 현대화 문제는 중국
맑스주의자들이 제기하였고 게다가 중국 맑스주의 자체가 현대화 이데올
로기이기 때문이다. 중국의 사회주의운동은 현대화 실현을 기본목표로 삼
았을 뿐만 아니라 그 자체가 중국 현대성의 중요한 특징이기도 하다. 현재
중국에서 유행하는 현대화 개념은 주로 정치·경제·군사·기술 등이 낙후
한 상태에서 선진상태로 이행·발전하는 것을 의미한다. 하지만 이러한 개
념은 기술적인 지표나 중국 민족국가와 현대관료체제의 수립만을 의미하
는 것이 아니라 동시에 목적론적 역사관과 세계관을 의미하며, 자신의 사
회적 실천을 이러한 궁극적 목표에 도달하기 위한 과정으로 여기는 사고
방식, 즉 자신의 존재의미와 자기가 속한 시대를 서로 연결하는 태도도 포
함한다. 바로 이 때문에 사회주의적 현대화 개념은 중국 현대화의 제도적
형식과 자본주의 현대화 사이의 차이를 보여주었고, 하나의 총체적 가치
관을 제공해주었다.

　중국적 맥락에서의 현대화 개념과 서구 현대화이론의 현대화 개념 사

----

2) Gilbert Rozman 編 『中國的現代化』, 國家社會科學基金 '比較現代化' 課題小組 譯, 江蘇人
　民出版社 1988.

이에는 차이가 있다. 이는 중국의 현대화 개념이 사회주의 이데올로기를 내용으로 한 가치지향을 포함하고 있기 때문이다. 마오 쩌뚱(毛澤東) 같은 맑스주의자는 역사의 돌이킬 수 없는 진보를 믿었고, 또한 중국사회를 혁명이나 '대약진(大躍進)'이란 방식으로 현대화의 목표에 매진시키려 했다. 그가 실행한 사회주의 소유제는 한편으로는 부강한 근대 민족국가를 목표로 했고, 다른 한편으로는 노동자와 농민, 도시와 농촌, 정신노동과 육체노동 사이의 이른바 '3대 차별'을 해소시켜 평등을 구현하는 것을 주요 목표로 하였다. 공유화운동, 특히 인민공사의 건립을 통해 마오 쩌뚱은 농업을 위주로 한 국가에서 사회동원을 실현하고, 전체 사회를 국가의 주요 목표 아래 조직했다. 대내적으로 이것은 청말(淸末)과 쑨 중산(孫中山)의 중화민국정부가 해결하지 못한 국가 세수(稅收)의 문제를 해결하고, 농촌에 대한 수탈을 통해 도시공업화를 위한 자원을 축적하며, 사회주의원리에 의거해 농촌사회를 조직하려는 것이었다.[3] 대외적으로는 사회를 국가목표하에 적절하게 조직해 낙후된 중국사회를 하나의 통일된 힘으로 응집해서 민족주의 임무를 완성하려는 것이었다. 마오 쩌뚱은 그가 영도하는 사회주의혁명이 쑨 중산의 민주주의혁명을 계승·발전하는 것이라고 여러 차례 이야기한 바 있다. 실제로 그는 중국혁명을 19세기 이래 시도되어온 모든 중국 현대화운동에서 제기된 기본문제를 해결하는 것으로 이해했고, 이러한 현대화운동을 미래의 목표로 삼았다.[4] 마오 쩌뚱의 사회주의는 한편으로는 일종의 현대화 이데올로기였고, 다른 한편으로는 유럽과 미국의 자본주의 현대화에 대한 비판이었다. 그러나 이 비판은 현대화 자체에 대한 비판은 아니었고, 혁명적 이데올로기와 민족주의 입장에서 현대화된

---

3) 1950년대 중국에서 현대화를 추진하는 과정에서 도시와 농촌 관계 문제는 중국공산당이 신민주주의를 버리고 직접 사회주의로 진입하게 되는 원인과도 관련있다. 이에 대한 깊이 있고 명쾌한 분석은 金觀濤·劉靑峰 『開放中的變遷: 再論中國社會超安定結構』, 香港: 中文大學 1993 중 9장 '從新民主主義到社會主義' 411~60면 참조.
4) 毛澤東 「中國革命與中國共産黨」, 『毛澤東選集』, 北京: 人民出版社 1966, 610~50면.

자본주의단계를 비판하는 것이었다. 때문에 가치관과 역사관의 측면에서 볼 때 마오 쩌뚱의 사회주의사상은 자본주의 현대화를 비판한 가운데 현대화를 추구한 '반자본주의 현대성적 현대성' 이론이었다.

'반현대성적 현대성이론'은 마오 쩌뚱 사상의 특징이자 청말 이후 중국사상의 중요한 특징 가운데 하나이다. '반현대'라는 방향은 사람들이 말하는 전통적 요소로 인해 그런 것만이 아니다. 더욱 중요한 것은 제국주의가 확장되고 자본주의 현대사회의 역사적 위기가 드러나면서 이러한 요소들이 중국이 현대성을 추구하는 데서 하나의 역사적 배경으로 작용했다는 점이다. 중국 현대화운동을 추진한 지식인들과 국가기구에 참여한 뜻있는 인사들은 중국의 현대화운동이 어떻게 하면 서구 자본주의 현대성의 갖가지 폐단을 피할 수 있을 것인지를 사고하지 않을 수 없었다. 캉 여우웨이(康有爲)의 대동(大同)사상이나 쟝 타이옌(章太炎)의 평등관념, 쑨 쭝산의 민생주의, 그리고 중국의 각양각색의 사회주의자들의 자본주의에 대한 비판 등은 그들이 정치·경제·군사·문화 등 각 영역에서 건립한 각종 현대성 방안(현대적 국가정치제도와 경제형태, 그리고 문화적 가치를 포함하여)과 연결되어 있다. 현대성에 대한 회의와 비판 자체가 중국 현대성사상의 가장 기본적인 특징이라고까지 할 수 있다. 때문에 중국 현대사상사와 현대사의 가장 중요한 사상가들은 자기모순적인 방식을 통해 중국 현대성을 추구하는 동시에 사회적 실천을 경주하였다. 중국의 현대사상은 현대성에 대한 비판적 성찰을 동시에 담고 있다. 이러한 특수한 배경에서 탄생한 깊이있는 사상들은 현대화를 추구하는 과정에서, 한편으로는 반현대적인 사회적 실천과 유토피아주의를 동시에 만들어냈다. 관료제국가에 대한 공포나 형식화된 법률에 대한 경시, 절대적 평등에 대한 경도 등이 그러하다. 중국의 역사적 상황에서 현대화를 위한 노력은 '합리화'과정에 대한 거부와 병행하여 진행되는 등 심각한 역사적 모순을 드러낸다. 마오 쩌뚱을 놓고 볼 때, 그는 중앙집권적인 방식의 현대국가제도를 세우는 한편으로 그러한 제도 자체에 대한 '문화대혁명' 식의 파괴를 진행하였다. 그는 공사제와 집단경제의 방식으로 중국경제의 발전을 추진하는 한편, 분배제도 측면에서 자본주의의 현대화가 초래한 심각한 사회적 불평등을 피하려 했다. 또한 공유제 방식으로 전체 사회를 국가의 현대화 목표를 위해 조직하여 개인의 정치적 자주권을 박탈하였지만, 다른 한편으로는 국가기구가 인민주권을 억압하는 것에 깊은 반감을 지녔다. 요컨대 중국 사회주의의 현대화 실천은 반현대성적 내용을 포함하는 것이었다. 이러한 자기모순적인 방식은 특정한 문화적 배경에서 나온 것이지만, 그보다 중요한 것은 중국 현대화운동이 처한 이중의 역사적 상황(현대화를 추구하는 동시에 서구 현대화가 노정한 부정적인 역사적 결과물에 대한 비판적 인식)에서 그 배경을 해석하여야 한다.

'문화대혁명'의 종결로 영구혁명과 자본주의에 대한 비판이 그 특징이었던 (마오 쩌뚱)사회주의는 종말을 고했다. 그리고 1978년부터 지금까지 계속되고 있는 사회주의 개혁운동이 시작되었다. 사상적 측면에서 볼 때 이전 사회주의에 대한 비판은 두 가지에 집중되었다. 첫째는 이상주의적 공유제 및 그와 관련된 균등분배제도가 효율의 저하를 초래하였다는 점, 둘째는 독재적 풍토가 전국적인 정치적 박해를 가져왔다는 점이다. 그 결과 역사에 대한 청산작업을 진행하는 동시에 효율 추구를 핵심으로 한 중국 사회주의개혁이 농촌공사제의 해체와 토지청부생산제〔承包制〕의 실시에서 출발하여 차츰 도시공업의 청부생산과 주식제 실행으로 넓혀나갔고, 개방적인 개혁을 실천하는 가운데 중국을 세계자본주의시장으로 편입시켰다.[5] 개혁이 진행됨에 따라 경제가 발전하였고 기존 사회구조가 변화하

---

5) 1979년 이후 농촌개혁의 의의는 50년대 이후의 역사 속에서 이해해야 한다. 동기 차원에서 보면, 집단화모델은 자본주의의 폐단을 피하는 동시에 소농경제를 개조하여 현대화하려는 것이었다. 하지만 인센티브 메커니즘이 없어서 집단화는 일정정도 효율성의 저하를 초래하였다(林毅夫『制度, 技術與中國農業發展』, 三聯書店 1992, 16~43면). 좀더 중요한 것은

였다. 하지만 이는 마오 쩌뚱의 이상주의적 현대화 방식은 폐기하고 현대화 목표만을 계승한 것이다. 문혁 종결 이후 중국의 개혁적 사회주의는 현대화 이데올로기로서의 맑스주의이자 실용주의적 맑스주의다. 개혁 이전의 현대화와 다른 점은 중국에서 현재 진행중인 사회주의 개혁의 주요 특징이 바로 경제영역의 시장화인데, 이는 중국 경제와 사회·문화를 자본주의 경제씨스템에 접맥시켜 중국사회를 전지구적 시장사회로 편입시킨다. 개혁 이전의 사회주의와 비교할 때 개혁 이후의 사회주의는 현대화 이데올로기로서의 맑스주의이기는 하지만 개혁 이전의 사회주의가 지니고 있던 반현대성적 경향을 기본적으로 지니고 있지 않다.

작금의 중국사회의 개혁이 이룬 놀랄 만한 성취는 경제적 의미와 더불어 깊은 정치적 의미를 함축하고 있다. 중국 사회주의의 개혁은 경제를 발전시켜 중국 근대민족주의가 이루려고 했던 역사적 임무를 달성하였고, 과학기술이 발전하고 경제형태가 자본주의 시장화로 나아가는 것이 거대

"이전과 비교해보면 집단화 시기에 개인 선택의 자유는 늘어나는 것이 아니라 도리어 축소되었고, 농촌경제의 발전이 심하게 구속을 받았다"는 점이다. 1979년 이후의 농촌개혁은 비교적 자유로운 '기회구조'를 제공하였고, 지방공동체와 농민 개인에게 자주성과 실험의 자유를 주었고, 그리하여 그들은 활발하게 다양한 경제발전의 길과 취업기회를 모색할 수 있었다(高壽仙「制度創新與明淸以來的農村經濟發展」,『讀書』1996年 第5期, 123~29면) 황쭝즈(黃宗智)는 이렇게 지적하였다. "[개혁 이후의 변화에서] 농업생산력이 극적으로 증가한 것은, 일부 사람들이 상상했던 것처럼 시장화가 가정농업을 크게 자극했기 때문이 아니라, 농촌경제의 다양한 경영방식과 농업 잉여노동력이 취업으로 농촌 밖으로 옮겨간 때문이다." 그는 덧붙이길 "중국의 80년대 개혁에서 장기적으로 가장 큰 의미를 지닌 농촌의 변화는 농촌경제의 다양화에 따라 나타난 농업생산의 반과밀화이지, 일반적으로 생각하듯이 농업생산의 시장화 때문이 아니다. (…) 80년대 가정청부제도의 도입에 따라 농업생산량은 정지하였고, 고전적인 방식과 관방 선전기구들이 예언한 길을 따라 부(富)를 이룬 농민들은 극히 소수다. 솔직히 말해 80년대 농업의 시장화 시기는 농작물 생산 면에서 1350년부터 1950년 사이 600년 동안이나 집단농업시기 30년 동안에 비해 좋아지지 않았다." 창강(長江)삼각주 농촌의 진정 중요한 문제는 과거에도 그렇고 현재도 시장화된 가정농업인지 계획 속의 집단농업인지의 문제가 아니고, 자본주의냐 사회주의냐의 문제도 아니고 과밀화인가 발전인가에 있다(『長江三角洲小農家庭與鄉村發展』, 北京: 中華書局 1992, 16~17면).

한 역사적 발전이라는 점을 굳게 믿고 있다. '일부 사람들을 먼저 부자가 되게 하라'는 구호는 중국의 사회주의 개혁가들이 "일부 사람들이 먼저 부자가 되게 하는 것"은 일종의 편의적 전략일 뿐, 생산관계의 변화와 사회적 자원의 공평한 분배에는 영향을 미치지 않는다고 여기고 있음을 말해준다. 사람들은 농촌생산 청부제가 농촌개혁에서 거둔 커다란 성과에 대해 '경쟁씨스템'의 도입이나 '효율성의 증대'에서만 그 원인을 찾을 뿐, 토지 재분배 과정에 내포되어 있던 평등의 원칙이나 도시와 농촌의 관계가 이전에 비해 상대적으로 평등해졌음을 무시하였다. 현실은 중국농촌의 생산 효율성을 높인 기본요인이 공정과 평등이라는 점을 증명하고 있다. 농업 전문가의 연구에 따르면 1978년부터 1985년까지 도시와 농촌의 수입격차는 축소되었지만, 1985년부터 확대되기 시작했다. 1989년부터 1991년까지 농민들의 수입 증가는 기본적으로 정체되었고 도농간의 수입 차이는 다시 1978년 이전 상황으로 돌아갔다. 1993년 이후 국가가 양식가격을 올리고 향진기업이 빠르게 증가하고 도시진출 노동자들의 수입이 증가함에 따라 농촌수입은 비교적 증가하였다. 하지만 도시노동력의 대량잉여로 이러한 추세는 변하고 있다.[6] 농촌경제의 발전상황과 이에 상응한 사회적 평등(특히 도농 경제관계의 평등)은 직접 연관이 있다. 농촌개혁과 비교해볼 때 도시에서 진행된 시장개혁과 사유화과정에서 사회적 부(특히 국유자산)의 재분배는 평등한 조건에서 '최초의 소유자'를 결정하고, 평등한 규칙이 적용되는 가운데 '최종소유자'를 결정하는 시장원칙에 따라 이루어지지 않았다.[7] 효율을 최우선시하는 이러한 실용주의는 사회적 불평등을 낳은 원

----

6) 羅岾平「始終不能忘記農村的發展: 訪國務院硏究中心農業問題專家盧邁」,『三聯生活週刊』1998年 第14期(1998. 7. 31), 總 第68期, 26면.

7) 蘇文「山重水復應有路: 前蘇東國家轉軌進程再評述」,『東方』1996年 第1期, 37~41면. 이 글은 구소련과 동유럽 경제개혁 문제를 다루고 있는데, 기본원칙들은 체코의 경험을 토대로 한 것이다.

인이며, 정치적 민주화에 장애가 된다는 점이 쉽게 무시되었다. 사회적 부의 재분배가 충분히 공개적으로 그리고 민주적 감독 속에서 진행된다면 국유재산의 분할을 특징으로 한 사회적 재분배가 이처럼 심각한 사태를 초래하지는 않았을 것이다. 사람들은 사유재산권의 합법화를 통해 지금의 사회적 모순을 해결하는 데 희망을 걸고 있다. 하지만 사유화과정이 민주적이고 공정한 상황에서 이루어지지 않는다면, 이러한 사유재산권의 합법화과정이 보호하는 것은 비합법적인 분배과정일 뿐이다. 1987년 이후 개혁문제를 둘러싸고 일련의 논쟁이 있었고, 이들 논쟁의 핵심문제는 현대화를 할 것인지 그만둘 것인지가 아니라 어떠한 방식으로 현대화를 할 것이냐였다. 나는 그 갈등을 반현대성적 현대화 이데올로기로서의 맑스주의와 현대화 이데올로기로서의 맑스주의의 투쟁이라고 본다. 하지만 지금 이러한 논쟁은 더이상 현재의 경제와 정치투쟁의 기본적 특징을 설명하지 못한다.

셋째, 현대화 이데올로기로서의 맑스주의는 공상적 사회주의의 특징이 농후하다. 내가 말하는 것은 1978년 이후 중국공산당 내부 및 일부 맑스주의 지식인들 사이에 나타났던 '진정한 사회주의'라는 사상조류로, 주요 특징은 휴머니즘으로 맑스주의를 개조하고 그러한 개조된 맑스주의로 개혁 이전의 주류 이데올로기를 비판함으로써 당시의 사회주의 개혁운동에 이론적 근거를 제공하는 것이었다. 이러한 사상조류는 당시 중국에 출현하였던 '사상해방운동'의 일부분이었다. 휴머니즘 맑스주의는 마오시대의 국가사회주의가 맑스주의이론에 인간의 자유와 해방에 관한 사상이 있다는 점을 망각함으로써 '인민민주주의 독재의 이름' 아래 잔혹한 전사회적 독재를 실행했던 점을 비판하였다. 그런가 하면 이러한 사상 조류는 사회주의 개혁사상과 충돌하기도 했는데, 나는 이 충돌을 공상적 사회주의와 실용적 사회주의의 충돌이라고 본다. 중국 휴머니즘 맑스주의가 관심을 가졌던 이론적 문제는 주로 맑스가 『1844년 경제학·철학 수고』(*Economic and Philosophic Manuscripts of 1844*)에서 거론한 '소외'(Entfremdung)의 문제였다. 청년 맑스는 포이어바흐 등 서구 휴머니즘철학의 소외개념을 이어받아 자본주의 생산관계, 특히 자본주의 생산과정 속의 노동의 문제를 분석하는 데 사용하였는데 맑스가 말하는 소외란 무엇보다 자본주의 생산관계 속에서의 노동의 소외였다. 중국의 휴머니즘 맑스주의는 맑스의 소외개념을 자본주의 현대성에 대한 비판이라는 역사적 맥락에서 빼내 전통적 사회주의를 비판하는 데 전용하였다. 이 사상적 조류는 마오 쩌뚱의 사회주의, 특히 그 독재를 전통적·봉건적 역사의 유산으로 규정하며 비판하였고 사회주의사회 자체의 소외 문제를 다루기도 했지만 사회주의에 대한 성찰이 현대성 문제에 대한 성찰로 나아가지는 못했다. 르네쌍스 이후 서구 인문주의가 종교를 비판한 것이 그러했듯이 중국 휴머니즘 맑스주의가 전통사회주의를 비판한 것은 중국사회의 '세속화' 운동, 즉 자본주의 시장화의 발전을 촉진했다. 이러한 특수한 배경에서 서구 자본주의 현대성에 대한 맑스의 비판은 현대화 이데올로기로 전환되었고, 당시 중국의 '신계몽주의' 사상의 중요 구성부분이었다. 중국 휴머니즘 맑스주의는 주로 마오 쩌뚱의 반현대성적 현대화 이데올로기와 그 역사적 실천을 분석하고 비판하는 임무를 수행하였는데, 자본주의를 향해 개방하는 사회주의 개혁 과정에서 휴머니즘 맑스주의가 주장한 추상적 인간의 자유와 해방 이념은 결국 일련의 현대적 가치관으로 전환되었다. 바꿔 말하면 휴머니즘 맑스주의 자체가 현대화 이데올로기로서의 맑스주의였고, 때문에 현대화와 자본주의시장 자체가 낳은 사회적 위기에 대해 상응한 분석과 비판을 가할 수 없었다. 시장사회 및 그 원리가 갈수록 주도적 형태가 되어가는 중국적 맥락에서 전통적 사회주의의 역사적 실천에 대한 비판을 목표로 삼았던 비판적 사회주의는 이미 쇠퇴하였다.[8] 중국의 휴머니즘 맑스주의가 다시

----

8) 맑스주의 휴머니즘에 관한 토론은 겨우 양(周揚)이 먼저 제창하였지만, 그는 맑스 서거 100주년 대회 기념사에서 맑스주의 휴머니즘에 대한 비판을 가했다. 그의 기념사 수정본은

금 비판적 활력을 회복하려면 그 인본주의적 경향에서 벗어나 인간에 대한 관심을 시대적 특징을 구비한 정치경제학(Political Economy)의 기초 위에 두어야 할 것이다.

1983년 3월 16일 『런민일보(人民日報)』에 발표되었고, 원문은 대회 참석자들에게 배부되었다가 바로 회수되었다. 기념사 제목은 「맑스주의의 몇가지 이론문제에 관한 토론(關於馬克思主義的幾個理論問題的探討)」이다. 맑스주의 휴머니즘에 대한 가장 강력한 비판은 당시 당내 이론가였던 후 챠오무(胡喬木)에게서 나왔다. 그는 1984년 1월 3일 중국공산당 당교에서 행한 연설에서 실명을 거론하지 않았지만 겨우 양과 그밖의 이론가들의 관점에 비판을 가했다. 그의 연설은 중국공산당 중앙당교에서 발행하는 『이론월간(理論月刊)』에 발표되었고, 후에 『휴머니즘과 소외 문제에 대하여(關於人道主義和異化問題)』(北京: 人民出版社 1984)란 제목으로 출판되었다. 사실 이 문제에 관한 토론은 1978년 이후 몇몇 이론담당자들의 주의를 끌었고, 1981년 1월에 『인간이 맑스주의의 출발점이다(人是馬克思主義的出發點: 人性, 人道主義問題論集)』(北京: 人民出版社 1981)라는 논문집이 나왔다. 여기에는 왕 뤄슈이(王若水), 리 펑청(李鵬程), 고르끼 등의 글이 실려 있다. 토론에서는 휴머니즘의 추상적 인간개념과 인성개념이 논의의 출발점이다. 휴머니즘에 대립하는 것으로 종교주의와 야만주의를 설정했는데, 전자는 종교적 전제를 가리키는 말로 중국 맥락에서는 문혁기간의 '현대적 미신'을, 후자는 봉건 전제주의와 파시즘을 가리키는 말로 중국 맥락에서는 문혁기간의 '전면적인 독재'를 암시하였다. 아마도 소련과 동구국가들에서 이루어진 토론의 영향을 받아 중국의 맑스주의 휴머니스트들은 맑스주의는 인간의 문제에 충분한 관심을 기울였지만, 스딸린의 『변증법적 유물론과 사적 유물론』에서는 이 문제에 대해 충분한 관심을 기울이지 않았다고 보았다. 또한 레닌이 맑스의 『1844년 경제학·철학 수고』(1932)를 전혀 몰랐다고 지적했다. 왕 뤄슈이는 「인간이 맑스주의의 출발점이다」라는 글에서 1964년 마오 쩌둥도 '소외'개념에 찬성을 표했고, 소외를 보편적 현상으로 보았다고 지적했다. 이러한 것들을 보면 중국의 휴머니즘 맑스주의는 중국 사회주의의 역사적 실천을 비판하기 위해 한편으로는 은유적 방식을 구사하여 중국 사회주의 실천의 문제를 봉건주의의 문제로 해석하였고, 다른 한편으로는 휴머니즘과 소외개념의 보편주의적 특징을 이용하기도 했다. 이 두 가지 측면은 모두 현대가치관, 특히 계몽운동의 가치관에 대한 긍정을 암시하는 것이다. 이러한 해석들 속에서 사회주의를 비자본주의적 현대성의 형식으로 이해하지 못하였다. 그와 반대로 사회주의의 역사적 실천에 대한 비판은 유럽 현대성 가치관에 대한 절대적 긍정으로 표출되었다.

- 3 -
계몽주의와 그 현재적 형태

80년대를 통틀어 중국 사상계에서 가장 활력을 지녔던 것은 '신계몽주의' 사조였다. 처음 신계몽주의 사조는 휴머니즘 맑스주의의 깃발 아래 활동하였다. 하지만 80년대 초반에 휴머니즘 맑스주의를 겨냥해 일어났던 '정신오염 청산'운동 이후 신계몽주의사상 운동은 점점 지식인들이 급진적 사회개혁을 요구하는 운동으로 전환해갔고, 갈수록 민간적이고 반정통적이며 서구화경향을 지녔다. 신계몽주의 사조는 결코 통일된 운동이 아니고, 문학과 철학 방면에 나타난 이러한 사조는 당시의 정치문제와 직접적인 관계가 없다. 내가 특히 지적하고 싶은 것은 개혁·개방 이후 중국의 계몽사상은 국가 목표와 대립하였던 사조이고, 이 시기의 계몽주의 지식인들을 국가에 대항하였던 정치세력이라고 단순하게 파악하게 되면, 신시기[9] 이후 중국사상의 기본맥락을 파악할 수 없다는 점이다. '신계몽주의' 사조는 그 자체가 복잡하게 엉켜 있고, 80년대 후반 들어 심각한 분화가 일어나기도 했지만 역사적으로 볼 때 중국 '신계몽주의'사상의 기본입장과 역사적 의의는 총체적인 국가개혁에 이데올로기적 기초를 제공한 데 있다. 중국 '신계몽주의 지식인'과 국가 목표 사이의 결별은 둘 사이의 긴밀한 연관 속에서 서서히 진행되었다. 개혁·개방 이후의 계몽사상은 서구의 (특히 자유주의와 현대화이론) 경제학과 정치학, 법학 그리고 그밖의 지식분야에서 사상적 영감을 섭취하여 정통적 맑스주의 이데올로기에 대항하였는데, 이것이 가능했던 것은 국가가 추진하는 사회변혁이 시장화과정을 경유하여 전지구화를 향해 매진하고 있었기 때문이다. 이러한 의미에서 보자면 신계몽주의 지식인들과 정통파의 대립을 단순히 민간 지식인들과

---

9) 문혁 종결 이후 개혁·개방이 본격 추진된 1978년 이후의 '사회주의 신시기'를 말한다 — 옮긴이.

국가의 대립으로 해석할 수 없다. 전반적인 측면에서 보자면 오히려 그 반대로 그들의 사상적 노력과 국가의 목표는 대체로 일치하였다. 80년대 중국 사상계와 문화계에서 활약하였던 지식인들(그중 일부는 89년 이후 해외로 망명하였다)은 대부분 국가연구기구나 대학의 지도자로 크게 중용되었고, 그 가운데 일부는 90년대 중국 국가입법기관의 중요한 고급관료가되었다.[10] 문제가 복잡한 것은 변혁과정에서 사회가 개조되었고, 국가가

----

10) 80년대 사상계몽운동의 구성은 극히 복잡하다. 대략 1979년에 이론공작점검회의가 열렸는데, 참석자 대부분은 당내 이론가들이었다. 난징대학 철학과 후 푸밍(胡福明)이 초고를 쓰고, 왕 창화(王强華), 마 페이원(馬沛文), 쑨 창창(孫長强) 등이 수정한 「실천은 진리를 검증하는 유일한 기준이다(眞理是檢驗眞理的唯一標準)」는 1978년 5월 11일 『꽝밍일보(光明日報)』에 발표되어 사실상 사상해방운동에 이론적 근거를 제공하였다. 이 글이 나온 과정에 대한 당사자들의 회고에 다소 차이가 있지만(후 푸밍은 그 글이 자신이 기초한 것을 바탕으로 수정하였다고 말한 반면, 쑨 창창은 두 편의 글을 하나로 합친 것이라고 한다), 그 글의 수정과 발표에 당시의 특정한 정치적 배경이 작용했다는 점, 그리고 국가의지가 담겨있다는 점은 공통적으로 인정하고 있다. 쑨 창창은 분명하게 "그 토론은 어떤 한 천재적 인물이나 몇명의 천재들의 재치, 혹은 오랜 기간 심사숙고한 결과로 나온 것이 아니다. 그 토론은 역사적 산물이고 「실천은 진리를 검증하는 유일한 기준이다」라는 글 역시 역사적 산물이며, 그 토론에는 이론가뿐만 아니라 정치가들도 참석했다"고 말하고 있다. 주목할 사실은 여기서 이른바 '국가의지'를 통일적인 국가의지로 이해할 수는 없다는 점인데, 당시 국가 혹은 당 내부에 중요한 의견 차이가 있었고, 이 글은 바로 그러한 의견 차이의 표현이기 때문이다. 이러한 의미에서 보자면 '국가' 또는 '당'을 하나의 전일한 실체로 볼 수 없다(그 글이 발표되기 전후의 상황에 대해서는 胡福明 「眞理標準大討論的序曲: 談實踐標準唯一文的寫作, 修改和發表過程」, 『開放時代』 1996年 1, 2月號; 孫長强 「我與眞理標準討論的開編文章」, 『百年潮』 1998年 第3期, 25~29면 참조). 이후에 나온 리 춘꽝(李春光) 등의 회고를 보면 그때의 사상해방운동과 고위 관료들이 매우 밀접한 관련을 맺고 있었다. 『미래로 가자(走向未來)』와 같은 비교적 젊은 지식인단체를 예로 들면, 그중 일부는 1989년 톈안먼사태 이후 여러가지 이유로 해외에 체류하거나 투옥되었지만, 다른 일부는 고위관료가 되었다. 『미래로 가자』 총서의 이러한 상황은 상징성을 지닌다. 1989년 이후 '신계몽주의' 지식인들 중 많은 수가 해외망명을 떠났지만 일부 동료들은 여전히 국내에 남아 요직을 맡았다. 예컨대 80년대에 서구 경제학사상을 소개하여 유명해진 뻬이징대학 경제학과 교수 리 이닝(勵以寧)은 현재 중국 인민대표대회법제위원회 부주임이다. 그런데 일부 문학단체와 인문지식인들 단체는 이들 단체와 달랐다. 예컨대 창간 초기 『진톈(수天)』파나 80년대 중기에 탄생한 『문화: 중국과 세계(文化: 中國與世界)』 기획위원들이 그렇다. 이들 단

개조되었으며, 국가 내부에 구조적 균열이 일어났고, 그리하여 서로 다른 정치집단이 형성되었기 때문이다. 일부 지식인집단과 국가 사이의 대립은 실제로 국가의지 내부의 갈등이다. 이러한 복잡한 상황은 모두 1989년 이후 중국의 정치상황 및 지식인들의 신분상에 나타난 변화로 은폐되었다. 사실상 국가 내부의 분화와 신계몽주의 지식인 사상 사이의 복잡한 관계에 대한 의식적·무의식적 은폐는 80년대 중국의 사상적 상황을 올바로 인식하는 데 큰 장애가 되고 있다.

중국의 '신계몽주의'는 더이상 사회주의의 기본원리에 호소하는 것이 아니라 직접적으로 프랑스의 초기 계몽주의와 영미 자유주의에서 사상적 영감을 얻어, 전통과 봉건주의에 대한 비판을 바로 중국의 현실사회주의에 대한 비판으로 이해했다. 신계몽주의 사상가들이 의식적으로 그러했든지 아니든 간에 '신계몽주의'사상이 갈구한 것은 서구 자본주의 현대성이었다. 바꿔 말하면 '신계몽주의'는 정치(국가)를 비판하면서 일종의 은유적 방식을 사용했다. 즉 개혁 이전의 중국 사회주의의 현대화작업을 봉건주의 전통에 비유하는 가운데 그러한 사회주의 현대화작업이 지닌 현대적 요소를 회피하였다. 이러한 은유적 방식의 결과 중국 현대성(그 특징은 바로 사회주의 방식)에 대한 성찰이 '전통/현대'의 이분법 안에서 이루어지게 되었고, 현대성 가치를 다시 제창하는 것으로 귀결되었다. 80년대 사상해방운동에서 사회주의에 대한 중국 지식인들의 성찰은 '반봉건'이라는 구호 아래 진행된 가운데, 중국 사회주의가 직면한 곤경이 전반적인 현대성 위기의 일부라는 사실을 회피하였다. '신계몽주의'가 '전통/현대'라

체는 기본적으로 정치적 단체가 아니라 문화 혹은 지식단체나 그룹이었다. 주목할 것은 『진톈』파의 대표적 인물인 뻬이따오(北島)는 당시 정치성이 강한 몽롱시(朦朧詩)로 유명하였지만, 문학의 독립적 가치에 대한 열정적 찬양자였다.『문화: 중국과 세계』그룹 역시 '문화'를 모토로 정치문제에 직접적으로 개입하지 않았다. 이러한 일정한 비정치적 주장들 역시 당연히 정치적 결과를 초래하였는데, 지식인의 독립적 지위와 가치를 위한 공간을 창조하였다는 점이다.

는 이분법적 인식에 갇힘으로 인해 현대 국가체제와 정당체제, 공업화과정 그리고 이로 인해 초래된 사회적 억압과 불평등들이 기본적으로 '현대'적 현상이라는 점을 파악하지 못하였다. 여러가지 측면에서 볼 때 중국을 세계자본주의 경제씨스템에 끼워넣는다는 현실적 목표를 두고 중국의 '신계몽주의'와 사회주의 개혁파들은 여러가지 공통점을 지니고 있었다. 전통적 사회주의를 봉건주의역사 전통과 동일시하는 이러한 인식은 '신계몽주의'의 투쟁전략이자 자기정체성을 확보하는 길, 요컨대 자신들의 사회운동을 종교적 전제와 봉건귀족에 반대하였던 유럽 부르주아계급의 사회운동과 같은 것으로 이해하였다. 이러한 인식 속에서 현대화 이데올로기로서의 '신계몽주의'와 현대화 이데올로기로서의 맑스주의가 동일한 가치관과 역사이해 방식을 지니고 있음이 은폐되었다. 진보에 대한 믿음, 현대화에 대한 긍정, 민족주의라는 역사적 사명에 대한 자각 그리고 자유·평등세상에 대한 유토피아적 전망, 특히 미래의 유토피아를 향해 나아가는 과도적 시간대로서 현재를 인식하고 자신의 투쟁과 존재의 의미를 이와 연결하는 현대적 삶의 태도 등은 현대화 이데올로기로서의 '신계몽주의'나 현대화 이데올로기로서의 맑스주의가 동일하게 공유한 것이었다. 양자가 지닌 공통성을 지적하는 것은 시간이 가면서 둘 사이에 점차 노정되었던 역사적 갈등을 말살하려는 것도 아니고 신계몽주의 지식인들이 하나의 특정한 사회단체로서 '국가'와 차별성을 지닌다는 점을 부인하려는 것도 아니며, 지식인들의 독립적 정신이라는 의미를 부정하려는 것은 더욱더 아니다. 내가 여기서 언급하고자 하는 것은 현실적인 역사 속에서의 관계이다. 지식인이 자기의 정체성을 가상의 관계 속에서 모색한다면 지식인들이 아무리 자기의 독립성을 강조한다고 해도 그러한 독립성은 의심스러울 수밖에 없다. 왜냐하면 자기를 철저하게 인식하지 못하는 사람은 현실 역시 철저하게 파악할 수 없기 때문이다.

　　중국 '신계몽주의' 사상은 체계적인 통일체를 이루지는 못했다. 사상의

체계 면에서는 중국 맑스주의에 훨씬 미치지 못했다. 사실상 중국 계몽주의는 광범위하고 잡다한 사회사조로, 여러가지 서로 다른 사상적 요소들로 구성되었다. 그러한 각기 다른 사상적 요소들이 전통적 사회주의를 비판하고 '개혁'이라는 목표를 추구하는 과정에서 동맹을 맺은 것이다. 하지만 우리는 이 사회사조의 기본적인 성격에 대해 불완전하나마 모험적인 귀납을 해볼 수 있을 것인데, 그것은 그러한 상호 연관과 차별을 지닌 사상적 실천들은 모두 중국 현대성 프로젝트를 추진하고 건립해가는 것을 기본임무로 삼았다는 점이다. 이러한 현대성 프로젝트의 주요목표는 경제와 정치, 법률과 문화 등 각 분야에서 자주성 또는 주체의 자유를 건립하는 것이었다. 경제학적 측면에서는 전통적인 사회주의 계획경제에 대한 비판을 통해 시장경제의 정당한 지위와 상품유통 과정에서 지니는 의미를 새롭게 확인하고, 나아가 시장과 사유제를 현대경제의 보편적 형태로 이해하는 한편 중국경제를 세계시장경제로 편입하는 것을 목표로 삼았다(이를 경제적 자유라고 이해한 것이다).[11] 경제개혁을 위한 사상은 처음에는 가치론 등 고전경제학(특히 맑스주의 경제학) 이론에서 사상적인 도움을 받았지만, 맑스주의 가치론에 내재되어 있는 자본주의에 대한 비판은 점차 사라지고, 가치론은 이데올로기 측면에서 점차 현실적인 자본주의시장과 동일시되었고, 본래 가치론이란 개념이 지니고 있던 모든 독점적 형식에 대한 깊이있는 폭로는 자취를 감춰버렸다. 정치적 측면에서 법률적인 제도화와 현대적 관료제도를 건립하고, 보도와 언론의 자유를 통해 인권을 보장하고 통치자의 권력을 제한하는 의회제도를 점차 수립할 것을 요구하였다

---

11) 가치론과 상품경제에 관한 토론은 맑스주의 정치경제학의 범주에서 제기되었다. 그중 쑨예팡(孫冶芳)의 영향이 가장 컸다. 그러나 최근 발견된 자료에 따르면 쑨 예팡 이전에 꾸쥰(顧准)도 같은 문제를 사고했고, 쑨 예팡과도 토론을 한 적이 있다. 가치론에 관한 토론은 80년대 중국 사상계의 특징, 즉 맑스주의의 기본원리 범주에 대한 재검토를 통해 현실의 시장화 개혁에 이론적 근거를 제공하려는 흐름을 전형적으로 보여준다.

(이를 정치적 자유라고 이해한 것이다).[12] 하지만 마오 쩌뚱 시대 행해졌던 대중운동에 대한 공포로 인해 대부분의 사람들은 정치적 민주화를 '형식적 측면에서의 민주'라는 차원에서, 특히 법률적 제도의 확립이라는 측면에서 이해하였다. 또한 '민주'라는 매우 광범위한 사회문제는 단지 사회 상층부의 개혁방안을 구상한다거나 전문학자들이 법률 수정을 위한 건의 등에 국한되는 결과를 낳았고, 폭넓은 정치참여가 민주의 필수요소라는 점에 대한 인식이 소홀하였으며, 그러한 정치적 참여와 입법과정 사이의 적극적인 상호 영향관계가 현대 민주변혁을 위한 기본요소라는 점을 전혀 인식하지 못하였다. 더욱 놀라운 것은 일부 학자들의 경우 현대적 헌정민주(憲政民主)가 담고 있는 직접민주주의와 간접민주주의(그것이 어떤 형식을 취하든간에)의 의미를 무시하여, 민주를 실천해나가는 데 직접민주주의가 지니는 의미를 전적으로 배척하고 민중의 보편적 참여를 독재의 온상으로 보기도 했다. 이러한 '민주관'은 어떤 의미에서 보더라도 민주의 정신과 배치되는 것이다. 문화적 측면에서 보면, 일부 학자들이 과학의 정신이나 과학주의 가치관을 바탕으로 세계사와 중국사를 새롭게 해석하는 가운데, 중국의 봉건시대 사회구조에 대한 체계적 연구와 비판이라는 틀 속에서 마오 쩌뚱 시대 전통사회주의의 실천을 비판하려 하였다.[13] 또다른 학자들은 철학과 문학 분야에서 주체성이라는 개념을 토론하며 인간의 자유와 해방을 주장하는 한편, 개인주의 사회윤리와 가치관을 세우려 하였

---

12) 법률제도의 문제가 제기된 것은 '문혁'중의 오판사건을 재심의한 것과 관련있다. 전국인민대표대회 상무위원회 펑 전(彭眞)이 제기한 "법 앞에서 누구나 평등하다"는 말은 문혁이 끝난 후 만들어진 유행어였다. 하지만 이론적 차원에서 건설적인 의견을 내놓은 학자는 위 하오청(于浩成), 옌 쟈치(嚴家其) 등이다.

13) 진 꽌 타오(金觀濤), 류 칭펑(劉靑峰)이 1984년에 출판한 『번영과 위기(興盛與危機)』(長沙: 湖南人民出版社)는 씨스템이론으로 중국역사를 연구하여 중국 봉건사회는 '초안정구조' 사회라는 관점을 내놓았다. '초안정구조'의 기본관점은 이 두 사람이 1993년 홍콩에서 저술하여 발표한 중국근대사에 관한 저서 『개방 속의 변화: 중국사회의 초안정구조 재론(開放中的變遷: 再論中國社會的超穩定結構)』에서도 이어졌다.

다(그것을 개인의 자유라고 이해한 것이다). 원래 주체성이란 개념에는 현대화과정과 그 이데올로기에 대한 우려가 내포되어 있지만, 당시 중국에서는 주로 개인의 주체성과 인류의 주체성을 의미했다. 개인의 주체성은 독재국가 및 그 이데올로기에 대립하는 개념이었고, 인류의 주체성은 전체 자연계에 대립하는 개념으로 사용되었는데, 그 긍정적 의미는 포스트사회주의시대 인간의 기본적인 정치권리에 철학적 기초를 제공한 데 있다. 그러한 주체성 개념은 주체와 객체의 이원론에 토대를 두었고, 18, 19세기 유럽 계몽주의시대와 같은 낙관주의 분위기가 흘러넘쳤다.[14] 특히 주목할 것은 개인의 주체성을 추구하는 과정에서 계몽주의 사상은 서구의 종교개혁과 고전주의철학(특히 칸트철학)에서 사상적 영향을 받은 동시에 니체, 싸르트르 등 사상가에게서도 영향을 받았다. 하지만 중국에서는 니체, 싸르트르 등이 보여준 서구 현대성에 대한 비판은 생략되었고, 그들은 개인주의와 반권위주의의 상징으로 여겨질 뿐이었다.[15] 중국 모더니즘사상 내부의 갈등은 주로 고전적 자유주의윤리와 급진적 개인주의윤리 사이의 이원대립으로 표현되곤 하였다. 주체성 개념이 오늘날에도 여전히 잠재적 가능성을 지니고 있을지 모르지만, 이 개념을 그러한 이원대립 구도에서 해방시켜 새로운 역사적 조건 속에 위치시키지 못한다면, 주체성이라는 개념은 경직화되어 비판적 잠재력을 잃게 될 것이다. 요컨대 신계몽

---

14) 주체성 문제는 리 쩌허우(李澤厚)가 칸트철학을 해석한 데서 시작되었고, 그뒤 그는 주체성 문제에 관한 몇편의 글을 잇따라 발표하였다(李澤厚 『批判哲學的批判』 수정증보판, 北京: 人民出版社 1984 참조). 하지만 리 쩌허우의 주체성에 관한 논의를 전체 사상계로 확대한 자는 주체성이론에 크게 영향을 받은 류 짜이푸(劉再復)다. 그는 「문학주체성론(論文學的主體性)」 등의 글을 통해 형이상학의 문제를 문학과 사상운동의 목표로 바꾸어놓았다 (『文學評論』 1985年 第6期, 11~26면; 1986年 第1期, 3~15면).

15) 개혁·개방 이후 중국 지식인사회의 니체에 대한 이해는 반세기 전에 루 쉰(魯迅)이 니체를 이해한 것에 훨씬 못 미친다. 개혁·개방 이후 지식인들에게 니체, 싸르트르는 그저 서구 개인주의의 상징일 뿐이다. 하지만 루 쉰은 1907년에 니체 등의 반현대적 내용에 관심을 가졌다.

주의사상이 지니고 있던 비판적 잠재력은 80년대에 청춘의 활력을 보여주었지만 현대화 이데올로기의 틀 안으로 편입되는 과정에서 그러한 비판적 잠재력은 점차 활력을 잃었다. 더 나아가 이렇게까지 이야기할 수 있을 것이다. 중국 계몽주의사상 내부에 큰 갈등이 존재했다고 하더라도 중국 계몽주의는 당시 중국에서 가장 영향력있는 현대화 이데올로기였고, 짧은 역사시기에 매우 격정적인 비판사상을 통해 중국 자본주의의 문화적 선구자로 변신하였다.

80년대 후반 들어 사회통제가 사실상 약화되었고, 중국 신계몽주의의 내부 분화도 점차 표면화되었다. 1989년 세계적 격변이 일어난 뒤, 중국 신계몽주의운동의 내부 동일성도 더이상 존재하지 않게 되었다. 중국 신계몽주의운동과 떵 샤오핑의 사회주의 개혁이 견지한 목표 사이에 존재하는 부분적 일치성으로 인해, 신계몽주의운동의 보수적 측면은 체제 내의 개혁파나 기술관료, 현대화 이데올로기로서 신보수주의를 주창하는 관변이론가가 되는 것으로 표출되었다. 이에 비해 신계몽주의운동의 급진적 측면은 점차 정치적 반대파로 표출되었는데, 주요 특징은 자유주의 가치에 따라 인권운동을 추진하고, 중국에서 경제개혁을 진행하는 동시에 정치부문에서 서구식 민주화 개혁을 실행하는 것이었다. 문화부문에서 신계몽주의의 급진적 측면은(여기서 '급진'이란 문화영역에서 전통에 대한 태도를 말한다) 사회목표로 설정되어 있는 '현대화'가 가치관의 위기를 초래할 수 있다(이미 초래하고 있을 수도 있다)는 점을 의식하기 시작했고, 그중 민감한 일부 소장학자들은 기독교윤리를 근거로 중국 현대사회사상의 가치관 문제와 신앙문제를 제기했다.[16] 이러한 문제가 제기된 것은 명백히 베버의 『프로테스탄티즘 윤리와 자본주의 정신』(*The Protestant Ethic and*

---

16) 류 샤오펑(劉小楓)은 1988년에 출판한 『구원과 소요(拯救與逍遙)』(上海人民出版社)에서 가장 먼저 이 문제를 제기했고, 지식인사회에 커다란 반향을 불러일으켰다. 류 샤오펑 자신도 독일철학 연구에서 점차 기독교신학의 연구로 전환했다.

the Sprit Capitalism)이 중국 지식인사회에 회자된 것과 맞물려 있는데, 가장 기본적인 논리는 자본주의의 발생과 프로테스탄티즘 윤리가 관련있다고 할 때 중국의 현대화를 실현하려면 문화면에서 좀더 철저한 변혁이 있어야 한다는 것이었다. 일반적으로 80년대 중국의 계몽주의 지식인들은 보편적으로 서구식 현대화의 길을 믿었고, 그러한 기대는 추상적 개인이나 주체성 개념, 보편주의적 입장에서 나온 것이었다.

그러한 보편주의에 대해 비판적 질문이 가능했던 것은 계몽주의가 분화되면서였다. 그 최초의 조짐은 상대주의 문화관의 출현이다. 내가 말하는 것은 90년대 초, 일부 초기의 계몽주의자들이 전통의 가치, 특히 유교의 가치를 제창하는 것으로 방향을 전환하였고, 서구사회의 각종 발전패러다임이 중국 사회와 문화에 적합한지 의문을 갖기 시작하였다는 점이다. 이러한 사상경향은 일본과 한국·싱가포르·타이완·홍콩 등 이른바 '아시아의 네 마리 용'에서 강한 자극을 받았고, 이들 국가와 지역의 성공적인 현대화를 '유교자본주의의 승리'로 본 것이다. 그러나 '유교자본주의'라는 개념은 다음과 같은 세 가지 기본적인 문제를 무시하고 있다. 첫째, 유교문화권 내부의 사회적·역사적 차이를 무시하고 있다. 예를 들어 일본과 한국, 베트남, 중국은 모두 유교문화권에 속하지만 왜 다른 길을 갔는가? 둘째, 유교와 자본주의의 제휴를 통해 유교 전통이 더이상 근대화를 방해하는 역사적 부담이 아니라 현대화를 실현하는 역사의 동력으로 여겨졌다. 즉 이제 유교적 가치에 대한 경도는 전통주의도 아니고 자본주의를 억제하는 문화역량도 아니다. 이들 학자들이 보기에 중국 현대화과정에서 유교의 역할은 베버가 말한 프로테스탄티즘 윤리가 서구 현대자본주의에 미친 작용과 같은 것이다. 셋째, 유교자본주의론은 현대화의 전반적 과정이 식민주의와 불가분의 연관을 지니고 있다는 점을 무시하고 있다. 유교자본주의를 어떤 가치의 범주로까지 끌어올린다면 현대역사를 형성한 기본 동력을 무시하는 것이다. 전자본주의 시장 및 그 법칙이 민족국가 내부의 경제관계를 제약하고 구속하는 힘은 다른 어떤 것보다도 근본적이다. 유교자본주의는 근대화 이데올로기이다. 서구가치에 대한 거부를 통해 유교자본주의가 도달하려는 것은 자본주의 생산방식과 세계자본주의시장 등 서구에서 유래한 역사 형태에 대한 철저한 긍정이며, 여기에 다른 문화적 민족주의의 색채를 더하고 있을 뿐이다. 중국에서 유교자본주의와 떵 샤오핑의 개혁적 사회주의는 동일한 문제의 두 가지 다른 표현일 따름이다.

이러한 유교자본주의와 유사한 또다른 흐름은 다른 일부 학자들이 중국 고유의 종족이나 지연(地緣)이 중국 경제생활에서 의미가 있다고 주장하는 것이다. 그들은 '공동체'나 '집단'을 특징으로 한 중국의 향진기업이 중국을 비자본주의적이자 비사회주의적 현대화의 길로 이끌 수 있다고 믿었다.[17] 일부 수정주의 입장의 계몽주의자들은 향진기업을 하나의 특수한 현대화모델로 받아들였는데, 이는 이론적으로는 자본주의와 사회주의의 충돌을 피하고 전지구적 자본주의 역사 속에서 서구의 현대화와 다른 길을 모색하기 위한 의도였다. 1993년부터 1995년까지 사회연구에 종사하는 일부 학자들은 깊이있는 조사를 통해 뚜렷한 연구성과를 얻었다. 이 학자들의 기본적인 의식은 다음과 같은 질문들이다.

인민공사가 해체된 뒤 농민들은 무조직의 완전히 자유로운 개체로 되었는가? 집단을 통해 부를 축적하는 것과 다시 집단화하는 것이 같은 의미인가? 개인 사영경제의 발전이란 사유화의 시작을 의미하는가? 시장경제의 발전에도 불구하고 인민공사시대의 〔공사·생산대대·생산대의〕 3급 합작조직은 여전히 존속할 것인가 아니면 여기에 어떤 변화가 일어날 것

---

17) 甘陽「鄉土中國重建與中國文化前景」,『二十一世紀』(香港), 1993年 4月號, 4~7면. 깐 양의 견해에 대한 비판은 秦暉「離土不離鄉: 中國現代化的獨特模式?― 也談鄉土中國重建問題」,『東方』(北京), 1994年 第1期, 6~10면 참조. 향진기업에 관한 논의는 楊沐「中國鄉鎭企業的奇迹: 三十個鄉鎭企業調查的綜合分析」; 王漢生「改革以來中國農村的工業化與農村精英構成的變化」; 孫炳耀「鄉鎭社團與中國基層社會」 참조(이 글들은 모두『中國社會科學季刊』總 第9期에 실렸으며 해당 면수는 5~17면, 18~24면, 25~36면이다).

인가? 향촌(鄕村)사회의 각종 조직요소들을 체계가 없는 발전상태로 둘 것인가 아니면 체계적으로 조직화할 것인가? 향촌사회의 조직화는 어떤 특징을 지닐 것인가?

면밀한 조사를 진행한 연구자들에 따르면 집단과 개인 관계의 변화와 개별 농민과 사회화된 농업생산의 관계, 향촌조직과 향조직 네트워크의 변화·변혁은 향촌사회의 공동체화를 강화했고, '신집단주의'란 개념이 제기되었다. 이들의 견해에 따르면 신집단주의적 조직화는 현대 시장경제의 경쟁원칙을 실현하는 동시에 현행 사회제도 및 공동부유라는 목표에도 부합할 뿐만 아니라 전통적인 가족문화의 우수한 점을 계승하고 중국 '집단사회'의 본질을 드러낸 중국만의 특색을 지닌 사회발전의 길이라는 것이다.[18] 향진기업 현대화론과 신집단주의 관념은 과거 인민공사제 시대의 역사적 경험을 잊고 있다. 그들의 '집단'소유제에 대한 연구는 중국 사회주의의 역사적 실천 속의 집단주의와는 엄격히 구별되는 것으로, 가장 중요한 차이는 '개인이익'에 대한 강조이다. 즉 '신집단주의'의 바탕은 개인이익을 기초로 한 자발적 협력의 산물이다. 집단과 개인이 공동이익과 지연, 지역공동체의식 등을 통해 맺는 '협력' 자체가 시장경제 형태에 적응하여 좀더 효과적으로 경제적 이익을 얻기 위한 목적에서다.

향진기업 현대화론과 신집단주의 이론이 제기된 것은 전지구적 자본주의라는 역사적 상황에서 새로운 이론과 제도를 창출해내려는 노력을 의미한다. '집단' '협력' '지연' '지역공동체 의식' 등의 개념이 다시 등장한 것은 분명 사회생산과 분배과정에서 '정의'와 '평등' 문제를 강조한 것이었다. '신집단주의'의 이론적 지평에서 보자면 중국 농민들은 전통으로 복귀

---

18) 王穎 『新集體主義: 鄕村社會的再組織』, 北京: 經濟管理出版社 1996; 王穎·折曉葉·孫炳耀 『社會中間層: 改革與中國社會組織』, 北京: 中國發展出版社 1993 등 참조. 개혁 이후 중국사회, 특히 농촌조직과 공업화에 대해 정밀한 연구를 했고, 현대 중국의 발전문제를 연구하였다. 여기서 언급한 내용은 왕 잉(王穎)의 책을 요약한 것이다.

하는 가운데 과거 수세기 동안 폐쇄상태에 있던 지역에서 벗어나 처음으로 농촌공업의 급속한 발전과 현대적 기업제도의 신속한 확대를 통해 시장을 발전시키고 도시화(비국가자본을 투입하여 농촌을 도시화하는 것)를 촉진하여 중국 경제개혁을 지속·확대시키는 주요 원동력이자 도시 국유기업의 개혁을 촉진하는 확고한 후방기지가 된 셈이다. 이는 중국 농민들이 처음으로 경제개혁의 선두에 서서 중국의 현대화를 추동하는 것이다.[19] 하지만 향진기업의 현대화론과 '신집단주의'와 관련한 개별사례 연구는 개별 사안을 보편화하고 이상화하는 경향을 뚜렷하게 드러냈다. 이들 이론은 '비서구적 현대화 길'을 모색하려는 조급함에 사로잡힌 나머지 현대화론의 경우처럼 현대화를 중성적인 기술 지표로 이해하는 결과를 초래하였다. 또한 심각한 것은 향진기업의 생산방식과 자본주의 국내시장과 국제시장 사이의 총체적 관계 그리고 향진기업과 시장화를 추구하는 국가목표 사이의 관계를 감안하지 않았다는 점이다. 기술적인 차원에서 보면, 향진기업 현대화론과 '신집단주의'이론은 향진기업을 일종의 독특한 현대적 생산방식과 사회조직모델로 여기는 가운데 향진기업과 농촌 사회조직이 중국 대륙의 다른 지역에서 극히 다른 발전의 모습을 보이고 있는 점에 대한 고려가 부족하고,[20] '효율성' 추구를 주요 목표로 삼은 향진기업이 자원과 환

----

19) 王穎, 같은 책 204면.

20) 쟝쑤(江蘇), 져쟝(浙江), 꽝뚱(廣東) 등의 지역에서 향진기업의 발전은 극히 성공적이라 할 수 있다. 하지만 중국사회과학원 사회학연구소 황 핑(黃平) 등의 조사에 따르면, 1992년 이후 이들 지역의 향진기업 형태 역시 중요한 변화가 일어나고 있다. 그중 특징적인 변화는 성공적인 향진기업을 포함하여 많은 향진기업들이 속속 외국자본과 합자를 시작하여 새로운 합자기업으로 전환하고 있다는 점이다. 한편, 중국의 지역간 차이로 각 지역 향진기업에도 큰 차이가 있다. 향진기업이 여러 지역에서 큰 성공을 거두긴 했지만 상응한 환경보호 조치를 취하지 않아서, 그 결과 환경과 자연자원에 심각한 파괴를 불러왔다. 1992년 나는 따츄쫭(大邱庄)을 현지 조사한 적이 있는데, 그곳은 전국적으로 유명한 향진기업과 집체화 발전의 전형이다. 하지만 대규모의 생산성과 부유한 생활의 이면에는 심각한 환경파괴와 오염, 생산환경의 악화와 심각한 불법행위가 있었다. 이런 점들은 향진기업의 상황에 대해 구체적인 분석이 필요함을 말해준다. 현대 중국농촌의 변화에 대해서는 「鄕土

경을 파괴하고, 노동자 보호에 소홀할 수 있는 현대화의 부정적 결과를 크게 무시하였다.

향진기업 현대화론은 향진기업을 이상화하고 그 생산관계 속의 내재적 모순을 소홀히한 가운데 전통적 사회관계를 비판한 계몽주의를 극복하려 했고, 사유제 자본주의를 사회주의 공유제를 대체할 유일한 방법으로 보는 것이 아니라 제3의 현대화의 길을 개척하려는 것이었다. 향진기업의 실천적 경험에서 출발하여 중국 현대성 문제를 이해하는 것은 나름대로 중요한 타당성을 지니고 있다. 하지만 중국경제가 이미 세계자본주의시장에서 가장 활력을 지닌 일부가 되었다는 점을 충분히 고려하지 못하고 현대성을 중성적인 기술적 지표로 본 까닭에 현대성 혹은 현대화 자체의 문제에 적절한 진단을 내릴 수가 없었다. 때문에 우리는 이렇게 물을 수 있을 것이다. 특수한 사회모델로 평가되는 향진기업이 시장에 진입한 후에도 그 특수성을 유지할 수 있을 것인가? 향진기업의 내부 특징으로 전지구적 자본주의에 저항한다는 사회적 예언은 지적 모색 차원에서는 이해할 수 있다. 그리고 이러한 지적 모색은 문화와 현실 속의 구체적 자료들을 가지고 중국 현대화에 독특한 길을 열었다. 하지만 그 제창자들은 그들이 말하는 특수성(나는 그 특수성을 부인하는 것이 결코 아니다. 중국이 일본·미국·영국 사이의 차이를 부인하지 않는 것처럼)이라는 것이 지금은 전지구적 자본주의시장 관계 속에서만 세워질 수 있음을 망각하였다. 그것이 '중국 특색을 지닌 현대화이론'일 수는 있지만, 전체적인 이론적 배경은 현대화 목적론의 틀 안에 위치한다는 것이다. 최근 몇년 동안의 사회발전을 보면 쟝쑤(江蘇), 져쟝(浙江), 꽝뚱(廣東) 등지를 포함하여 여러 곳에서 향진기업의 구조에 중요한 변화가 일어나고 있다. 집단기업의 사유화현상이 나타나는가 하면 자본합작 현상, 즉 다국적 자본과 새로운 경제씨스템을

中國的當代圖景」, 『讀書』1996年 第10期 참조.

맺는 현상이 나타나고 있다. 때문에 향진기업이 결국은 또하나의 현대화 길이자 또하나의 현대화모델이 될지에 대해서는 깊이있는 관찰이 지속적으로 필요하다. 또한 나는 향진기업의 형식이 분명 중국 현대화, 특히 공업화 면에서 서구나 다른 국가와의 중요한 구별이 되고, 이를 근거로 나온 '향진기업 현대화론'은 비판적 의미에서 서구 자본주의를 유일한 모델로 여기는 것을 겨냥하고 있다는 점에서 중요한 이론적·실천적 의미가 있다고 본다. 하지만 이러한 이론은 여전히 효율성을 기준으로 삼고 있고, 그러한 향진기업의 생산과 분배제도가 경제민주를 확대할 수 있을지, 향진기업의 문화가 경제적 민주를 보장하는 정치적 민주 및 그 제도적 형식을 세우는 데 유리할지, 향진기업의 생산방식이 자연생태계 보호에 유리할지, 향진기업이 전지구적 자본주의 상황 속에서 경제적 평등(국내와 국제 차원 모두)을 위한 제도와 윤리를 창출하는 기초를 제공할 수 있을지 등의 문제를 고려하지 않았다. 이런 문제로 인해 '향진기업 현대화론'의 비판성은 크게 제약을 받았다. 바꿔 말하면 '향진기업 현대화론'은 현대사회 경제·정치활동에 비판을 가할 수 있는 자원을 향진기업의 경제구조와 작동원리에서 찾아내는 데 실패하였다.

80년대 계몽주의 사조는 중국사회의 개혁에 크나큰 해방역량을 제공하였고, 당시는 물론 지금도 여전히 중국 지식인사회를 지배하는 중요한 사상 경향이다. 그러나 빠르게 변화하는 역사적 환경 속에서 일찍이 중국에서 가장 활력있는 사상자원이었던 계몽주의는 갈수록 애매모호한 상태에 놓인 채, 점차 오늘날 중국의 사회문제를 진단하고 비판할 능력을 잃어가고 있다. 이는 물론 중국 계몽주의가 내세운 목표가 이미 전적으로 의미를 잃었다는 것이 아니며 80년대 사상운동이 목표를 달성했다는 이야기도 아니다. 내가 말하고자 하는 것은, 중국 계몽주의가 직면한 현실은 이미 자본화된 사회라는 사실이다. 시장경제가 갈수록 중요한 경제형태로 되어가고 있고, 중국 사회주의 경제개혁은 중국을 전지구적 자본주의 생산관계

속으로 끌고 들어가고 있으며, 이 과정에서 국가와 그 기능에 근본적이지는 않다 하더라도 극히 중요한 변화가 상응하여 일어나고 있다. 자본주의 생산관계가 이미 자신의 대변자를 만들어냈고, 가치를 창출하는 존재로서의 계몽주의 지식인들의 역할 역시 심각한 도전에 직면했다. 좀더 중요한 것은 계몽주의 지식인들이 사회가 상업화되어가는 가운데 나타나는 황금만능주의나 도덕적 부패 그리고 사회적 무질서를 개탄하면서도 일찍이 자신들이 목표로 했던 현대화과정 속에 지금 자신들이 놓여 있다는 사실을 인정할 수밖에 없다는 점이다. 중국의 현대화나 자본주의 시장화는 계몽주의의 이데올로기적 기초이자 문화적 진보성의 상징이었다. 바로 이 점에서 계몽주의가 주장한 추상적인 주체성 개념과 인간의 자유해방이라는 명제는 마오 쩌뚱의 사회주의 실험을 비판하는 데 거대한 역사적 능동성을 발휘하였다. 하지만 자본주의시장과 현대화과정 자체에서 파생되는 사회적 위기에 대해서는 창백한 무기력을 드러내고 있다. 일부 계몽주의를 견지하는 인문학자들은 자본화되어가는 현실로 인해 발생하는 사회문제를 두고 추상적인 '인문정신의 위기'로 파악하기도 한다.[21] 그들은 서구와 중국의 고전주의철학으로 되돌아가 궁극적 가치와 윤리관을 모색하려 하고, 결국에는 문제를 개인이 편하게 몸과 마음을 의탁할 수 있는 개인의 도덕적 실천차원으로 귀결시킨다. 지금과 같은 역사적 상황에서 계몽주의는 일종의 신성한 도덕적 태도에 불과하다고 할 수 있고(하지만 계몽주의는 예전에 반도덕이 그 특징이었다), 추상적이고 모호한 성격으로 인해 현재 중국에서 무소부재로 존재하는 자본의 활동과 지극히 현실적인 경제관계를 분석하는 데 무력하며, 이로 인해 이미 전지구적 자본주의의 일부가 된

---

21) 인문정신에 관한 토론은 우선 『뚜슈(讀書)』지에서 전개되었고, 그 후속 논의가 다른 여러 잡지에서 진행되었다. 첫 문제제기에 대해서는 張汝倫·王曉明·朱學勤·陳思和「人文精神尋思錄之一, 人文精神: 是否可能和如何可能」, 『讀書』 1994年 第3期, 3~13면 참조. 그후 『뚜슈』지는 1994년 3~7기에 연속해서 상하이의 젊은 학자들의 대담을 실었다.

중국 현대성 문제를 비판하고 분석할 능력을 상실했다. 좀더 중요한 것은 '인문정신'이란 무엇인지, '인문정신'이 상실되었다면 무엇 때문에 그렇게 되었는지의 문제이다. 계몽주의 사상가들은 '합리화'의 진행으로 자연에 대한 통제가 가능해지고, 인간의 주체적 자유와 도덕, 정의로운 진보 그리고 인류의 행복이 촉진될 수 있으리라 기대하였다. 하지만 그러한 신념은 지금 심각한 위기에 처해 있다. 때문에 우리가 '인문정신의 상실'을 토론하려면 먼저 그러한 상실과 중국 신계몽주의가 힘을 쏟은 현대화운동 사이의 역사적 관계를 명확히해야 한다. '인문정신'에 관한 토론은 1994년부터 시작하여 1년여 동안 지속되었고, 참여자 또한 매우 많았다. 하지만 다음과 같은 문제를 다룬 경우는 없었다. 인문정신이 80년대 지식인들의 사상운동과 직접적인 연관을 지니고 있다면 1989년 톈안먼사태 이후 급격한 사회변화가 특수한 집단으로서의 '지식인'들을 어떻게 변화시켰는가? 중국 지식인들의 사회적 신분을 변화시킨 사회변화로는 다음과 같은 요인들을 꼽을 수 있다. 현대사회는 갈수록 엄밀한 분업체제의 직업화과정으로 나아가고 있는데, 현대 기업과 회사 내부의 전문분과 체제, 국가체제 내부의 기술관료화 그리고 이에 수반된 사회적 가치관의 변화 등이 그것이다. 이러한 흐름 속에서 원래의 지식인계층은 전문가·학자·경영인·기술관료로 분화되고 있고, 중국사회에 갈수록 확대되고 있는 전문분과 체제속에 편입되고 있다. 오늘날 일어나고 있는 지식인의 변화를 어떤 '정신'의 상실로 규정하면서, 지식인계층에 변화를 가져오는 사회적 여건을 무시하는 원인 가운데 하나는 계몽주의 지식인들이 이러한 사회변화 자체에 지극히 애매하고 모순적인 태도를 취한 데 있다. 중국의 이른바 '포스트모더니스트'들은 바로 그러한 모호함을 이용하여 서구의 포스트모더니즘을 중국 계몽주의를 비판하는 무기로 삼고 있다. 물론 '포스트모더니즘'이 중국 계몽주의보다 훨씬 모호하다. 내가 여기서 중국의 '포스트 조류'에 대해 전면적인 분석을 할 수는 없다. 거기에는 여러가지 요소들과 복잡성이 개재되어 있기 때문이다. 내가 여기서 분석하려는 것은 주로 포스트 조류의 일부 대표적인 인물들의 대표적인 글이다. '중국 포스트모더니즘'은 서구, 특히 미국 포스트모더니즘의 영향으로 출현하였지만 중국 포스트모더니즘의 이론적·역사적 의미는 그것들과 상당히 다르다. 나는 중국 포스트모더니즘을 현대화 이데올로기의 보충형식으로 파악하고자 한다. 중국 포스트모더니즘은 탈구조주의와 제3세계론, 탈식민주의가 주요 이론적 배경이다. 그런데 중국 포스트모더니즘은 중국 현대성 문제에 대해 역사적인 분석을 하지도 않았고, 중국 포스트모더니즘 신도들 가운데 중국 현대문화와 서구의 현대문화 관계를 꼼꼼하게 역사적으로 분석하는 사람은 보지 못했다. 문학계를 보면, 그들이 해체한 역사적 실체는 계몽주의가 비판대상으로 삼았던 것과 동일한 중국의 현대혁명 및 그 역사적 원인이다. 다소 차이가 있다면 그들은 계몽주의의 주체성 개념을 냉소적으로 본다는 점이지만, 그렇다고 그들이 중국 계몽주의의 주체성 개념을 특정한 역사적 맥락에서 분석한 적은 없다. 중국 포스트모더니스트들은 계몽주의의 역사적 태도를 냉소적으로 보면서 하나의 역사적 과정이자 사회운동의 성격을 띤 계몽주의가 어떻게 시대에 뒤떨어졌는지만 이야기한다. 그들이 이미 상업화된 매스미디어에 지배당하고, 소비주의 포스트모던사회의 입장에 서 있기 때문에 이런 일이 일어난 것이다. 탈식민주의는 서구(특히 미국) 문화제도 안에서 이루어지는 자아비판이라고 할 수 있고, 주변문화의 입장에서 서구중심 문화에 대한 비판을 통해 식민주의가 문화와 지식에 어떻게 포함되어 있는지를 드러내는 한편, 식민지 민중들이 식민주의자들에게 저항하기 위해 서구 민족국가이론을 이용하는 복잡한 과정을 포함하고 있다. 중국 포스트모더니즘의 문화비평에서는 탈식민주의 이론을 민족주의 담론과 동일시하였고, 중국 현대성담론 특유의 '중국/서구'라는 이원대립 담론패턴을 강화하기도 했다. 예를 들어 중국의 탈식민주의 비평가들 가운데 주변의 입장에서 중국의 한족중심주의를 분석한 사람이 하나도 없는데, 탈식민주의 이론의 논리로 보자면 이에 대한 분석이 분명 있어야 한다. 역설적인 사실은 중국의 일부 탈식민주의자들은 포스트모던이론이 서구중심주의를 비판하는 것을 이용하여 중국이 중심으로 복귀할 가능성과 이른바 '중화성(中華性)'을 건립할 것을 논하고 있다는 것이다. 중국의 포스트모더니스트들은 포스트모던의 깃발을 들고 있지만 사실은 그러한 전형적인 현대성 거대서사를 주장하는 가운데, 중화성의 미래를 예견하면서 지구화가 진행되는 과정에서 중국의 위치가 어떻게 변화하는지의 문제는 전혀 다루지 않을 뿐만 아니라 21세기에 대한 예언이나 기대 면에서 전통주의자들과 완전히 일치하고 있다.[22] 이는 결코 놀랄 만한 일이 아니다.

중국 포스트모더니즘의 또다른 특징은 대중문화의 이름으로 욕망의 생산과 재생산을 인민의 요구인 것처럼 만들어내고, 시장화과정에서 자본의 제약을 받는 사회형태를 중성적이고, 이데올로기의 지배를 받지 않는 '새로운 현실'[23]인 것처럼 해석한다는 것이다. 이러한 이론 분석에는 대중문화 내부의 다른 차원, 다른 측면에 대한 조사나 분석이 빠져 있고, 상업화와 소비주의 이데올로기에 대한 상응한 비판이나 해석이 없다. 그들이 중성화된 욕망과 현실 그리고 인민이나 대중문화의 이름으로 자신들이 속한 지식인집단을 공격할 때, 소비주의를 주요내용으로 한 시장이데올로기는 그들의 포스트모더니즘이론으로 합법화된다. 중국 포스트모더니즘은 신계몽주의가 엄숙한 사회·정치적 비판을 거부하고, 모든 가치에 대한 해체를 진행하지만, 현대생활을 지배하는 중요한 특징인 자본의 활동에 대한 분석이 없고, 그러한 자본의 활동과 중국 사회주의 개혁운동 간의 관계에 대한 평가도 없다. 그들은 늘 '관방 혹은 주류/대중문화'라는 이원대립을

----

22) 張法·張頤武·王一川「從現代性到中華性」,『文藝爭鳴』1994年 第2期, 10~20면.
23) '새로운 현실(新狀態)'이라는 개념은 문학평론가들이 최근의 중국문학을 설명하는 주요 특징으로 이데올로기의 지배를 받지 않는 본래의 현실을 말한다.

이야기하지만, 이들 양자가 자본의 활동을 통해 맺고 있는 복잡한 관계를 보지 못한다. 하지만 이 점은 현재 중국 사회·문화의 주요 특징 가운데 하나다. 사실 중국 포스트모더니스트들은 '시장화'에 희망을 걸고 있다. 그들에게 시장화란 서구화로 인해 '타자화'된 역사 속에서 느꼈던 초조감을 약화시키고 민족문화의 주체성을 확립할 수 있는 새로운 가능성이다. 또한 "시장화로 인해 과거 '거대서사'가 초래한 균형 상실 상태가 반드시 극복되고, 그러한 균형 상실로 초래된 사회적 혼란과 문화의 상실도 정상을 회복할 수 있으며, 시장화는 새로운 가능한 선택의 여지와 민족적 자기정체성 확인 그리고 자아발견의 새로운 길을 제공"[24]하였다고 본다. 이른바 시장화란 일반적인 차원의 시장에 대한 찬성이 아니라 전체 사회의 작동 원리를 시장궤도 속으로 편입시키는 것으로, 단순히 경제학의 범주만이 아니라 정치·사회·문화·경제를 망라하는 범주이다. 90년대 중국의 역사적 상황에서 중국에 소비주의문화가 생겨난 것은 경제적 사건이자 정치적 사건이다. 때문에 이러한 소비주의문화가 대중들의 일상생활에 침투한다는 것은 실제로는 통치이데올로기의 재생산과정이 완성되는 것을 의미한다. 이러한 과정에서 대중문화와 관방이데올로기는 상호침투하는 가운데 오늘날 중국이데올로기에서 주도적 지위를 차지하게 되고, 반면에 지식인들의 비판적 이데올로기는 배척되고, 희화화된다. 일부 포스트모더니스트들이 학문적 정치방식을 택해 비평활동을 하고 있지만, 여기에는 그들의 문화적 정치전략이 감추어져 있다. 대중문화(대중들의 허구적 욕망과 문화의 시장화형태)를 옹호하고, 지식인문화를 배척하는 입장에서 다시금 중심, 즉 중국 특유의 사회주의시장 속으로 복귀하려는 것이다. 중국 포스트모더니즘 문화비평 중 일부는 중국대륙의 독특한 시장이데올로기 구축과정에서 효과적인 일부가 되었다.

----

24) 張法·張頤武·王一川, 같은 글 15면.

지금의 중국 상황을 놓고 볼 때, 사상계와 지식인사회는 앞에서 언급한 문제에 대한 인식이 극히 약하다. 중국대륙 출신으로 구미에 유학중인 일부 젊은 중국 학자들과 중국 내에서 그들과 협력하는 사람들이 분석적 맑스주의 등 서구이론을 빌려 문제를 제기하고 있다. 그들이 현대 중국의 역사를 보는 관점에 대해 많은 학자들이 불만을 느끼고 있지만, 나는 그들의 문제의식에는 첨예한 현실성이 있다고 본다. 사상을 구사하는 방식에서 이들 젊은 학자들은 일정정도 '중국/서구'라는 이원론 속에서 중국 문제를 해부하는 계몽주의 사유패턴을 넘어섰다. 그들이 사고하는 문제는 냉전의 종결과 긴밀하게 연관되어 있고, 그 주요 출발점은 냉전시대의 낡은 개념 범주가 더이상 중국과 세계의 요구를 만족시킬 수 없고, 시대는 새로운 제도와 이론의 모색을 요청한다는 점이다. 그들 중 대표적인 인물들은 '신진화론' '분석적 맑스주의' '비판법학'에서 유익한 자극을 받았다. 그런 뒤 중국의 비옥한 토양을 기반으로 중국에 출현한 일부 새로운 제도와 이론의 싹을 틔우고 가꾸고 있다. 이른바 신진화론이 주장하는 것은 전통적 '사회주의/자본주의' 이분법을 넘어서서, 중국 사회주의 경제제도 속의 일부 유전적 요소, 예를 들어 향진기업과 농촌조직 방식에서 새로운 제도를 모색하고, 발전시키려 한다. 존 로머(John Roemer), 아담 셰보르스끼(Adam Przeworski) 등 미국 학자들이 제기한 분석적 맑스주의를 중국에 도입한 목적은 맑스주의이론을 엄격하게 해석하여 현재 조건에서 인류의 전면적 해방과 개인의 전면적 발전이라는 이상을 실현하려는 것이었다. 그중 가장 핵심적인 사상은 광범위한 민중들의 경제적 민주로 소수의 경제적·정치적 엘리뜨들이 사회자원을 조정하는 것을 대체하는 것이 원래의 사회주의 이상이라고 보는 점이다. 이 이론이 직접 겨냥하는 것은 러시아에서 이미 실행되었고 중국에서도 실행중인 국유자산의 대규모 사유화운동이다. 때문에 그들의 관점은 공유자산이 소수인들에게 자동적으로 사유화되지 않도록 하는 필요조건이 정치민주라는 것이다. 자본주의에서 민주가 자본

74

주의와 민주의 타협이라고 한다면, 사회주의는 경제·정치민주의 동의어이다. '비판법학'의 중요한 이론 성과는 18세기 이래 서구민법의 가장 핵심적인 내용인 절대재산권, 즉 재산 '최종소유자'의 재산에 대한 배타적 처분권이 이미 해체되었음을 드러낸 데 있다. 이 이론이 중국 상황에서 갖는 의의는 어떻게 경제적 민주를 확대하고 대규모 사유화운동을 억제할 것인지와 관련된다. 그들의 관점을 빌려 말하자면, 개념 면에서 사유제/국유제의 이분법을 초월하여 '재산권리의 다발'을 어떻게 분리, 재조직하여 경제적 민주를 확대하고, 어떻게 생명과 자유의 권리가 재산권보다 더 중요한 헌법적 지위를 갖게 할 것인지의 문제로 관심을 옮겨놓은 데 있다. 요컨대 신진화론, 분석적 맑스주의, 비판법학을 이론적 배경으로 삼고 있는 중국 학자들은 경제적 민주와 정치적 민주를 지도사상으로 삼아 이것 아니면 저것이라는 식의 이분법을 넘어 각종 새로운 제도를 창출할 기회를 모색하고 있다.[25]

사회주의나 자본주의라는 개념을 계속 사용할 것인지의 여부는 중요하지 않다. 현재 중국사회가 직면한 문제는 분명 자본주의나 사회주의라는 개념으로 간단히 해석할 수 없다. 문제는 현대 중국사회가 당면한 사회문제에 진정으로 맞닿아 있는지의 여부, 구체적 상황에서 진지한 분석을 해낼 수 있는지의 여부에 달려 있다. 중국에서 신맑스주의가 출현한 것은 미국대학의 경제학과 사회학, 법학 분야의 맑스주의 조류와 깊은 연관이 있고, 이 점에서 보면 전지구화라는 상황에서 일어난 '이론의 여행'이라고 할 수 있다. 역사의 구체적 과정을 무시하고 서구의 이론을 단순히 옮겨오는 것과 더불어 이들 연구가 지닌 또하나의 결함은 경제 분야에만 관심을 집중시킨 채,[26] 문화 분야에는 특별한 관심을 쏟지 않는다는 점이다. 중국

----

25) 崔之元「制度創新與第二次思想解放」,『二十一世紀』1994年 8月號, 516면. 이 글에 대한 비판은 季衛東「第二次思想解放還是烏托邦?」,『二十一世紀』1994年 10月號, 410면 참조.
26) 추이 즈위안(崔之元)이 작금의 중국 경제개혁과정에서 일어나는 문제에 대해 진단한 글

신맑스주의가 경제적 민주문제를 내놓았지만 문화 민주화의 문제는 제기하거나 논의하지 않고 있다. 시장이라는 조건에서 문화자본의 작동은 전체 사회활동의 주요한 측면이다. 문화자본을 통제하고 미디어를 장악하는 것은 사회의 기본적인 문화적 흐름과 주류 이데올로기의 흐름을 좌우한다. 예를 들어 현재 가장 중요한 미디어는 텔레비전인데, 국가가 미디어를 통제할 뿐만 아니라 시장도 중국의 텔레비전 드라마 제작에 영향을 미친다고 할 때, 대중문화와 국가 사이에 세워진 이러한 연관이 문화의 민주화를 위한 내부적 메커니즘을 제공할 수 있을 것인가? 중국 지식인들은 대부분 '시장화'가 중국사회의 민주화 문제를 자연스럽게 해결할 수 있을 것이라고 낙관하지만, 이는 더없이 순진한 환상이다. 미디어와 대중문화가 상당히 발달한 오늘날의 중국 현실에서, 특히 중국의 문화적 생산이 국내와 세계자본의 활동과 긴밀히 연결되어 있는 시대에 문화적 생산과 문화자본에 대한 분석을 포기하면 오늘날 중국 사회와 문화의 복잡성을 올바로 이해할 수 없다. 신맑스주의는 경제적 민주문제에 특히 관심을 기울이지만, 문화적 민주화의 문제는 기본적으로 거의 다루지 않고 있는데, 이 역시 중국 현대화 목표와 현대화이론이 그들에게 미친 잠재적 영향을 얼마간 보여주는 것이라 하겠다. 중국 현실에서 국가기구와 시장의 관계는 복잡하게 얽혀 있고, 상호 침투되어 있다. 문화적 생산만 하더라도 국가기구의 통제를 받는 동시에 경제자본과 시장논리의 제약을 받고 있다. 하지만 지금 상황에서 문화의 생산은 사회 전체의 재생산과정의 일부이다. 때문에

은 논쟁을 일으켰다. 쑤 원(蘇文)이 『뚱팡(東方)』 1996년 제1기에 발표한 「어려워도 길은 있다(山重水復應有路)」는 소련과 동구국가들의 개혁문제를 다루고 있지만, 기본적으로 중국 사유화과정에 대한 추이 즈위안의 관점을 대상으로 하고 있다. 중국 개혁과정에 대한 그의 분석이 소련 및 동구 개혁과 중국의 개혁을 비교하고 있기 때문이다. 이로써 중국의 개혁과정에 대한 토론은 중국 개혁 자체의 영향만이 아니라 소련과 동구지역 개혁상황의 영향을 받고 있음을 알 수 있다. 아마도 소련과 동구의 개혁 성패는 앞으로 중국 학자들이 중국 문제를 사고하는 데 중대한 영향을 미칠 것으로 보인다.

문화문제에 대한 분석은 맑스주의의 토대와 상부구조라는 이분법을 넘어서야 한다. 문화를 사회의 총체적인 생산과 소비과정의 유기적 일부로 이해해야 한다. 다시 말하면, 중국 학자들은 문화비평을 사회·정치·경제적인 과정에 대한 분석과 결합시킬 필요가 있고, 또한 방법론적 의미에서 문화 분석과 정치·경제 분석 사이의 결합점을 찾아야 한다는 것이다. 여기에 대해 체계적인 이론이나 입장을 내놓은 학자들은 별로 없다. 참다운 이론을 만들어내려면 많은 경험적 사실을 분석하고 역사를 연구해야 하지만 아직 그러한 작업이 상당히 부족한 데 그 원인이 있다. 하지만 그렇다고 하더라고 가장 본질적인 결론, 즉 경제적 민주화를 쟁취하는 것과 정치적 민주화를 쟁취하는 것, 문화적 민주화를 쟁취하는 것이 사실상 동일한 하나의 투쟁이라는 결론을 내리는 데 아무런 문제가 없다.

중국사회로 볼 때, 경제적 민주화의 문제는 전체 사회의 분배제도와 생산방식이 관계되기 때문에 불가피하게 정치적 민주화의 문제와 연결되기 마련이다. 이러한 의미에서 볼 때, 경제적 민주화와 문화적 민주화의 문제를 거론하는 것은 정치적 민주를 논의하는 데 실질적인 내용을 제공한다. 90년대 이후 정치적 민주화에 관한 논의가 현격하게 감소하였는데, 이는 그러한 논의가 엄격하게 금기시되었기 때문이다. 이와 더불어 냉전 종결 이후의 현실 속에서 민주를 어떻게 규정하고 실제에 부합한 역사적 목표를 어떻게 정할 것인지가 사고해야 할 문제로 대두하였기 때문이기도 하다. 정치적 민주화는 사회적 실천의 목표이자 문화적 성찰과 역사적 성찰의 과제이기도 하다. 정치적 민주화를 어떻게 해석할 것인지의 문제는 문화적 가치관에 제약을 받기도 하지만, 국가간의 정치·경제 관계와도 밀접한 연관이 있다. 중국의 독특한 시장사회 형태 속에서 경제적·문화적 민주화와 무관한 정치적 민주화 문제는 존재하지 않으며, 정치적·문화적 민주화와 무관한 경제적 민주화 문제 역시 존재하지 않는다. 때문에 민주화의 문제는 90년대 들어 새로운 사회적 내용이 추가되었고, 경제적 민주화를 토론할 때 정치적 민주화의 문제를 회피할 수 없다고 할 수 있다.

중국의 민주화에 관한 토론은 주로 개인의 자주성과 정치적 참여능력을 어떻게 보장할 것인지에 관심이 집중되어 있다. 중국 지식인사회는 이 문제를 다르면서도 연관된 두 가지 측면에서 전개해나간다. 하나는 경제적 자유주의에 대한 논의다. 사유화운동과 향진기업의 발전 그리고 다국적 자본이 중국에 실제로 등장함에 따라 중국 사회·경제 구조가 이미 상당히 복잡해졌다. 하지만 경제학자들은 대부분 여전히 시장과 시장의 활동은 일종의 '자연과정'으로서, 시장을 통해 자동적으로 민주화를 실현할 수 있을 것이라고 믿고 있다. 그들은 "시장의 논리란 바로 개인권리의 자유로운 거래"이고 "국가 관념이란 공공권력의 강제적 행사"이며 "전자는 개인의 자유·권리 확립과 보장을 기초로 하고, 후자는 공적인 선택의 결과를 전제로 하기"[27] 때문에 시장 자체의 발전은 개인의 충분한 자유·권리를 보증한다고 여긴다. 이러한 경제적 자유주의는 개인권리가 시장의 논리를 통해 보장되고, 시장이 국가와 복잡한 관계를 맺고 있지만 국가권력의 과도한 확장을 제한하는 역할을 한다고 주장한다. 우리는 이러한 이상주의적 주장을 국가가 시장과 사회를 간섭하는 것에 겨냥하여 나온 것이라 이해할 수 있다. 그러나 국가가 완전히 시장 밖에 존재할 뿐만 아니라 개인과 직접적으로 대립한다면, 우리는 어떤 범주로 시장 내부의 지배력을 설명할 것인가? 경제적 자유주의를 주장하는 사람들은 중국에서 시장이 형성되는 것과 국가개혁 프로그램과의 관계를 은폐하고 자연적 범주로서 '시장' 개념을 설정함으로써, 시장관계 내부의 그러한 지배와 피지배의 권력관계를 분석할 능력을 상실했다. 이러한 권력관계는 사회 부패의 주요원인이자 사회자원의 불평등한 분배를 초래하는 기본전제이기도 하다. 계획/시장이라는 이원론 속에서 '시장'이라는 개념을 자유의 원천으로 여

---

27) 張曙光「個人權利和國家權力」, 『公共論叢』 1995年 第1期, 三聯書店, 1~6면.

기는 것이다. 하지만 이러한 개념은 시장과 시장사회의 구분을 모호하게 한다. 시장이 투명하고 가치론의 법칙에 따라 작동하는 교환의 장소라면 시장사회는 시장의 원칙에 따라 정치, 문화와 우리의 모든 생활영역을 재편할 것을 요구하며, 시장사회의 작동은 독점적 상부구조와 분리될 수 없다. 바로 이러한 의미에서 '시장'이라는 개념은 현대사회의 불평등관계와 그 권력구조를 은폐한다. 월러스틴(I. Wallerstein)이 페르낭 브로델(Fernand Braudel)의 학문적 공헌을 지적한 것처럼 "어떤 종류의 정치적 보장이 없다면 영원히 경제를 지배할 수 없다. (…) 국가의 지지가 없거나 심지어 국가에 반대하는 상황에서도 (브로델이 정의한) 자본가가 될 수 있다고 생각하는 것은 더없이 황당하다."[28] 국가가 자본주의가 작동하는 데 있어서 하나의 구성요소라고 할 때 현재 중국 지식인사회의 정치적 상상력 속에서 경제적 자유라는 개념은 새롭게 재정의되어야 하지 않을까? 국가가 경제에 간섭하는 정도를 가지고 경제적 민주화와 정치적 민주화 문제를 해석하는 것은 누가 국가행위의 수혜자여야 하는지를 다시금 논의하는 데 그칠 뿐이지 않을까?

또다른 측면은 시민사회와 공공영역에 관한 논의다. 갈수록 많은 사람들이 시장은 국가 외부에 존재하는 모든 것을 가리키는 것이 아니며, 시장과 국가의 관계에서도 '사회'라는 중개세력이 존재해야 힘의 균형이 이루어질 수 있다고 여기고 있다. 하버마스(Habermas) 등의 영향을 받아 많은 사람들이 시민사회와 공공영역에 관심을 보이고 있다. 그들은 중국사회에 시민사회가 출현하고 있다고 보거나, 중국에 서구식의 시민사회가 형성되기를 희망하는데, 그것이 개인의 자유와 권리를 보장하고 국가적 힘의 과도한 간여를 억제하는 역할을 할 수 있다고 본다. 이러한 논의가 규범화된 방식으로 정치적 민주화를 호소하는 것이라면 충분히 이해하고, 공감할

---

28) 布羅代爾『資本主義的動力』, 三聯書店 1997, 85면.

수 있으며, 일정정도 지지를 보낼 수 있다. 그러나 이러한 규범화된 연구를 하나의 구체적이고 현실적인 방법이나 경험 차원에서 볼 경우, 이러한 이론은 자기모순의 함정에 빠진다. 중국의 시장화 개혁은 시종일관 강력한 국가 존재와 연관되어 있고, 국가의 추동 속에서 형성된 이른바 '시민사회'가 많은 사람들이 기대하는 것처럼 사회-국가라는 양극 구조의 중간에 놓여 있는지는 의문스럽다.[29] 예컨대 많은 정치지도자들과 그 자제들은 직접 경제활동에 참여하고 있고, 대기업과 회사의 경영자들이기도 하다. 우리가 그들을 시민사회의 대표자라고 부를 수 있는가? 중국에 경제엘리뜨들과 정치엘리뜨들이 상호결합한 사회관계가 이미 출현했으며, 그들은 국제적 경제활동에도 직접 참여하고 있다. 중국에서 발생한 중대한 부패사건들은 모두 고급 정치관료나 그 자제들이 국내 및 해외 경제활동 과정에서 저지른 불법행위들이다. 좀더 중요한 사실은 그러한 논의들에서 '사회'의 역할에 가일층 주목하지만 사회범주와 대립하는 '국가'의 범주가 도대체 무엇을 의미하는지에 대한 분석은 매우 빈약하다는 점이다. '국가'는 철저하게 '사회'의 밖이나 위에 존재하는가 아니면 '사회'와 상호침투하는가? 국가 내부에는 특정한 공간이 포함되어 있는가? 그러한 공간에는 특정조건 속에서 모종의 비판성을 지닌 공간이 존재할 수 있는가?

이러한 문제는 사회적·정치적 비판공간을 어떻게 형성할 것인지의 문제와 연관되어 있다. 일부 학자들은 문화의 생산영역, 예컨대 미디어와 출

---

29) 황 쭝즈는 미국의 중국학계에서 논의하는 시민사회와 공공영역 범주의 응용문제에 대해 이렇게 지적한 바 있다. "'부르주아 공공영역'과 '시민사회'라는 두 가지 개념을 중국에 사용할 때 국가와 사회 사이의 이원대립을 미리 설정하곤 한다. (…) 나는 국가와 사회 사이의 이원대립이 서구 근대역사에서 고도로 추상된 일종의 이상이며, 그것을 중국에 적용시킬 수 없다고 본다." Huang, Philip C. C., "'Public Sphere'/'Civil Society' in China? the third realm between state and society," *Modern China*, No 2, April 1993, 216~40면. 황 쭝즈의 지적은 주로 근대중국의 상황에서 나온 것이다. 하지만 나는 최근 중국의 상황에도 적용이 가능하다고 본다.

판문화 등에 관심을 보이고 있다. 왜냐하면 지금 중국에 '민간'출판물과 '독립적' 제작자들과 그 문화적 생산물이 출현하고 있기 때문이다. 1989년 이후 『쉬에런(學人)』[30]을 시작으로 일련의 '비관방적' 학술잡지들이 출현 하였다. 『중국사회과학계간(中國社會科學季刊)』[31] 『위안따오(原道)』(주간 陳明)[32] 『공공논총(公共論叢)』(편집위원 劉軍寧, 王焱, 賀衛東)[33] 등이 그렇다. 이와 동시에 관방과 비관방 사이에 있는 출판물도 출현하였다. 『전략과 관리(戰略與管理)』(편집인 秦朝英, 편집주간 楊平, 李書磊)[34] 『뚱팡(東方)』(편집인 鍾沛璋, 부편집인 朱正琳)[35] 등이다. 중앙텔레비전(CCTV) 프로그램 「뚱팡스쿵(東方時空)」도 방송국의 초빙을 받은 민간제작자가 제작에 참여하고 있다. 이러한 모든 것은 분명 새로운 문화적 면모를 가져왔다. 하지만 민간출판물이라고 할 때, 여기에는 두 가지 주의할 점이 있다. 첫째는 비관방 출판물 역시 관방출판사에서 출판되었다는 점이다. 중국에는 민간출판사가 존재하지 않기 때문이다. 둘째, 이들 민간출판물은 모두 잡지 등록번호를 부여받지 못했고, 잡지가 아니라 단행본으로 출판되고 있다. 이로 인해 합법과 불법 사이에 처해 있다. 좀더 중요한 사실은 체제 내부공간의 보호를 받는 정식으로 등록된 간행물들(관방간행물이라 부르기도 하는 간행물)이 민간 출판물보다 훨씬 대담한 비판적 의견을 낼 수 있다는 점이다. 현재 중국에서 가장 큰 영향력을 발휘하고 있는 『뚜슈(讀書)』를 예로 보면, 『뚜슈』는 중국 사상해방의 상징이다. 하지만 지식인들로부터 폭넓은 호평을 받고 있는 이 잡지는 민간간행물이 아니라 국가출판사에서 출판하고 정부의 신

---

30) 일본 國際學術友誼基金會의 자금 지원을 받아, 江蘇文藝出版社에서 출판했다.

31) 홍콩에 출판 등록이 되어 있다.

32) 처음에는 中國社會科學出版社에서 출판하였고, 후에 경제적 이유 때문에 團結出版社에서 출판하였다.

33) 포드재단의 자금 지원을 받아, 三聯書店에서 출판하였다.

34) 관방의 '中國戰略與管理委員會' 주관.

35) 中國東方文化研究會 주관.

문출판국에 예속되어 있는 간행물이다. 이들 문화적 생산품들이 중국의 사회·문화공간을 개척하는 데 크나큰 의미를 지니고 있는 것은 사실이다. 하지만 그 문화적 공간은 국가와 사회 사이의 공간이기도 하고 국가 내부의 공간이기도 하며, 그런 까닭에 필연적으로 국가의 정치적 간섭에 저항할 진정한 힘이 없다. 「뚱팡스쿵」의 경우 독립제작자와 국가이데올로기기구 그리고 거액의 광고수입이 합작하여 만들어낸 프로그램이다. 민간 참여로 영상언어와 진행자 스타일이 전통적인 관방 뉴스프로그램과 크게 다르고 일정정도 원래 이 프로그램에서 다루지 못하던 사회적 내용을 다룬 측면도 있다. 하지만 여전히 관방이데올로기를 선전하고 제조하는 역할을 맡고 있으며, 국가의 엄격한 통제를 받고 있다. 중국 '공공영역'은 이런 의미에서 국가와 사회 사이에 놓인 조절역량이 아니라 국가의 내부공간과 사회가 상호 침투한 결과이다. 이들 문화산업은 중국 사회·문화공간을 확장하는 데 큰 의미가 있다. 하지만 그러한 공간은 국가와 사회 사이의 공간이자 국가 내부의 공간이며, 그런 까닭에 필연적으로 국가의 정치적 간섭에 저항할 진정한 힘이 없다.

90년대 이후 미국·타이완·홍콩 그리고 중국대륙의 많은 학자들이 하버마스의 공공영역에 관한 이론을 중국 문제를 토론하는 데 도입하였다. 하버마스의 이론에 따르면, 초기 자유주의 공공영역과 시민사회는 밀접한 연관이 있었고 시민사회와 국가 사이에서 둘을 감시하고 비판하는 기능을 수행했다. 하버마스가 구축한 것은 하나의 규범으로서의 이상적 형태로, 그는 특히 그러한 이상적 형태가 현대역사에서 변형되고 전화되는 것에 관심을 기울였다. 그가 말하는 공공영역의 '재봉건화'가 바로 그것인데 미디어와 그밖의 공공영역이 국가와 정당, 시장에 좌우되는 상황이다. 이 이론의 기본논리에 따르면, 이러한 추론이 가능하다. 우선 중국대륙의 공공공간은 성숙한 시민사회를 전제로 형성된 것이 아니며 여러가지 상황 속에, 심지어 국가체제 내부에 존재하기도 한다. 중국대륙의 공공공간이 국가체제 내부에 존재할 수 있는 것은 한편으로는 국내외시장에서 자금 지원을 받고 있기 때문이고, 다른 한편으로는 국가이익의 필요와 국가 내부 공간의 형성 때문이다. 때문에 이러한 공공영역의 형성은 하버마스가 언급했던 것과 같은 초기 부르주아계급 공공영역의 특징을 지니지 못하고, 전체 사회체제에서 미디어가 차지하는 위치는 중국 공공영역과 하버마스가 언급한 유럽 공공영역 사이의 심각한 차이를 말해준다. 뿐만 아니라 이런 상황에서 미디어가 자유토론과 공공의견을 형성하는 공간이었던 적이 없었으며, 반대로 미디어는 각종 지배력이 각축하는 장소였다. 따라서 현재 중국에서 사회/국가 사이의 복잡한 관계를 다시금 연구할 필요가 제기된다. 이러한 복잡한 착종관계에서 시장이든 사회든 국가의 과도한 간섭 역량을 제어할 수 있는 장치가 되지 못한다. 이는 경제민주화와 문화민주화 문제는 정치민주화 문제와 직접적 연관을 지니며 따로 분리할 수 없는 문제임을 말해준다. 또한 시장을 통해 자연스럽게 국내 및 해외에서 공평과 정의, 민주에 도달하는 것은 단지 또하나의 유토피아일 뿐이라는 사실을 보여준다.[36]

---

36) 동구 지식인들과 구미 학술계의 영향을 받아, 90년대 들어 중국 학술계에서도 시민사회 문제를 논의하기 시작했다. '사회-국가'라는 이원론 모델 속에서 서구학자들은 폴란드 자유노조를 예로 들어 동구의 중앙집권제의 와해가 '시민사회'의 성숙정도와 관계있다고 보았다. 미국의 중국학계는 중국근현대사 연구에서 하버마스의 『공공영역의 구조변화』(*Strukturwandel der öffentlichkeit*)의 영향을 공공영역의 개념으로 중국근대사회의 변화를 새롭게 해석하는 가운데 중요한 학술적 저작을 대량으로 쏟아냈다. 하지만 최근 중국사회의 시민사회 문제에 관한 토론에서는 '시장화'를 통해 민주화가 저절로 가능하다는 환상을 현저하게 드러내고 있다. 중국의 시장화 개혁이 이미 새로운 사회계층을 탄생시킨 것은 분명하다. 하지만 이들 계층이 정치민주화의 동력이 될 수 있는지는 지극히 불분명하다. 나는 중국사회 개혁과정에서 정치엘리트들과 경제엘리트들이 하나로 결합되어 있는 상황과 중국의 정치적 부패와 경제적 부패 사이의 복잡한 관계를 지적한 바 있는데, 이런 점들은 시장화건 새로운 사회계층의 출현이건 모두 정치적 민주화의 실현을 보장하지 못한다는 것을 말해준다. 좀더 중요한 사실은 지금 중국의 상황에서 민주의 문제는 경제문제와 분리할 수 없고, 특히 사회분배 문제와 분리할 수 없다는 점이다. 이러한 시민사회 논의와

'신계몽주의' 사조의 역사적인 몰락은 중국 사상사에서 가장 최근에 대두되었던 한 단계가 끝났음을 보여준다. 하지만 우리는 이를 현대화 이데올로기로서의 사회주의와 '계몽주의'의 역사적 승리라고 바꿔 말할 수 있다. 이 상호모순되는 사상이 공동으로 중국 현대화에 합리성과 합법성을 증명해주었고, 전지구적 시장과 전지구적 씨스템을 향해 중국사회를 개혁하는 길을 열었다. 다국적 자본주의시대에 '신계몽주의'의 비판적 시야는 민족국가 내부의 사회·정치적 행위, 특히 국가행위에 국한되었다. 대내적으로 보면, 중국 신계몽주의 사조는 국가의 독재에 대한 비판을 자본주의 시장이 형성되는 과정에서 국가-사회의 복잡한 관계를 분석하는 것으로 적절하게 전환시키지 못했고, 대외적으로 보면, 중국의 문제는 이미 세계 자본주의시장의 문제이고, 때문에 중국 문제에 대한 진단은 갈수록 전지구화되는 자본주의 및 그 문제에 대한 진단과 동시에 진행되어야 하며, 중국 사회와 정치·문화를 비판하는 사상적 자원으로 예전처럼 서구를 원용할 수 없다는 점을 심각하게 이해하지 못하였다. 중국 계몽주의담론은 민족국가의 현대화라는 기본목표 위에 세워졌는데, 이러한 목표는 유럽에서 기원하여 지금은 보편화된 세계적 자본주의 과정에서 만들어졌다. 중국 신계몽주의는 원래의 목표를 어떻게 초월할지의 문제와 전지구적 자본주의시대의 중국 현대성 문제에 진단과 비판을 진행하는 새로운 문제에 직면했다. 신계몽주의가 역사적으로 몰락한 뒤 우리 눈앞에 펼쳐진 것은 사

관련된 것으로, 많은 중국 지식인들은 '개방' 자체가 궁극적으로는 중국사회를 서구에 근접시키고, 그리하여 정치에서 민주화의 문제를 해결할 수 있을 것이라고 보고 있다. 하지만 문제는 현재 중국 정치부패의 원인 가운데 하나가 국제자본이 중국에서 활동하는 것과 관계있다는 점이다. 이는 간단히 말해서 개방이 중국사회의 민주화 문제를 해결할 수 있다는 주장이 실제에 부합하지 않는다는 사실을 입증한다. 내가 여기서 언급한 두 가지는 시민사회에 관한 논의를 단순히 부정하는 것도 아니고 중국이 폐쇄의 방향으로 가야 한다는 주장은 더더욱 아니다. 나의 뜻은 다만 우리가 좀더 복잡한 논의모델을 개발하여 중국 사회 문제를 검토해야 한다는 것이다. 중국대륙에서 시민사회 문제에 관한 논의는 주로 민간 잡지인 『중국사회과학계간(中國社會科學季刊)』에서 집중적으로 이루어졌다.

상적 폐허다. 이러한 폐허에 국가의 경계를 초월해 펼쳐져 있는 거대한 자본주의시장이 있다. 계몽사상이 비판대상으로 삼았던 국가행위마저 상당히 이러한 거대한 시장의 제약을 받고 있다. 20세기가 종말을 고하려는 때, 누군가 이미 이렇게 선언했다. "역사는 끝났다."

– 4 –
전지구적 자본주의시대의 비판사상

20세기말의 가장 중요한 사건은 동구 사회주의의 실패와 중국의 전지구시장을 향한 사회주의의 개혁이다. 이러한 것들은 이데올로기의 대립으로 상징되는 냉전시대를 종결시켰거나 지금 종결시키고 있다. 이러한 역사적 전환점에서 많은 학자들이 21세기에 대해 비관적 혹은 낙관적 예언을 하고 있다. 21세기는 새로운 산업혁명의 시대라느니, 인구와 생태계 문제를 해결할 시대라느니, 문예나 종교의 부흥시대라느니, 경제중심이 태평양권으로 전환되는 시대라느니 하는 예언들이 그렇다. 하바드대학의 쌔뮤얼 헌팅턴(Samuel P. Huntington)은 「문명의 충돌」이라는 논문에서 새로운 세계에서 가장 중요한 충돌의 근원은 더이상 이데올로기나 경제적인 것이 아니며, 인류의 중대한 분열과 충돌은 서로 다른 문명의 민족과 국가들 사이에 발생할 것이라고 단언했다. 문명의 충돌이 장차 전지구정치를 주도할 것이라는 얘기다.

여기서 헌팅턴과 다른 학자들의 예언에 이론적 분석과 의문을 제기할 준비가 되어 있지는 않지만(이미 일부 학자들이 국제정치 행동에서 민족국가가 문화가치를 경제·정치이익보다 중요하게 여기는지에 관해 지적한 바 있다) 내가 지적하고 싶은 문제는 냉전 종결 이후 중국을 포함한 사회주의국가가 세계자본주의시장의 중요한, 아마 가장 풍부한 활력을 지닌 지역이 되었다는 점이다. 동아시아지역은 분명 원래의 자본주의 경제체제 속에서 점하던 주변적 지위에서 새로운 자본주의경제 중심의 하나가 될 수 있을 것이다. 자본주의 생산방식이 보편화된 역사적 상황에서 자본주의 생산방식 자체의 모순은 21세기에 어떤 지위를 차지할 것인가? 예를 들어 중국의 시장화과정에서 국가자본·민간자본·외래자본 사이의 관계는 어떠한가? 새로운 계급과 그밖의 사회계층의 관계는 어떠한가? 농민과 도시인구의 관계는 어떠한가? 발달한 연해지구와 낙후된 내지의 관계는 어떠한가? 이러한 모든 생산관계를 자본주의 생산관계, 특히 시장관계 속에 놓고 관찰하는 것이 필요하고, 근본적인 문제는 이들 관계의 변화가 전체 중국사회 내지 전세계 자본주의시장에 어떤 영향을 미치는지이다. 초국가적 자본주의시대에 이들 '국내관계'는 이미 더이상 중요하지 않은가? 나는 자유주의 이론가 베버가 합리화를 특징으로 한 현대자본주의 발전이 인간의 인간에 대한 통치를 초래할 것이라고 불길하게 예언한 사실, 어떤 방식으로도 사회주의에 대한 신념과 사회주의에 대한 희망을 소멸하지 못할 것이라고 단언한 사실을 아직도 기억하고 있다. 전통적 사회주의운동이 심각한 사회적 위기를 초래했고, 냉전과정에서 엄중한 실패에 직면한 상황에서 베버의 문제제기는 여전히 유효한 것인가?

문제의 복잡성은 현대화를 실현하는 방식 혹은 중국 현대성의 주요 형식으로서의 중국 사회주의 역시 사회조직의 억압이, 특히 국가의 인간에 대한 억압이 자본주의보다 더 심하였다는 점이다. 베버와 맑스의 현대성에 대한 성찰은 자본주의에 대한 관찰에서 나왔다. 하지만 지금 우리는 중국 사회주의 역사에 대한 성찰을 현대성 문제에 대한 성찰과 동시에 볼 필요가 있다. 이 현대성 문제는 유럽의 근대자본주의 및 그 문화 속에서 촉발되었다. 시장사회의 확대 및 사회적 자원에 대한 독점이 필연적으로 자발적이고 비계획적인 사회보장운동을 일으켰고, 이 두 가지 요소가 충돌하면서 19세기부터 20세기까지 (두 차례의 세계대전을 포함하여) 가장 심각한 사회적 위기의 원인이 되었고, 현대사회제도의 자기개혁을 위한 기본동력이 되었다. 현대사회주의는 자본주의의 내재모순에 대한 이해와 그러한 모순을 극복하려는 역사적 소망 속에서 탄생하였지만, 기존 사회주의의 실천은 이 역사적 임무를 완성하지 못했고, 끝내는 자신을 전지구적 자본주의 속으로 끌어들여 이러한 체계 속의 내재적 요소가 되어버렸다. 이와 동시에 자본주의는 사회주의운동 속에서 자기비판과 개혁의 기회를 획득하였고, 오늘날 우리는 원래 의미의 민족국가를 단위로 사회주의와 자본주의 문제를 규정할 수 없게 되었다. 바로 이러한 의미에서 우리는 전지구화나 전지구 자본주의와 같은 개념으로 현재 세계의 변화를 설명할 때, 자본주의의 독점구조 및 그 작동규칙이 현재 세계의 모든 측면을 대표한다는 것을 의미하는 것은 결코 아니다. 왜냐하면 구미의 사회체제와 공공정책에는 각종 사회주의나 다른 사회메커니즘들이 이미 포함되어 있기 때문이다. 구체적 제도 속에 포함된 사회주의나 사회보호 요소 이외에 우리는 브로델이 말한 '물질문명'의 어떤 측면, 즉 그러한 생활의 저층에서 진행되는 오랜 역사에서 형성된 소통관계 속에서 발견할 수 있다. 이러한 의미에서 중국 사회주의에 대한 성찰은 과거에 대한 검토이자 현대와 미래에 대한 예언이다. 왜냐하면 우리가 현대화를 목표로 한 동일한 역사과정 속에 있기 때문이다. 전통적 형식의 사회주의는 현대성의 내재적 위기를 해결할 수 없고, 현대화 이데올로기 형태의 맑스주의와 '신계몽주의'는 현재 세계의 발전에 적절한 해석과 대응을 거의 할 수 없다. 바로 여기에 '중국 문제를 새롭게 사고'할 필요성이 숨겨져 있다.

중국 사상계는 현재 '전지구화' 문제를 토론하고 있는데, 이와 대조적으로 서구 매체들은 중국 민족주의에 대해 이야기하고 있다. 대다수 중국 지식인들은 '전지구화'에 유가(儒家)의 대동사회 같은 이상주의를 품고 있다. 이러한 '대동'과 관련된 천하주의는 20세기에 줄곧 부단히 반복되었던 '세계로 나아가자'는 현대성의 몽상일 뿐인데, 여기서 우리는 '유교화된 세계의 미래상'의 희미한 면모를 읽을 수 있을 것이다. 한편 다른 일부 젊은 지식인들은 상업적인 이슈를 만드는 방법으로『'노'(No)라고 말할 수 있는 중국』과 같은 베스트셀러를 만들어 그렇지 않아도 매우 불안해하는 서구사회에 중국 민족주의에 대한 우려와 과장된 '중국 위협론'을 불러일으키고 있다. 일정한 의미에서 보면, 후자가 상업적인 이슈를 만드는 데 성공함으로써 많은 해외매체들이 중국 민족주의 사조가 극히 배타적 성격을 지닌다고 여기도록 하였고, 이 책의 출판 및 발행과정과 상업적 관계를 잊게 만들었다. 민족국가체제가 철저하게 해체, 재구성되지 않는 이상 민족국가의 동일성을 창출하는 토대로서 민족주의가 소멸하기란 불가능하다. 좀더 중요한 것은 현재의 민족주의정치와 전통적 민족주의 사이에는 중요한 차이가 있는데 현재의 민족주의는 전지구화의 대립물이라기보다는 전지구화의 부산물이라고 보는 편이 옳다. 민족주의 문제에 대한 토론은 전지구 정치경제씨스템과 함께 이루어져야 하며 고립적으로 거론할 수 없다. 21세기에 중국에서는 시장사회가 발달하겠지만, 중국은 새로운 세계적 패권국가가 되지는 못할 것이다. 미국과 소련의 경제·정치·군사적 지위는 냉전과정에서 이루어진 것인데, 소련이 해체된 후에는 나토(NATO)가 세계적 차원의 압도적인 군사력을 지니게 되었다. 얼마 동안은 어떤 국가도 이러한 군사력을 지니지 못할 것이다. 전지구적 차원의 정치와 경제, 군사구조 속에서 지금의 민족주의 문제를 사고하지 않으면 민족주의를 적극적으로 지지하든 극력 반대하든 문제의 핵심을 놓칠 수 있다.

전지구화를 현재 세계의 가장 새로운 발전단계로 보는 학자들은 전지구화가 자본주의 발전에 따라 전개된 세계역사의 기나긴 과정이라는 점을 거의 망각하고 있다. 자본주의는 몇가지 역사적 단계 혹은 시기를 거쳐왔다. 중요한 종속이론가인 아민(Amin)에 따르면, 산업혁명 이전의 중상주의 시기(1500~1800년)에 태평양을 중심으로 상업자본이 지배적 위치를 차지했고, 그 주변지역(미주지역)을 형성하였다. 그리고 서구 자본주의의 발전에 따라 아시아(일본은 예외다), 아프리카, 라틴아메리카가 서구 자본주의의 주변지역을 형성했다. 이와 동시에 부르주아계급 민족국가체제를 형식으로 한 공업씨스템이 형성되면서 민족해방운동도 이들 지역에서 발전하였다. 그 이데올로기적 특징이 바로 공업화를 해방과 진보의 동의어로 보거나 선진국을 따라잡고 뛰어넘을 수 있는 수단으로 보며 자본주의 중심의 도움 속에서 부강한 민족국가 건립을 목표로 삼는 것이다. 2차대전이 끝난 뒤 지금까지 주변지구는 불평등한 조건에서 공업화를 추진해왔다. 이 시기 중국을 포함하여 아시아와 라틴아메리카의 많은 국가들은 국가의 정치적 주권을 회복하였다. 자본주의 전지구화 과정에 따라 자족적인 민족공업씨스템이 점차 붕괴되고 결국 단일화된 국제적 생산과 무역씨스템의 구성요소로 재편되었다.[37] 전지구화 과정은 우리가 당면한 각종 사회문제를 자명하게 해결해주지 않는다. 현대세계의 발전을 보면 생산과 무역과정의 전지구화는 민족국가를 넘어서는 데 적합한 정치·사회조직의 새로운 형식을 자동적으로 만들어내는 것이 아니고, 아시아와 라틴아메리카 등 주변지역의 발전에 적합한 정치·경제관계를 발전시키는 것도 아니며, 더욱이 이른바 남북간의 차이와 불평등을 해결하지도 못한다. 마찬가지로 분명한 것은 민족국가의 지위는 약화되지만 정치와 경제, 군사적 독점은 변하지 않는다. 때문에 민족주의가 초래한 부정적 측면을 제거하려면 반드시 폭넓은 전지구적 관계 속에서 좀더 공정하고 평화로운 정치경제관계를 건립할 가능성을 모색해야만 한다.

　중국 상황으로 보면, 갈수록 심화되는 생산과 무역의 전지구화 과정으로 국제자본과 민족국가 내부의 자본지배자(중국을 포함하여 제3세계 국가들에서 자본지배자는 동시에 정치의 지배자이다)가 상호 침투하고 충돌함에 따라 국내경제 관계가 한층 복잡해지는 한편 불가피하게 체제적 차원의 부패를 초래하기도 한다. 이러한 부패가 정치와 경제생활, 도덕생활

---

37) '전지구화' 문제에 관한 논의는 汪暉 「秩序還是失序?: 阿明與他對全球化的看法」, 『讀書』 1985年 7月號, 106~112면 참조.

등 여러 방면에 침투하여 심각한 사회적 불공정을 낳고 있다. 순전히 효율의 관점에서 보더라도 새로운 제도를 모색하여 이러한 과정을 억제하는 사회적 메커니즘을 발전시키지 못한다면, 그러한 체제적 차원의 부패는 경제발전에 중대한 장애가 될 것이 틀림없다. 그리고 그러한 부패에 수반하는 맹목적 소비주의 역시 자연과 사회적 자원을 빠르게 잠식해가고 있다.

이는 지난 세기부터 중국 사상계에 보편적으로 유행해온 현대화의 목적론적 세계관이 도전에 직면했고 우리들의 습관화된 그러한 사상적 전제를 반드시 재고해야 한다는 사실을 말해준다. 현재 우리가 직면한 이러한 복잡하고 상호모순적인 문제를 해명해줄 한 가지 이론은 없다. 하지만 그렇다고 하더라도 일찍부터 중국 지식인들에게 습관이 된 '중국/서구' '전통/현대'라는 이분법을 초월하여 사회적 실천 속에 담긴 새로운 제도를 모색하는 데 필요한 요소들에 더욱더 관심을 갖고 민간사회의 재생능력에도 관심을 기울이며, 나아가 중국이 현대성을 추구한 역사적 조건과 방식을 다시금 검토하여 중국 문제를 전지구적 역사 시야에서 고려하는 것이 긴박한 이론적 과제가 아닐 수 없다. 전통적 사회주의의 역사적 실천은 이미 과거가 되었고, 전지구적 자본주의의 미래상은 베버가 말한 그러한 현대성의 위기를 해소하지 못했다. 하나의 역사적 단계로서의 현대시기는 여전히 계속되고 있다. 이것이 바로 사회비판사상이 계속 생존하고 발전할 수 있는 동력이자 중국 지식인사회가 새로운 이론과 새로운 제도를 모색해가기 위한 역사적 기회이다.

1989년 사회운동과 중국 '신자유주의'의 기원

중국 사상계의 현황과 현대성 문제 재론

20세기는 1989년에 거의 종결된 것처럼 보이지만, 역사는 여전히 예전처럼 지속되고 있다. 그해 삐이징에서 발생한 사건은 소련과 동유럽 해체의 촉발점이 되었고, 신자유주의가 전세계 경제와 정치구조를 주도하는 출발점이 되었다. 중국은 소련이나 동유럽 식의 해체과정과는 달리, 일종의 연속적인 형식으로 사회변화가 이루어지고 있다. 간략한 방식으로, 그래서 불완전할 수밖에 없는 방식으로 이 과정을 요약한다면, 이렇게 말할 수 있을 것이다. 중국은 국가권력구조를 변화 없이 유지하는 가운데 급진적인 시장화과정을 추진하였고, 적극적인 국가정책의 주도하에 전세계 경제체제 속으로 편입되었다. 이러한 연속과 비연속의 이중적인 성격이 중국 신자유주의 사조의 특성이다. 신자유주의는 국가적 또는 초국가적 정책과 경제의 힘에 의지하여, 그리고 형식주의 경제학 중심의 이론에 의지하여 자기 담론의 헤게모니를 수립하였다. 따라서 신자유주의의 비정치적이고 반정치적인 특징(반역사적인 방식 또는 전통적인 사회주의 이데올로기와 상호대립적인 방식)은 그것과 국가가 주도하는 경제정책 사이에 존재하는 견고한 연계성을 여실히 드러낸다. 이러한 정책이나 정치적 전제가 없으면, 신자유주의가 실업이나 사회보장체제의 붕괴, 빈곤인구의 확대, 그밖에 여러 사회분화의 현실들을 결코 '과도기'의 일시적인 것으로 덮어버리는 일은 불가능하다. '과도기'는 지금 중국사회의 여러 논의들의 중요하고도 분명한 전제이며, 그 대상으로 현실의 불평등과정과 궁극적인 이상 사이에서 필연적인 연계성을 설정하고 있다. 따라서 국가가 여전히 간섭하고 있다는 이유만으로 신자유주의의 패권적 지위를 인정하지 않으려는 것은 문제의 핵심을 완전히 비켜간 것이다. 중국 신자유주의의 패권적 지위는 국가가 경제개혁을 통해 자신의 합법성 위기를 극복하는 과정에서 형성되었다. 이론적인 측면에서 보면, 1989년 이후 잇따라 출현한 '신권위주의' '신보수주의' '고전적 자유주의' 그리고 '시장급진주의'와 '국가 현대화에 관한 이론 및 역사서술'(각종 민족주의 서술 중 현대화담론과 가장 근접한 부분을 포함하여) 등은 모두 신자유주의 이데올로기 형성과 밀접한 관계를 맺고 있다. 이러한 명목적인 '주의'들의 (심지어 상호모순적이기도 한) 교체출현은 현재 중국과 세계 권력구조의 전환을 보여준다.

신자유주의는 일종의 막강한 세력의 담론체계이자 이데올로기로서, '과도기'와 '발전'에 관한 관념을 이용하여 자기 내부의 모순을 미봉한다. 따라서 신자유주의의 내재적 모순을 드러내는 유력한 방식은 그 이론(자유시장·발전·세계화·공동부유·사유재산권 등)과 실제 사회변화과정을 역사적으로 서로 연결시켜, 담론과 실천 사이의 복잡한 관계를 설명하는 것이다. 북아메리카, 서유럽, 러시아와 중국 같은 현재 세계의 각기 다른 지역에서 신자유주의는 각자 나름의 역사적 근원과 사회형태를 지니고 있음은 말할 나위 없다. 신자유주의이론의 특징을 단지 역사적 조건의 차이라는 추상적인 차원에서 개괄하는 것으로는 사람들에게 만족할 만한 설명을 해줄 수 없으며, 반드시 역사적 조건의 차이에 대한 분석이 먼저 이루어져야 한다. 이 글의 목적 가운데 하나는 바로 역사적 분석을 통해 중국 신자유주의담론의 헤게모니를 가능케 하는 독특한 중국의 조건과 국제적 조건, 국가정책의 기초와 이데올로기 지형 및 국내외의 여론상황을 밝히고, 중국 신자유주의의 여러 형태와 내재적 모순, 그리고 신자유주의 문제를 둘러싸고 전개된 각종 이론적 탐색과 실천적 비판을 분석하는 것이다. 신자유주의를 겨냥한 이론적 실천과 사회운동은 상호모순적인 요소, 즉 급진적·온건적·보수적 요소를 포함하고 있다. 내가 보기에 현재 중국사회 진보세력의 주요 임무는 바로 이러한 요소가 (구체제로 회귀하려는 시도를 포함하여) 보수적인 방향으로 전개되는 것을 막는 것이다. 여기서 지적해둘 것은 1978년부터 1989년 사이의 경제개혁은 광범위한 변혁과정이며, '혁명'이라는 말로써 이 변동의 심도를 표현하는 것도 결코 지나치지 않다는 것이다. 이 짧은 글에서 중국 개혁의 성과와 내재적 위기를 전면적으로 개괄하기란 불가능하며, 또 1989년 사회운동의 과정을 상세히 서술하는 것 역시 불가능하다. 따라서 여기서 언급하는 각각의 세부문제는 모두 전문가의 논증과 조사가 필요하며, 나는 다만 1989년 사회운동의 발생원인에 대한 초보적 고찰을 통해 현재 중국의 문제를 이해하는 역사적 시각을 다시 수립하고자 한다.

– 1 –
1989년 사회운동의 역사적 조건과
'신자유주의'의 반역사적 해석

1989년의 사회운동은 중국에서뿐만 아니라 세계적 차원에서 그 영향이 매우 컸다. 국내든 국외든, 또 관방언론의 선전이든 아니면 다양한 형태의 회상이나 분석이든 절대 다수의 논의들은 학생운동과 지식인의 사상운동 아니면 상층정치의 결정과정에 한정되어 있다. 소위 시민사회에 관한 분석일지라도 주로 쓰퉁(四通)회사와 같은 경제집단 혹은 뻬이징 지식인 '집단'이 운동과정에서 발휘한 역할에 집중하고 있다. 그러나 1989년의 사회운동에는 광범위한 사회적 역량이 자발적으로 참여해서, 그 운동이 직접적인 조직역량에 비해 훨씬 더 막강한 사회적 요인을 지니고 있음을 알 수 있다. 1980년대의 사상해방운동과 계몽주의 사조는 낡은 이데올로기를 해체하고 비판적인 사상무기를 제공한 점에서는 확실히 중요한 작용을 하였다. 그러나 한 집단으로서의 지식인은 실제로 실행가능한 사회적 목표를 제시해줄 능력도 없었고, 또 이러한 운동역량의 동원이 내포하고 있는 깊은 의미를 이해하지도 못했다. 이것은 부분적으로 국가사회주의 방식에 대한 비판적 사조로 등장한 1980년대 사회사상이 새로운 사회모순의 특징을 관찰하고 이해할 능력이 없었고, 또 기층에서 기원한 사회동원의 사회주의 경향을 이해할 수도, 또 냉전의 이데올로기가 제공하는 사고범위를 초월할 수도 없다는 점에서 비롯한다. 바로 여기서 우리는 두 종류의 사회주의 개념을 구분할 필요가 있다. 하나는 이전의 국가이데올로기와 국가독점을 특징으로 하는 제도로서의 '사회주의'이고, 다른 하나는 국가독점과 시장확장 속에서 발전하기 시작한 사회보호운동인데, 이는 독점을 반대하고 사회민주를 요구하는 것을 특징으로 한다.[1] 냉전이 종결된 국제세계와 '사회주의' 방식을 재검토하는 분위기 속에서 사회모순 내부에 깊이 숨겨진 독점과 특권에 대한 반대의 목소리와 민주화를 지향하는 사회보장운동은 충분히 인식되지 못했다. 1989년 사회운동에 대한 나의 이해는 다음의 몇가지 문제에서 출발한다.

첫째, 1980년 중기부터 1989년까지 중국대륙에는 여러차례 학생운동이 발생했지만(1986년 말 후 야오빵胡耀邦의 실각으로 일어난 학생운동을 포함하여) 규모는 그리 크지 않았으며, 사회동원도 광범위하게 이루어지지 않

---

1) 여기서 말하는 사회주의 경향이란 계획경제를 특징으로 하는 국가경제모델이 아니라, 새로운 시장을 확장하는 과정에서 생긴 사회의 자기보호운동을 가리킨다. 이것은 매우 자연스럽게 사회평등과 공정을 추구하며, 아울러 이러한 관점에서 사회민주를 요구한다. 후자 의미의 사회주의 맥락에서 이러한 운동의 동원 역시 사회주의 가치관의 영향을 받았다.

았다. 그런데 왜 1989년 후 야오빵 사망이 촉발시킨 학생운동은 전국적으로 사회 각계각층의 폭넓은 동원과 참여를 불러일으켰는가? 왜 1989년 5월 초부터 중앙방송국(CCTV), 신화사(新華社), 『런민일보(人民日報)』 『꽝밍일보(光明日報)』 같은 국가의 언론들이 학생운동에 대해 대대적으로 보도하는 등, 중국현대사에서 보기 드문 국가선전기구의 '언론의 자유시기'가 출현하여 전국적이고 전사회적인 동원에 필요한 동력과 조건을 제공했는가?

둘째, 학생운동의 요구와 그밖의 사회계층의 요구 간에는 무슨 관계가 있는가? 이 문제를 제기하는 것은 1989년의 사회운동은 단지 학생운동만이 아니라 광범위한 사회운동이었고, 참여자들도 노동자, 개인상공업자, 국가간부, 교사와 여러 사회집단을 망라하고 있으며, 심지어는 중국공산당 중앙과 국무원 각 부서와 위원회, 전국인민대표대회, 전국인민정치협상회의 각 기구(『런민일보』『꽝밍일보』와 신화사 등 이른바 정부의 '혀'들을 포함하여)의 관리들도 모두 참여했기 때문이다. 그래서 우리는 직접 참여하지 않은 농민을 제외하고, 대부분의 사회 각 계층 —— 특히 중·대도시의 거주민 —— 이 모두 이 운동에 참여했다고 말할 수 있다. 노동자계급, 지식인과 기타 사회계층이 이 운동에 참여한 것은 그리 이해하기 어렵지 않다. 그러나 왜 동시에 국가가 국가를 반대하는 상황, 더 정확히 말해서 국가행위의 내재적 모순(즉 권력관계, 이익충돌, 가치지향의 차이 때문에 발생하는 국가 전체기구와 하위기구 사이의 모순, 그 하위기구들간의 모순)이 발생했는가?

셋째, 사회 각 계층이 대부분 개혁을 지지하는 상황에서, 개혁과정 자체에 대한 비판이 왜 출현했는가? 비판대상은 누구 또는 어떤 사회조건이며 사회동원의 이데올로기는 어떤 요소들로 구성되었는가?

이러한 문제들에 명확하게 대답하기 위해서는 간략하게나마 1978년 이래 중국의 개혁과정을 돌이켜볼 필요가 있다. 1978년부터 1989년까지의 사회개혁은 크게 1978년에서 1984년까지의 농촌개혁단계와 1984년에서 지금까지의 도시개혁, 두 단계로 나누어 볼 수 있다. 1978년에서 1984년 또는 1985년 사이의 개혁성과는 주로 농촌문제에 집중해 있으며, 그 핵심은 도시와 소읍 주민의 사회적 지위가 일반적으로 농촌주민보다 높은 '도농분리'의 이원적 사회체제를 부분적으로 보완하는 것이다.[2] 이러한 개혁의 주요내용은 다음과 같은 두 측면을 포함하고 있다. 하나는 인민공사(人民公社)를 해체하고, 국가가 농촌에 토지를 다시 균분하여 '가정생산 청부책임제'를 실시하는 것이다. 다른 하나는 국가정책의 조정을 통해 농산품의 가격을 올리고, 농민의 다양한 경영을 장려하며, 향진기업을 발전시킴으로써 마오 쩌뚱(毛澤東) 시대에 도시의 공업화를 위해 제도화된 도농차별 정책을 완화하는 것이다. 그 결과 1978년부터 1985년 사이에 도농간의 수입격차는 점차 축소되었다.

앞에서 말한 두 가지 개혁성과는 점차적으로 소규모의 느슨해진 시장관계를 수반했지만, 기본적인 측면에서 보면, 그것은 중국의 전통사회에

---

2) 사회학자의 연구에 따르면, 이러한 '도농분리' 체제는 주로 네 가지 측면으로 표현된다. 첫째는 정치권력의 차이로 농민은 정치·경제·문화 등 각 영역에서 정부의 전반적인 지도를 받는데, 정작 정부를 대표하는 각 관리와 행정공무원은 모두 비농업인구이다. 둘째, 경제적 지위의 차이, 즉 농공업상품에 대해 '이중가격제'를 실시하였는데, 이는 도시공업을 발전시키기 위해 자금을 축적하고 동시에 경제적 자원과 발전기회를 독점하여 농촌에서 공업을 진흥시키는 것을 억제하기 위한 것이다. 셋째는 경제수입의 차이이다. 즉 도농간의 수입격차는 3 대 1에서 6 대 1로 확대되었다. 넷째는 복지의 차이인데, 도시주민의 주체(국유제와 집체소유제의 노동자 또는 국가 간부)는 평생 무료의료혜택과 퇴직금 등의 혜택을 누리는 것 이외에도 양식·기름·육류 등을 안정적으로 공급받지만, 농민은 이러한 복지혜택을 받지 못한다. 다섯째, 사회적 지위의 차이로서, 도시거주민의 사회적 지위는 농민보다 훨씬 높다. 자세한 내용은 다음을 참조. 王漢生·張新祥「解放以來中國的社會層次分化」, 『社會學研究』 1993年 第6期; 李强 『當代中國社會分層結構變遷報告』, 北京: 中國經濟出版社 1993; 李培林 主編 『中國新時期階級階層報告』, 沈陽: 遼寧人民出版社 1995, 65~67면. 張宛麗의 종합적인 서술과 평론은 「中國社會階級階層研究二十年」, 『社會學研究』 2000年 第1期, 26면 참조.

서 토지를 분배하던 경험과 평등원칙을 기초로 한 것이었다. 우리는 그것을 '소농사회주의' 형식을 띠고 인민공사제를 핵심으로 하는 '국가의 독점에 대한 부정'이라고 정리할 수 있다. 농민의 적극성이 강해진 것은 단지 시장개방 때문이 아니라 생산의 유동성과 선택가능성이 높아지고 도농의 차이가 감소된 데서 기인한다. 국가는 농산품가격을 조정하여 지역의 농산물시장(브로델Fernand Braudel이 말한 시장경제와 다른 투명한 시장)을 보호하고, 도농간의 불평등을 완화시켰다. 도시 시장개혁이 아직 시작되지 않아, 농촌의 소시장은 잠시 동안 도시중심의 시장경제 속으로 편입되지 않았다. 생산력 저하, 잉여생산품의 한계, 도시상품경제 미발달이라는 환경 속에서도, 농촌개혁이 진행되면서 비교적 미미한 빈부격차가 발생했지만 도농사회 관계가 평등을 지향하는 전제 위에 세워졌기 때문에, 농촌의 파산이나 급격한 사회불안으로 이어지지는 않았다.[3] 시장은 단지 1980년대 농촌개혁의 한 요소일 뿐이었다. 당시 한 경제학자가 "주로 정책에 의존한 농업발전"으로서 농업개혁 상황을 개괄한 것은 실제 상황을 잘 표현한 것이라 할 수 있다.[4]

앞에서 살펴본 농촌개혁과정은 1984년에 시작된 도시개혁단계를 이해하는 기본 배경이자, 도시의 경제발전과 곤경을 형성하는 역사적 조건이다. 도시개혁이 포함하는 범위는 지극히 넓어서, 일반적으로는 이 개혁의 핵심을 시장기제의 도입으로 설명하지만, 실제 사회적 내용을 보면 바로 '권리와 이익의 이양〔放權讓利〕'으로서, 다시 말하면, 국가의 주도하에 원

---

3) 루 쉬에이(陸學藝)는 농민집단을 농업노동자 계층, 고용노동자 계층, 지식형 직업 계층, 개인상공업자와 개인노동자 계층, 사기업주 계층, 집체기업관리자 계층, 농촌사회관리자 계층 등 8개 계층으로 나누었다. 陸學藝 「重新認識農民問題」, 『社會學研究』 1999年 第6期.
4) 이것은 1980년 초 랴오 지리(廖季立)가 제기하였는데, 쉐에 무챠오(薛暮橋) 등의 지지를 받았다. 그 핵심내용은 가장 효율적인 농업발전 정책은 국가의 정책지도하에 농민의 적극성을 향상시키고 다양한 형태의 경영방식을 도입하는 것이라는 것이다. 이에 대해 郭樹淸 『經濟體制轉軌與宏觀調控』, 天津: 天津人民出版社 1992, 175면 참조.

래 국가가 직접 통제하고 지배하던 일부 사회자원들을 분산하고 전환시켜 사회의 이익관계를 재조직하는 것이다.[5] 관련 연구에 따르면, 1953년부터 1978년까지 26년간 중국의 재정수입이 국민수입 분배에서 차지하는 비중은 평균 34.2%(그중 1978년에는 37.2%)였으며, 1979년부터 점차 감소하여 1988년에는 단지 19.3%에 그쳤다. 중앙재정이 감소하는 상황에서, 예산외 자금이 대폭 확대되었고, 지방정부는 더욱더 독립적인 이익과 지배권을 획득하였다.[6] 그러나 탈세와 〔반강제인〕 각종 할당제의 성행, 은행대출에 대한 지방정부의 통제 및 대규모의 밀수 성행은 바로 이러한 개혁과정의 부산물이었다.[7]

　도시개혁의 중점은 국유기업의 개혁이었다. 즉 기업의 자주권을 확대하는 개혁(국가가 일부 권리를 기업에 이전시키는 것)에서부터 특정 기업들을 대상으로 폐쇄·정지·병합·전환조치 등을 행하는 것으로, 그리고 마지막으로는 경영권의 개혁에서 소유권의 개혁으로 나아갔다. 실업과 직위 해제의 압력하에서 국가는 부득이 일정기간 폐쇄나 정지보다는 병합과 전환을 권장하는 전략을 취하였지만, 기본방향에는 변화가 없었다. 도시개

---

5) 장 완리(張宛麗)는 이것을 두 가지로 개괄하였다. 첫째 기존의 제도구조 밖에 새로운 집단이 출현하였으며, 동시에 그들이 점유하고 있는 자원 역시 큰 폭으로 상승했다. 예를 들면 개인경영인, 자유직업인, 사영기업주, 합자와 외자 또는 사영기업의 고급직원, 비공유제 기업가 등이 그것이다. 둘째 기존 집단의 지위상황에 변화가 일기 시작했다. 즉 농민·간부·전문가·노동자 등 집단의 지위에 변화와 분화가 발생하였다. 張宛麗「中國社會階級階層硏究二十年」, 『社會學硏究』 2000年 第1期, 28~29면 참조.

6) 王紹光「建立一個强有力的民主國家: 兼論 '政權形式' 與 '國家能力'的區別」, 『當代中國硏究中心論文』 1991年 第4期, 15~17면.

7) 王紹光, 같은 책 20면. 왕 샤오꽝은 다음과 같이 결론내리고 있다. "권리와 이익의 이양중심의 개혁방침은 국민수입 분배에 대해 공공권력기구(각급 정부 및 그 지부)가 아닌 중앙정부의 영향을 줄였을 뿐이다. (…) 지방정부의 재정권이 확대됨에 따라, 그들이 행정수단으로 경제생활에 간섭할 수 있는 힘이 오히려 증가하였다. 뿐만 아니라 이전 중앙정부의 간섭보다 더 직접적이었다. 따라서 권리와 이익의 이양정책으로 전통적인 행정명령형의 경제체제가 사라진 것이 아니라 전통체제가 소규모화되었을 뿐이다."

혁은 말할 나위 없이 농촌개혁보다 복잡했다. 그 이유는 다음과 같다. 첫째, 농촌토지와 그밖의 생산원료에 비하여, 공업자산에 대한 평가가 훨씬 더 어려웠기 때문이다. 공업자산 재분배에는 복잡한 기술과 제도조건이 결부되어 있었고, 업종간·분업간·지역간 여러 차이(및 이러한 차이로 발생한 불평등)와도 관련이 있었다. 더욱 중요한 것은 농촌토지의 재분배는 가정생산 청부책임제를 전제로 하였기 때문에, 적어도 명의상으로는 국가가 여전히 토지에 대한 소유권을 지니고 있었다. 그러나 공업자산의 재분배과정은 진정한 사유화과정이었다. 둘째, 도시공업개혁의 소유제 전제조건은 완전히 달랐다. 기존의 공업체제 내에서 국가는 계획에 따라 자원을 분배했지만, 자원의 점유 및 경제효율과 집단과 개인의 실제적인 경제이익은 완전히 별개로 분리되어 있었다(예를 들어 대형 국영공장이 자원의 점유에서는 독점적인 우세를 보였지만, 그 직원·노동자의 실제 수입은 기타 집단 소공장의 직원·노동자의 수입과 큰 차이가 없었다). 그러나 국가가 공업과 상업 영역에서 절대적인 지배권을 버리고, 계획수립과 집행주체자에서 조정자의 역할로 전환하자, 기존의 자원 점유의 불평등은 이제 곧 수입의 불평등을 의미하게 되었다. 이러한 의미에서, 도시공업개혁은 단지 기업의 소유제 문제뿐만 아니라, 전체 국가의 경제체제 문제와도 긴밀한 연관을 맺고 있었다. 이러한 복잡한 조건에서 민주적 감독과정과 기술적 뒷받침이 없다면, 그리고 상응하는 경제체제를 수립하지 못한다면, 자원과 자산을 재분배하는 과정은 결국 심각한 사회불평등을 불러일으키게 될 것이다. 이러한 여러 요소들을 통해 왜 도시개혁은 초기 농촌개혁처럼 평등을 실현할 원칙이 없었는지를 알 수 있다. 이 과정에서 노동자집단, 심지어는 국가공무원 계층의 지위와 이익에 다중적인 위기가 발생하였다. 사회학자의 연구에 따르면, 이것은 주로 경제지위의 하락, 내부 계층의 분화, 고용노동자 이익의 피동적 상황 및 노약자·병약자·장애인·임산부 등 직공들이 이익을 보장받지 못하는 현상 등 다양한 방면에서 잘 나타난다.[8]

1985년부터 1989년까지 중국 경제학계는 줄곧 개혁(비교적 급진적인 소유권 개혁)과 조정(국가 간섭하의 경제구조 조정) 논쟁을 전개하였고, 또 중국의 개혁은 가격개혁을 위주로 해야 하는가(즉 원래의 계획가격체제를 개혁하여 시장관계를 조성), 아니면 기업소유제 개혁을 위주로 해야 하는가(국유기업을 대규모로 사유화)를 둘러싸고 논쟁을 벌였다.[9] 이러한 논쟁의 원인 가운데 하나는, 1985년부터 중국경제에 끊임없이 통화팽창과 경제혼란이 발생하여 만약 적절한 가격조절과 그에 상응하는 시장조건을 배양하지 않으면, 소유권 개혁은 필시 대규모 사회적 불안을 낳을 수 있었다는 데 있다. 논쟁 결과, 가격개혁을 통해 시장환경을 조성하고, 동시에 기업개혁(주로 청부책임제)을 추진하자는 의견이 대세를 이루었다. 이러한 개혁노선은 대체로 성공적이었는데, 가격조정 기능이 전통체제의 독점성을 억제하고, 시장기제를 자극하였으며 이른바 '자발적 사유화'의 진행 과정을 제한하였기 때문이다. 러시아의 '사유화' 방안과 비교한다면, 이 성공의 의의는 높이 평가되어야 할 것이다.

그러나 이 과정에는 위기가 잠복해 있어 곧 지속적인 사회문제를 야기시켰다. 시장환경 측면에서 보면, 이러한 개혁은 '쌍궤제(雙軌制)' 가격(즉

---

8) 경제수입의 차이는 우선 개인경영자의 수입과 국영기업 종업원의 수입 불균형에서 잘 나타난다. 이에 대해 趙人偉「中國轉型期中收入分配的一些特殊現象」, 趙人偉 主編『中國居民收入分配研究』, 北京: 中國社會科學出版社 1994 참조. 내부분화는 관리자·기술자와 노동자 간의 차이가 확대되는 데서 잘 나타난다. 이에 대해 馮同慶 外『中國職工狀況, 內部結構及相互關系』, 北京: 中國社會科學出版社 1993 참조. 한편 노동시간·노동보호·노동계약 등 고용노동자 계층의 지위와 이익은 보장받지 못하며, 노동능력이 약화된 계층의 초기 노동가치는 정당한 보상을 받지 못한다. 이에 대해 張宛麗, 같은 책 29~30면 참조.

9) 일반적으로 우 징렌(吳敬璉)을 가격개혁과 기업개혁을 동시에 서로 조화롭게 추진할 것을 주장한 대표자로 보지만, 리 이닝(厲以寧)이 1980년대에 주식화를 주장한 대표자라는 것은 널리 알려진 사실이다. 이에 대해 1988년에 우 징렌이 일찍이 책임을 맡았던 중기 개혁계획에 관한 총보고인『中國改革大思路』, 沈陽出版社 1988, 그밖에『中國經濟改革總體規劃集』, 中央黨校出版社 1987;『中國經濟改革的整體設計』, 中國展望出版社 1990;「價格改革和體制轉軌的成功保證」,『改革』1988年 第6期 참조.

국가계획가격과 시장가격의 병존 상태로 전자는 주로 생산재료 —— 그중에는 계획생산지표를 완성하고 남은 생산재료도 포함한다 —— 가격에 집중되어 있고, 후자는 소비품가격에 집중되어 있다)을 과도적 조건으로 삼고 있는데, 계획가격과 시장가격 두 체계의 동시 병존은 오히려 부패와 관의 투기거래(즉 관리나 관기구가 가격체제를 이용하여 벌이는 투기거래활동)를 조장하는 계기를 낳았다. 또 기업개혁의 측면에서 보면, 이러한 개혁은 청부제와 정부/기업의 분리를 기본방향으로 삼고 있지만, 이는 정치체제가 변화하지 않고서는 제대로 이루어지기가 힘들었다. 그래서 정부와 기업의 분리라는 구호하에 실제로 벌어진 상황은 소유권과 경영권의 분리였다. 이 혼합된 권력의 과도기에 대량의 국가자산이 합법적 또는 불법적으로 소수의 경제이익으로 전화되었다.

많은 경제학자들이 1988년을 '청부책임제'의 해라고 부른다. 그 이유는 청부책임제가 기업의 청부에서 외국무역의 청부, 부문 청부, 재정 청부 등으로 확대되었고, 기업·지방·부문은 기존 체제에서 그들이 차지하고 있던 위치에 따라 더욱 자립적인 이익을 획득하였다. 이러한 과정은 '쌍궤제' 가격의 모순을 격화시켰다. 즉 지방과 이익집단은 권력 집행과 각종 방법을 통해 계획된 범위 안에 속하는 산품(産品)을 계획 밖, 즉 시장으로 되돌려 통화팽창과 사회분배 측면에서 심각한 불균형을 낳았다.[10] 청부책임제를 실시하는 과정에서 흔히 나타나는 부패형식은 탈세와 커미션 수수, 공금횡령 및 권력비리(예를 들어 청부할당권을 이용한 뇌물수수) 등이다. 개혁이 시작된 이래 집단의 구매력은 지속적으로 상승했으며, 장려금의 증가액수 또한 부단히 확대되어 총공급과 총수요의 불균형을 초래했다. 그리하여 중앙정부에는 경제를 통제조절하는 데 필요한 재정자원이 부족했다. 1988년 5, 6월 사이에 정부는 계획가격을 폐지하고, 시장가격으

---

10) 郭樹淸, 같은 책 181면.

로 전환하는 새로운 가격개혁을 대대적으로 선전하였지만, 이는 즉시 사재기와 사회불안을 초래했다. 그후 일정 기간 정부는 부득이 이전부터 시행하던 국가통제를 강화하는 정책으로 돌아섰는데 그로 인해 이번에는 국가와, 국가가 만들어낸 지방 및 부문 이익집단간의 모순을 야기했다.[11]

이 단계의 개혁은 일정한 성과를 거둔 동시에 몇가지 새로운 요소도 출현했는데, 그것들은 서로 다른 방면에서 새롭게 등장한 불평등한 사회조건을 반영하고 있었다. 이러한 요소들은 1989년 사회동원이 광범위하게 이루어지게 된 기본적인 원인이었다. 첫째로, '쌍궤제'와 권력의 시장화는 분배불평등과 이중가격의 차익을 노리는 벼락부자들의 '지대추구(rent seeking)' 행위[12]를 조성하였다. 즉 권력과 금전의 결탁으로 국민의 소유자산은 '지대추구자'의 주머니 속으로 들어갔다. 1988년 한 해만 보더라도, 이중체제하에서의 가격 차액(지대)은 3569억 위안(元)에 달하여 대략 그해 국민수입의 30%를 차지했다.[13] 이것은 지방과 부문 이익집단 형성의 제도적 기초임과 동시에 1990년 제도적 부패의 주요 원인이었다. 이 과정에서 중앙정부와 지방정부 사이의 이익갈등이 첨예화되었다. 둘째, 도시 각 계층의 수입이 심각하게 분화되기 시작했다. 특히 노동자계급의 수입이 감소하고, 직위해제와 실업위기는 점차 단초를 드러내기 시작했으며, '철 밥그릇'과 관련된 토론은 수시로 신문지상에 오르내렸다. 셋째, 세수구조를 조정하고 권력의 시장화 같은 요소가 출현하여 상업계층의 구조에 변화가 생기기 시작하고, 기존의 도시 개인상공업자(이른바 '개체호個體戶')의

---

11) '정리정돈' 정책의 주요 목표에 대해서는 1989년 11월 9일 발표한 「中共中央關于進一步治理整頓和深化改革的決定」, 『中國金融年鑑』(1990)과 『十年計劃體制改革槪覽』, 中國計劃出版社 1989 참조.
12) 지대추구란 기업이 독점적 지위를 확보·유지하기 위해 취하는 행동으로, 국내시장에서 독점적 지위를 차지하기 위해 수입규제나 그밖의 기업의 진입을 방해하는, 정부 또는 국회 등을 대상으로 한 로비 등이 이에 해당한다 ― 옮긴이
13) 胡和元 「1988年中國租金價值的估算」, 『經濟體制比較』 1989年 第7期.

이익이 감소하였다. 이것이 바로 1989년 이 계층(개체호)이 학생운동을 지지한 이유였다. 넷째, 주택·의료·임금과 그밖의 사회복지방면의 개혁은 지지부진하였고, 통화팽창은 사회안전에 대한 위기의식을 불러일으켰다. 이러한 요소들은 임금노동자층의 불만을 샀을 뿐만 아니라, 많은 국가공무원의 일상생활에도 영향을 미쳤다(특히 보통 국가공무원과 다른 계층, 시장활동에 개입하는 국가공무원과 그밖의 국가공무원의 수입 차이가 급격히 확대되었다).[14] 여기서 1989년의 사회운동은 기본적으로 도시를 중심으로 한 사회운동이었으며, 그것과 1984년에 시작된 '도시개혁' 단계라고 불리는 시장확장의 역사는 내재적인 연관이 있음을 주의할 필요가 있다. 그러나 이것말고도 이 운동의 또다른 배경을 잊어서는 안된다. 즉 도시개혁의 추진과 농촌개혁의 부진(주로 가격체제, 호구체제, 노동보험체제, 생태문제 및 기층 사회조직 문제 등 다방면에서 집중적으로 나타났다)은 다시 도농간의 차이를 확대시켰다. 1985년부터 1989년까지 농민계층의 수입은 이미 줄어들기 시작했지만, 농촌사회는 아직 90년대처럼 시장화과정과 그 위기 속으로 휘말려들지 않았으며, 도시사회 가운데 유동인구 역시 현재의 규모로 발전하지 않았다. 따라서 이 계층은 당시 사회운동에 직접 참여하지 않았다.

1980년대의 정치적 안정은 사회에 대한 국가의 강력한 통제력에 기초해 있었지만, 이러한 통제력은 단순히 국가가 실시하는 강제적인 통제로 간주할 수 없다. 이 시기에 국가가 경제개혁을 추동하고, 지식인계층은 개혁에 직접 참여하는 동시에 개혁을 위한 이데올로기를 제공하였으며, 사회기층(특히 농민계층)은 이 개혁의 성과를 직접 향유하였다. 바로 이 세 방면의 상호추동이 1980년대의 개혁에 합법성을 부여했다. 그러나 1989년 전후에 새로운 상황이 출현하였다. 우선 국가 내부, 즉 부문간, 계층간, 권

---

14) 개혁 전후시기 간부계층의 변화에 대해서는 李强, 같은 책 참조.

력중심간, 중앙과 지방 간에 이익충돌과 모순이 발생하였다. 다음으로 국가 내부의 분화는 지식인의 내부분화를 유발했다. 즉 한편으로 개혁정책 수립과정과 이데올로기 선전에 직접 참여한 지식인은 사실상 줄곧 국가체제에 편입된 사람들이었으며, 그들은 국가 내부의 분화에 매우 민감했다.[15] 그리고 다른 한편 국가 내부의 분화는 국가기능의 전환과 사회분업체제의 변화를 포함하고 있으며, 상당수 지식인의 취업경향과 사회태도에 중요한 변화가 생겼다. 셋째, 도시민 계층은 개혁과정에서 자신들이 이익을 상실할 수도 있다는 사실을 체감하면서, 더이상 단순하게 개혁의 신화(비록 개혁에 대해 여전히 기본적으로 긍정적인 태도를 취하고 있을지라도)를 믿지 않게 되었다. 넷째, 도시개혁의 전개와 도농관계의 새로운 변화로 농촌사회는 새로운 위기를 맞기 시작했다. 이상의 몇몇 측면들이 바로 심각한 합법성의 위기, 즉 계획경제의 몇몇 요소를 유지하고 있는 국가의 합법성 위기뿐만 아니라 한편으로는 시장사회를 향해 과도적 단계에 있는 국가의 합법성 위기를 조성하였다. 여기서 문제를 제기해야 할 것은 계획경제 및 그 결과에 대해서가 아니라,[16] 오히려 개혁이라는 명의로 진행된 이익분배의 합법성(국가가 누구의 이익을 대표하여 재분배를 진행하는가?)과 분배과정에서 절차의 합법성(무엇에 근거하여 어떤 절차로 행정관리와 감독을 시행하는 것이 합법인가?) 등이다.

----

15) 일반적으로 '신시기'(1978~88)에 중요한 역할을 맡았던 중년 이상의 지식인(경제학자·정치학자·철학자·역사학자·문학비평가를 포함하여)은 대다수가 대학과 연구소의 리더였다. 경제학계의 몇몇 논쟁은 국가정책과 관련된 내부 논쟁에서 비롯되었다. 이 시기에, 중국사상영역의 '좌'와 '우'는 사실상 국가체제 내부의 논쟁과 파벌에 기원하고 있다. 그들은 높은 지위와 막중한 권한을 지닌 까닭에, 그들간의 의견대립은 종종 전체 지식계의 '좌'와 '우'의 분화로 이해되었는데, 오늘날까지도 어떤 사람들은 당쟁투쟁의 형식을 중국사회분화과정 중의 '좌'와 '우'로 받아들이고, 심지어 혹자는 노선투쟁의 방식으로 반대자를 제거하려고 하기도 한다.

16) 이것은 사람들이 계획경제를 찬성해서가 아니라 현실문제가 바로 제도의 전환과정에서 발전해왔기 때문에 우선 이 과정 자체에 대해 문제제기를 해야 하는 것이다.

이상의 상황은 1989년 사회운동과 사회동원의 기본적인 사회조건이었다. 학생운동과 지식인의 기본 요구는 정치상의 민주, 뉴스보도의 자유, 언론의 자유, 집회와 결사의 자유를 실시하고, 법제 등 헌법권리를 보장하며(이른바 '인치人治'에 상대적으로), 국가가 운동의 합법성(애국학생운동으로서)을 승인해줄 것 등이었다. 사회 각 계층에서 이러한 요구를 지지했는데, 더 나아가 그들은 이러한 요구에 더욱 구체적인 사회적 의미를 부여했다. 그 내용은 부패에 대한 반대, 국가기구 및 관리의 투기매매 활동에 대한 반대, 고위급 자녀들인 태자당(太子黨) 등 특권계급에 대한 반대, 물가의 안정, 하이난따오(海南島) 주민의 양푸(洋浦) 반환요구,[17] 사회보장과 사회공정에 대한 요구 등 민주적 방식으로 사회이익을 재조직하는 과정에 대한 감독과 개혁과정의 공정성을 보장하라는 것이다. 여기서 주목해야할 것은 1989년 사회동원은 전통체제를 비판하였지만, 그들이 직면한 것은 이미 과거의 국가가 아니라 개혁을 추진하고 있는 국가 또는 점차 시장사회를 향해 전환중인 국가와 그 정책결과라는 사실이다. 내가 여기서 이렇게 구분하는 것은 결코 개혁을 추진하는 국가와 과거 국가 간의 연속성을 부정하고자 하는 것이 아니라, 국가의 기능과 사회적 조건의 전환을 지적하고자 하는 것이다. 실제로 시장개혁과 사회전환을 추진하는 국가는 과거의 정치적 유산과 이데올로기 중심의 통치방식에 의존하고 있으며, 이 두 방면의 부조화는 각기 다른 방향에서 국가의 합법성 위기를 조성하였다. 즉 사람들은 한편으로는 국가가 주도하는 경제정책으로 국가이데올로기와 통치방식의 합법성을 비판하면서, 다른 한편으로는 사회주의 이데올로기로 국가경제정책의 합법성을 비판할 수 있다. 사회주의국가는 이데올로기와 수익분배 측면에서 평등을 강조하지만, 또 한편으로는 강제적

---

17) 하이난따오의 양푸 지역을 경제개발구로 지정하고 이를 외국투자자에게 개방하는 과정에서 매판비리가 발생하자 국민이 이에 항의하며 회수를 요구했다 ― 옮긴이.

인 계획방식으로 도시와 농촌, 서로 다른 경제체제, 서로 다른 지역간의 제도적 불평등을 조성·유지했다. 그런데 개혁이 진행되면서 이러한 제도적 불평등은 신속하게 계급·계층·지역의 수입 차이로 전화되었고, 따라서 사회의 급격한 분화를 촉진하였다. 그리하여 두 국가의 실제적 차이점에도 불구하고, 결코 그들 사이의 내재적인 역사적 연관성을 은폐할 수 없다.

1989년 사회운동은 일종의 사회의 자기보호운동으로서 불평등한 시장 확장에 대한 자발적인 반항을 포함하고 있으며, 한편으로는 사회저항운동으로서 전능주의국가 및 그 통치방식에 대한 1980년대 비판적 사회사상을 계승하고 있다.[18] 바로 앞에서 말한 국가에 대한 구분이 실제로 두 국가가 존재하는 것을 의미하지 않는 것처럼, 사회저항운동 역시 복잡한 요소를 포함하는 사회운동이다. 그중에서도 다음과 같은 복잡한 상황은 특히 주의할 필요가 있다. 즉 1989년 사회운동에 참여한 계층 가운데에는 몇몇 이익집단이 있었다. 그들은 1980년대 권한과 이익의 이양을 특징으로 하는 개혁과정에서 상당한 혜택을 입었으나, 다시 막 시작하려는 조정정책에 불만을 품고 자신들의 요구를 사회운동에 포함시켜 국가가 더욱더 급진적인 사유화정책을 취하도록 압박하려 했다. 이러한 집단은 개혁시대의 산물일 뿐만 아니라, 개혁시대의 권력과 시장의 교환관계를 직접적으로 표

---

18) 중국정부와 집권당은 줄곧 1949년에 확립된 정치제도를 자신의 합법성의 전제로 삼고 있다. 따라서 사람들은 연속적인 시각으로 마오(毛)시대와 떵(鄧)시대의 관계를 관찰하는 데 익숙해져 있다. 이것은 또한 사람들이 현실에 대한 불만을 마오시대 및 그 계획체제로 돌리는 주요원인 가운데 하나이다. 그러나 개혁시대와 마오시대의 국가 및 주요정책 사이에는 중요한 차이가 있다. 바로 이 때문에, 국가이데올로기 기제는 이데올로기의 연속성을 견지할 때, 그것과 국가개혁정책 및 실천 사이의 내재적인 모순 또한 백일하에 드러나게 되었다. 그뿐만 아니라, 국가이데올로기 기제 및 집권당의 이중적 합법성(맑스정당이면서 시장경제개혁을 추진하는 정당)으로 인해 국가에 대한 비판운동도 모호한 특징, 즉 구제도를 반대한다는 명목으로 현실의 국가정책과 실천을 비판하는 경계가 불명확한 성격을 지니게 되었다. 1989년에 일어난, 기관과 관리의 투기와 부패 및 태자당을 반대한다는 구호하에 동원된 비판운동은 단순히 전통적 사회주의국가에 대한 비판으로 간주하기보다는 오히려 개혁중인 국가에 대한 비판 혹은 일종의 이중적 비판이라고 보아야 한다.

출한 것으로서, 그들의 요구사항은 국가의 상층부와 사회운동 사이에서 전개되었다. 예를 들어 그들은 자금동원과 상층부에 대한 로비, 국가와 운동진영 사이의 정보전달 역할 등을 이용하였는데, 결국 사회운동을 이용하여 국가 내부의 권력구조를 자기 계층 또는 자기 집단의 이익에 유리한 방향으로 바꾸려 한 것이다(이에 대해 캉화康華회사와 쓰퉁회사 및 그밖의 몇몇 집단이 운동기간에 보여준 역할을 참조할 수 있다). 이러한 현상은 국가권력과 밀접한 관계를 맺고 있던 일부 지식인들 사이에서도 나타났다. 그들은 사회운동, 특히 학생운동을 이용하여 국가 내부의 권력관계에 영향을 미치려 하였다.[19] 1989년 국가 내부분화와 국가 자체의 이익집단화 간에는 밀접한 관계가 있다. 즉 당시 중국에서는 오늘날 '신자유주의'라고 불리는 이데올로기가 이미 생성되기 시작했다. 그 핵심내용은 권한과 이익의 이양과 청부책임제를 더욱 급진적으로 개혁하고, 민주제도의 보장 없이 전면적으로 자발적인 사유화과정을 진행함과 동시에, 입법절차를 통해 인위적으로 양성해낸 이 계급과 이익분화과정을 합법화하는 것이었다.

따라서 신자유주의(즉 신보수주의)가 구현하는 것은 주로 국가가 이익집단화되는 과정에서 형성된 사회집단의 이익관계이고, 그것의 몇몇 원칙은 행정권력과 경제권력의 네트워크를 통해 이미 국가의 개혁정책 속에 깊숙이 침투되었다. 이러한 시장급진주의는 국가의 합법성에 위기가 생겼을 때는 신권위주의와 신보수주의(즉 국가권위와 엘리뜨를 이용하여 급진적인 시장확장을 추동하는 것)로 드러나고, 시장의 다국적 운동 가운데서는 신자유주의 방식으로 나타났다. 여기에는 확실히 모종의 전환 혹은 권력·권위의 이전이 존재한다. 즉 국가가 세계화 조류 및 국내시장의 확장

---

19) 예를 들어 1989년 5월, 학생들이 단식을 시작할 때 『꽝밍일보』가 개최한 지식인회의와 그 후 발표한 선언이 바로 그 증거이다.

속에서 담당하는 보호·억제·조절의 역할을 의식함에 따라, 일부 이익집단은 더이상 단순히 시장확장의 동력을 국가에 기탁하려 하지 않고, 다국적 자본과 국내자본의 역량을 이용하여 중국사회와 시장을 재조직할 수 있다고 여기고 있었다. 이것이 바로 신권위주의와 신자유주의가 서로 결탁되어 있는 역사적 비밀이다. 이러한 의미에서, 신자유주의와 국가 간의 일부 모순은 19세기와 20세기 전반의 자유주의와 국가의 관계와 완전히 다르며, 그것은 새로운 이익관계의 산물이다. 강력한 사회적 압력하에서, 중앙정부와 지방정부 및 그외 부문의 이익집단 간에는 개혁노선 문제와 이익관계에서 때때로 충돌이 빚어지기도 한다(그것은 개혁 및 조정과 관련하여 끊임없이 제기되어온 정책관련 논쟁에 잘 반영되어 있다). 여기에 세계화라는 상황에서 국가·지방·이익집단과 다국적 자본 간의 복잡한 모순관계가 덧붙여져, 신자유주의는 자주 '민간' '사회' '시장'의 이름을 빌려 한편으로는 국가의 개혁정책에 영향을 미쳤고, 다른 한편으로는 해외 언론(특히 홍콩, 타이완과 미국의 언론)을 통해 '계획경제' '공산주의' 혹은 '전제주의' 국가를 반대하는 역할을 하기도 한다. 중국판 신자유주의와 극보수적 이데올로기 기구의 모순은 기껏해야 국가적 행위의 내재적 모순을 드러낼 뿐이다. 그리고 신자유주의가 기회가 있을 때마다 국가의 '대항자'로서 자신의 이미지를 부각시키려고 하지만, 이것이 신자유주의와 국가의 관계가 대립적임을 증명하는 것은 결코 아니다. 그와는 정반대로 그들간에는 복잡하고 상호의존적인 관계가 존재한다. 이것이 바로 일종의 전세계적 지배이데올로기인 신자유주의가 중국의 사회역사적 조건에서 지니고 있는 모호함이자 이중성이다. 이러한 의미에서, 신자유주의가 자주 빌려 쓰는 명목적 개념을 부정하는 것을 결코 '민간' '사회' '시장'을 부정하는 것으로 이해해서는 안되며, 그와는 반대로 반민간적·반사회적·반시장적 독점관계를 부정하는 것으로 보아야 한다. 신자유주의를 재검토하는 목적은 이론적으로 시장과 관련된 민주제도, 사회의 자기조절과 민

간역량을 배양할 수 있는 가능성과 현실적 토대를 제공하는 것이다.[20]

이상에서 본 바와 같이 전통적 계획경제의 위기는 바야흐로 새로운 독점적 시장관계의 위기로 전화되고 있다. 1989년의 사회모순은 결코 국가가 개혁을 추진하고, 사회 각 계층이 오히려 이를 반대한 것이 아니다. 그와는 정반대로 구체제가 쇠락하면서 사람들은 개혁을 깊이있게 진행해야 한다고 요구하였다. 즉 문제의 핵심은 어떤 종류의 개혁이냐 하는 것이었다. 학생, 지식인과 그밖에 사회운동에 참여한 각 계층이 모두 개혁(정치개혁과 경제개혁을 포함하여)과 민주화를 지지하였지만, 개혁에 대한 그들의 기대와 이해, 그리고 개혁과정에서의 이익관계는 천차만별이었다. 좀더 포괄적인 시각에서 보면, 광대한 민중이 기대하는 개혁, 그들이 이상으로 여기는 민주와 법제화는 정치와 법률구조를 재구성하여 사회적 공정(公正)과 경제생활의 민주화를 보장하는 것이었지, 완전히 짜여진 어떤 절차 형식의 정치구조와 법률조항으로 현실의 분할과정에 대해 합법성을 부여하는 것이 아니었다. 이러한 요구는 막 형성되어 확대되고 있는 이익집단의 급진적 사유화 개혁에 대한 요구와 근본적인 충돌(비록 이러한 충돌

----

20) 이른바 '신자유주의'는 일종의 이데올로기를 가리킨다. 설사 이 글에서 언급하는 개별학자의 관점과 이러한 이데올로기 간에 수많은 중첩이 있다 할지라도, 여기서의 나의 분석은 개개인의 관점에 착안해 있는 것은 아니다. 이데올로기라는 개념은 일종의 지배적인 통치사상을 가리키며, 그것은 능히 사람들이 문제를 판단하는 방식으로 전화할 수 있다. 예를 들어 중미간 세계무역기구(WTO) 협상에 서명이 이루어지고 나서, 거의 모든 매체가 한쪽으로 치우친 보도를 하였으며, 동시에 커다란 사회적 반향을 불러일으켰다. 그러나 민중, 심지어 지식인조차 이 협상내용에 대해 전혀 알지 못했는데, 왜 그들은 그토록 신나서 야단법석을 떨었을까? 시장주의와 발전주의의 이데올로기에 기대지 않고서는 이 현상을 설명하기란 매우 어렵다. 1989년 이후 중국의 이데올로기기구는 계속해서 작동되었지만, 마오 쩌뚱 시대와 비교하면 이러한 국가이데올로기기구는 이미 그 기능을 효과적으로 발휘할 수 없었고, 오히려 행정수단과 강제적 수단을 통해 '규범 위반' 현상을 처리할 수밖에 없었다. 아니면 적어도 우리는 국가이데올로기는 두가지 지향성, 즉 시장주의와 발전주의의 지향성과 전통적 사회주의 이데올로기 지향성을 포함하고 있다고 말할 수 있다. 이중 후자는 이미 조금의 설득력도 없는 극단적으로 경색된 선전으로 변질되어버렸다.

이 당시에는 충분히 인식되지 못했지만)을 일으켰다. 신생 이익집단들은
즉시 사회평등에 대한 요구를 절대평등 또는 도덕이상주의로 비난하고,
'문혁'과 사회주의를 부정한다는 이름으로 사회적 항의의 합리성마저 부
정해버렸다. 바로 이러한 복잡한 상황이 개혁중에 개혁의 수혜계층도 사
회운동에 참여하게 되고, 심지어는 수많은 국가기구와 관리조차 뻬이징의
창안(長安)거리로 나가 사회 각 계층의 시위와 항의에 참여한 이유를 부분
적으로나마 설명해주고 있다. 이러한 의미에서 단순히 개혁과 반개혁의
이원적 대립구도로는 1989년 사회운동의 특징을 설명하기 어렵다.

　이러한 분석을 통해 다음과 같이 말할 수 있다. 1989년 사회동원을 형성
한 이데올로기는 민주와 자유의 가치를 포함하고 있고, 동시에 일상생활
의 평등의식도 포함하고 있다. 또한 전통적 사회주의 이데올로기가 이 특
정한 시기에 일종의 비판적인 동원역량으로 전화되었다. 사회 각 계층의
광범위한 참여를 고려하면, 전통적 사회주의 이데올로기의 측면은 매우
망각하기 쉽지만 아주 중요한 측면을 구성하고 있으며, 우리의 일상생활
속에 깊숙이 자리잡고 있다. 따라서 내가 보기에 1989년 사회운동의 의의
는 다중적이다. 그것은 구시대에 대한 고별이자 동시에 신시대의 내재적
사회모순에 대한 항의이기도 하다. 또한 민주와 자유에 대한 (학생과 지식
인의) 요구이자 사회평등과 공정에 대한 (노동자와 그밖의 시민계층의) 요
구이기도 하다. 이러한 다중적인 양태 때문에 당시 운동의 민주화 요구는
다양한 의미로 해석할 수 있다. 그러나 냉전이데올로기, 국가폭력 및 그것
이 야기한 합법성의 위기, 학생과 지식인 운동의 역사과정에 대한 심도있
는 이해의 결핍, 그리고 이러한 운동의 가장 보수적 측면(즉 사유화과정에
서 권한이양으로 출현한 이익집단)과 '신자유주의' 세계질서 간의 공모관
계 등으로 1989년 사회운동에 대한 전세계의 다양한 해석은 공교롭게도
급진적 사유화를 주장하는 이익집단에 유리한 방향으로 전개되었다. 그리
하여 이러한 집단은 또 '급진적 개혁자'의 신분으로 자신과 국가권력 및

일부 이익집단 사이에 복잡하게 뒤얽혀 있는 관계를 은폐할 뿐만 아니라, 이러한 과정에서의 진정한 이익관계를 은폐하여, 자신을 세계시장과 민주를 향한 진보적 역량으로 전세계에 과시하고 있다.

1989년 6월 4일, 전세계를 놀라게 한 톈안먼(天安門)사건이 발생했다. 곧이어 동유럽과 소련이 해체되어 냉전이 종식되고, "역사가 종결"되었다. 1989년에 발생한 사회 불안정은 사회해체의 징후를 드러냈으며, 국가 역시 바로 이러한 배경으로 안정을 합법성의 전제로 삼았다. 왜냐하면 사람들이 국가폭력기구를 안정을 유지하기 위한 유일한 힘으로 이해함으로써, 결국 개혁 이래 점차 형성된 국가의 합법성 위기를 은폐시켜주었기 때문이다. 여기에 기본적인 역사적 사실 또는 역설이 존재한다. 정부가 주도하는 경제정책이 사회의 불안정을 일으키고, 불안정 후의 안정은 또 국가권력이 사회로 확장되기 위한 합법적 근거가 되었다. 따라서 신자유주의적 '자아조절론'(및 국가 간섭에 대한 배척)은 결국 통제와 간섭에 대한 요청으로 바뀌었다. 1989년의 폭력 이후, 사회운동에 대한 사람들의 관심은 6·4사건, 소련과 동유럽의 해체, 냉전 종식에 집중되었고, 이러한 사회운동이 발생할 수 있었던 역사적 조건과 기본적인 요구는 오히려 한편으로 밀려나, 이 운동이 내포하는 역사적 가능성 또한 운동의 실패와 더불어 잊혀졌다. 앞서 말한 것처럼, 1989년의 사회동원은 사회 각 계층의 권한과 이익 이양의 불평등과정에 대한 항의에서 비롯되었고, 지방과 부문 이익집단이 중앙정부의 조정정책에 대해 품은 불만과 국가 내부의 분화, 그리고 또 사회 각 계층과 국가기구 간의 상호추동 관계에서 기인하였다. 1989년의 언론을 예로 들면, 어떻게 각 계층의 사회동원과 민주화 요구가 국가가 통제하는 언론에까지 파고들 수 있었는가 하는 물음을 자연스럽게 떠올리게 된다. 이에 대한 대답으로 다음과 같은 세 가지 조건이 핵심이라 할 수 있다. 우선 정치집단간의 권력투쟁, 국가경제정책과 국가이데올로기 간의 내재적 모순, 중앙정부와 지방정부의 이익분화 등은 언론으로 하여금 단일하고 통일된 시각으로 운동과정을 보도할 수 없게 하였다.[21] 다음으로 언론이 광범위하게 보도한 후, 사회동원의 폭이 전례없이 더 넓어져서 국가는 전통적인 방식으로 뉴스보도를 통제할 수 없었다. 셋째, 운동에서 표출된 민주와 평등에 대한 요구와 국가이데올로기 간에 미묘한 상호중첩 관계가 존재하여(그렇지 않다면 왜 학생운동이 갑자기 국가에 자신들의 저항을 '애국운동'으로 인정해줄 것을 요구조건으로 삼았는지 이해하기 어렵다) 운동 자체가 모종의 합법성을 지니게 되었다. 앞에서 말한 세 가지 측면은 사회운동과 국가 사이에 불안정한 상호추동 관계를 형성하였다. 바꿔 말하면, 1989년 5월에 출현한 짧은 기간의 언론보도의 자유와 공개토론은 국가, 이익집단과 사회 각 계층 역량의 상호추동을 기본조건으로 하며, 그것의 해체 또한 앞에서 말한 사회역량의 평형이 와해된 것이 일차적 원인이라 할 수 있다. 운동 실패의 직접적인 원인은 국가의 폭력적인 진압에 있지만, 간접적인 원인은 사회운동 자체가 민주정치에 대한 요구와 운동에 참여한 사회 각 계층의 평등에 대한 요구 간에 교량을 세울 능력이 없었고, 안정된 사회역량을 형성하여 앞서 말한 취약한 상호관계를 제도화할 수 없었기 때문이다.

1989년 사회운동을 국내시장과 국제시장의 확장이라는 조건에서 본다면, 이 운동의 수많은 요구와 1999년 11, 12월 씨애틀과 2000년 4, 5월 워싱턴에서 발생한 세계무역기구와 국제통화기금(IMF)에 대한 항의는 내재적인 연관을 지니고 있다. 왜냐하면 그들의 항의목표는 모두 인간의 일상생활에 대한 전반적인 정치적 기획으로, 일종의 시장사회규칙의 제정과 확

---

21) 이것은 동시에 권한과 이익의 이양과정에 대한 비판은 전반적인 비판이 아니며, 전통적 계획체제가 실패한 배경하에서, 권한의 이양은 필연적이고 반드시 필요한 것이라는 것을 말해준다. 다만 문제가 되는 것은 어떻게 민주적 정책조정을 통해서 사회재산 재분배의 투명성과 공정성을 보장하며, 사회민주의 원칙하에서 어떻게 분권과정이 또다른 차원의 이익집중현상으로 귀결되지 않도록 하며, 국가조절과 시장 간에 균형을 유지하는가 하는 것이다.

대를 기본방향으로 하는 제도적 계획이기 때문이다. 이러한 유의 항의운동은 내용이 복잡하고 서로 다른 경향(그중에는 우익 보수적 경향을 포함하고 있다)을 포함하고 있다. 그렇지만 만약 그중의 개별적인 요소에 근거하여 이러한 항의를 개혁과 자유무역에 대한 부정으로 간주한다면 그것은 틀린 것이다. 왜냐하면 그들이 보호해달라고 요구한 것 가운데는 평등하고 민주적인 개혁과 자유교류에 대한 갈망이 포함되어 있기 때문이다. 이러한 운동은 민주·자유의 가치와 사회보호운동이 밀접하게 연계되어 있다는 역사적 증거이다. 이러한 사회적 압력이 없으면, 사회보장제도를 다시 수립하려는 동력도, 시장과 관계있는 민주제도(또는 시장사회)를 창조하려는 구상마저도 존재할 수 없게 된다. 그러나 1989년 이후 한때 성행한 '역사의 종말'에 의거하여, 많은 논자들이 1989년 사회운동은 서방사회체제의 최종 승리에 대한 징표이며 중국은 단지 아직 끝나지 않은 역사의 고립된 예증일 뿐이라고 해석했다. 이와같이 1989년 사회운동의 이중적인 의의는 일방적으로 해석되었다. 그런데 내가 보기에 일단 일방적인 이해가 전세계적으로 보편적인 관점이 되거나 현제도의 우월성에 대한 확증으로 변하게 되면, 그리고 항의가 찬가(讚歌)로 변하게 되면, 그것의 진정한 의의와 비판적 잠재력, 역사적 의미 또한 그에 따라 곧 소실되고 말 것이다. 혹자는 이것을 과도기에 나타나는 필연적 현상이라고 하지만, 이렇게 필연성으로 간주하는 해석은 단지 우리 일상생활 깊숙이 박혀 있는 모순을 소홀히하게 될 뿐만 아니라, 이러한 비극적인 진행과정에 도덕적 합리성을 부여하게 된다. 6월의 총성과 함께 사회적 저항과 사회운동은 새로운 방향으로 전환하였고, 사람들은 더욱더 이러한 새로운 시각으로 1989년의 사회운동을 관찰하고 이해하려고 한다. 운동에 관한 언론의 무수한 해석을 비롯해 이 운동이 해외에서 새롭게 발전하는 방식에 이르기까지 모두 이러한 경향을 잘 드러내고 있다. 그들은 1989년 중국에서 발생한 사회운동을 '역사의 종말'과정의 한 예외로 이해하면서, 1989년 전세계적으로 발생한 대전환이 새로운 역사관계이자 동시에 새로운 독점과 강제성에 대한 비판과 항의를 의미한다는 사실을 전혀 의식하지 못했다.

그러한 신자유주의의 반역사적 해석에 대해, 나는 여기서 엄중하면서도 때때로 자못 풍자적 의미마저 지니고 있는 몇가지 사실을 지적하지 않을 수 없다.

첫째, 현대 시장사회의 형성은 자생적인 질서가 아니라 국가의 간섭과 폭력의 결과이다. 1989년 이후 국가는 지속적으로 경제조정과 개혁을 진행하였는데, 폭력의 위협으로 앞에서 말한 위기에 대한 사회의 불만은 최소 범위로 위축되고, 1988년 하반기에 강제로 중지되었던 가격개혁은 반대로 1989년 9월, 그러니까 6·4사건이 일어난 지 3개월 후에 전면적으로 실시되었는데, 당시 조정의 주요 대상은 가격·환율·금리였다. 1988년에서 1991년까지 3년 동안의 정리정돈기간, 특히 1989년 이후에 나타난 경제변화는 다음과 같다. 주요 조절과 통제수단으로서의 화폐정책, 외환시세의 대폭 조정과 환율의 통일, 수출확대를 통한 대외무역상의 경쟁과 손익 자기책임제의 경영체제 형성, '쌍궤제' 가격차의 축소와 상하이 푸둥(浦東)지구의 전면적 개방 및 각 개발지구의 잇따른 등장 등. 시장가격체계의 형성과 시장제도의 상대적 개선과 완비는 이전에 실시된 일련의 개혁조치의 결과였지만, 우리는 다음과 같은 질문을 떨쳐버릴 수 없다. 즉 왜 1980년대 후반에 두 차례나 시도해서 모두 실패한 가격개혁이 공교롭게도 그후 1989년의 전후 맥락에서 완성될 수 있었는가? 1989년의 폭력이 이 과정에서 야기된 사회적 불안정을 억제함으로써, 새로운 가격체계가 최종적으로 형성될 수 있었기 때문이다. 바꿔 말하면 새로운 시장제도와 그 중요한 가격체계는 정치적 간여 혹은 정치적 계획의 결과이고, 따라서 정치권력과 시장의 상호연동작용은 새로운 경제체제의 내부로 전화되지 않을 수 없었다. 예를 들면 이 과정에서 사회 각 계층, 집단과 지역 간의 소득차가 전면적으로 확대되었고, 새로운 빈곤층 인구가 급속히 증가하였다.[22] 이러한 역사적 전환으로 과거의 국가이데올로기(평등지향적인 사회주의 이데 올로기)와 그것의 실천형태는 극단적으로 자기모순의 상황에 빠져, 이데

---

22) 중국사회과학원 경제연구소의 '수입분배' 연구팀(쟈오 런웨이趙人偉 등)은 작물재배에 종사하는 농민의 수입과 그밖의 농촌인구의 수입 차이에 대해 다음과 같이 요약하였다. 작물재배에 종사하는 농민과 향진기업 직공의 수입차는 1~2배이고, 상업과 써비스업 종사자의 소득차는 2~5배이며, 개인운수업과 건축업에 종사하는 농촌지역 노동자의 소득차는 5~8배이다. 1980년 전국 농민의 평균소득은 191.33위안이었고, 동부·중부·서부지구 농민 수입의 비율(서부를 1로 보았을 때)은 1.39 : 1.11 : 1이었다. 그런데 1993년에 이르러, 전국 농민 평균소득은 921위안이었지만, 동시에 동부·중부·서부지역 농민 평균소득의 비율은 2.25 : 1.75 : 1로 확대되어, 각각 1,380위안, 786위안과 604위안이었다. 고용노동자와 고용주 간의 소득차는 고용노동자의 수에 따라 상황이 다르지만, 그 차이는 급격히 벌어졌다. 도시주민의 소득차 또한 전면적으로 확대되었는데, 이는 주로 다음과 같은 몇가지 측면으로 나타났다. ① 지역간의 차이가 확대되었다. 예를 들어 1983년 서부·중부도시와 동부의 진(鎭) 주민의 생계비수입 차이는 각각 80위안과 50위안(각각 458위안, 493위안, 543위안) 이던 것이, 1994년 이 세 지역의 일인당 평균생계비 수입은 각각 2,402위안, 2,805위안과 4,018위안으로 확대되어, 수입의 차액 역시 각각 1,616위안과 1,213위안으로 늘어났으며, 차액의 비율은 처음에 비해 각각 14.2배와 32.3배로 확대되었다. ② 업종간 직공의 소득차가 확대되었다. 예를 들어 금융·보험업종 등이 원래 고수입을 차지하던 전력, 가스와 수도 등의 업종을 추월하여 농업·임업·목축어업의 2.4배를 넘어섰으며, 이들간 소득의 절대적 액수의 차이는 더욱 커졌다. ③ 소유제 유형별 직공간의 소득차가 확대되었다. 예를 들어 1986년 3자(資)기업의 1인당 평균임금은 1,527위안으로, 같은 해 전국 직공 평균임금의 1.14배였고, 이들간의 절대 액수의 차이는 200위안이었다. 그런데 1994년 1~2월에 이르러 3자기업 등 경제유형 직공의 1인당 평균수입은 계속 증가하여, 당시 중국 직공임금 상승속도는 26.3%인 반면, 3자기업의 상승속도는 거의 92%에 달하였으며, 전년도 같은 기간 대비 증가폭은 41.7%에 다다랐다. 그리고 2000년에 3자기업과 향진기업 직공의 1인당 평균소득은 이미 당정기관, 과학연구소 등의 직공 평균소득의 2~3배 내지 그 이상으로 증가하였다. ④ 기업 내의 서로 다른 그룹간 수입 차이가 확대되었다. 이 점에 대해서는 또 두가지 상황으로 나누어볼 수 있다. 하나는 사영기업과 3자기업 중의 고용주와 고용노동자 간의 수입격차이고 다른 하나는 공유제기업 중 공장장·사장과 직공의 수입격차이다. 중국 외자기업의 중국측 관리자의 연평균소득은 이미 6,600달러에 달하며, 보통직공의 10배 정도이다. 그뿐만 아니라, 공유제기업 내에서 경영관리자와 직공 간의 소득격차 역시 상당히 벌어졌으며, 기업경영자가 임금 이외의 명목으로 받는 다양한 수입은 이미 보편적인 현상이 되었다. ⑤ 새로운 빈민층이 출현하였다. 이것은 주로 기업개혁 중 직위해제자나 잠재적 실업자, 가동이 중지되었거나 절반 정도로 줄어든 기업의 직원과 퇴직자, 부분적으로 '재정밥(財政飯, 국가나 지방정부에서 임금을 받는 사람 — 옮긴이)'을 먹는 임금노동자 및

올로기의 기능을 행사할 수 없게 되었다. 1989년 사회운동의 실패는 동시에 국가이데올로기의 실패를 동반했고, 국가가 그후에 실행한 이른바 "두마리 토끼 잡기〔兩手硬〕"[23]정책은 실제적으로는 전제적 수단(이전의 이데올로기 수단과 상대적인 의미에서)과 경제개혁의 결합으로 변해버렸는데, 이것은 과거의 국가이데올로기의 기본적인 기능이 이미 상실되었음을 상징한다. 바로 이러한 조건에서 '신자유주의'는 비로소 그것을 대신하여 새로운 통치이데올로기로 될 수 있었고, 아울러 국가정책, 국제관계와 언론의 가치취향에 대해서도 기본적인 방향과 합리성을 제공하였으며, 일부 신자유주의 지식인이 국내외 언론에서 이중적인 역할(즉 국가정책의 고무자이자 동시에 '민간지식인')을 담당할 수 있도록 제도적·이데올로기적 전제조건을 제공하였다.

둘째, 체계적인 정치적 계획으로서의 시장사회의 형성은 1989년 사회운동이 목표로 한 역사적 조건을 없애지 못했을 뿐만 아니라, 오히려 이러한 조건을 심화하고 합법화했다. 1989년 이후 이 운동에 대한 지식계의 성찰은 이미 앞에서 말한 '역사종말론'의 대조류 속으로 합쳐졌고(불행한 것은 '역사'가 중국대류에서는 아직 종결되지 않았다는 것이다), 따라서 1989년 사회운동의 역사적 조건과 기본요구를 자세하게 분석한 연구는 극히 드물었다. 1992년 떵 샤오핑(鄧小平)이 남부지역을 순회하며 다시 추진한 시장개혁은 지방 이익집단, 지식인과 해외언론에서 두루 환영을 받았다. 3년간의 경제적 부진과 정치적 억압을 겪은 후에 나온 이러한 반응은

도시와 진을 유동하는 외지의 빈곤인구 등을 가리킨다. 1994년까지 전국 직공 가운데 빈곤 생활자의 비율은 5%에서 8%로 상승하여 1억명 정도가 빈곤상태에 처해 있으며, 전체 대륙 인구의 8%를 점하고 있다. 이상의 연구성과는 趙人偉 外 『中國居民收入分配硏究』 北京: 中國社會科學出版社 1994. 종합적인 서술은 張宛麗「中國社會階級階層硏究二十年」, 『社會學硏究』 2000年 第1期, 36면 참조.

23) 중국에서 유행하는 두 가지 목표를 동시에 추구하는 것을 말한다. 예를 들어 물질문명과 정신문명, 사회 법제화와 경제발전 등이다 ─ 옮긴이.

충분히 이해할 수 있는 것이었다. 그러나 유의할 것은 1989년 사회동원을 구성했던 기본요소들이 조금도 해결되지 않았고, 따라서 1990년대 발생한 주요 사회위기는 1989년 이전의 사회조건과 밀접하게 연관되어 있다는 것이다. 부패와 밀수, 불공정한 분배, 공공정책에 대한 이익집단의 영향, 과도한 개발(샹하이, 하이난海南 등지의 부동산) 및 이로부터 야기된 금융위기, 사회복지체제의 곤경과 환경의 위기 등을 살펴보면 이들간의 내재적 연계를 발견할 수 있다. 차이점이라야 단지 규모가 더 커지고, '세계화'의 영향으로 관련범위가 더 넓어졌다는 것뿐이다. 예를 들면 제도적 부패는 '쌍궤제'가 철저하게 철폐되지 않은 것과 밀접한 관계가 있고, 외화도피와 집단적 밀수는 지방과 부문 이익집단과 관련이 있으며, 해외무역 분야의 청부책임제와 금융계통의 위기는 부동산시장의 투기 및 그밖의 과도한 개발과 관계있다. 또한 국유기업의 상황 악화는 앞에서 말한 각종 시장환경의 악화(개선이 아니다)와 관련이 있다. 제도적 부패와 보편적으로 존재하는 매관매직현상은 서구 절대주의시기에 관직을 매매하던 현상과 매우 유사하다. 그것은 한편으로는 사회구조, 특히 국가권력과의 관계에서 상인계급이 여전히 종속적인 지위에 처해 있음을 나타내며, 다른 한편으로는 또 시장조건에서 발생한 국가권력기제의 미묘한 전화를 나타낸다. 상인계급의 권력은 바로 이러한 전환과정에서 권력기제를 통해 발휘되고 있다. 새로운 국면인 금융개혁과 그밖의 관련조치가 야기한 문제 역시, 당시 '쌍궤제' 문제와 매우 비슷하다. 물론 구체적 내용과 관련범위는 이미 완전히 다른 것이지만 말이다. 실업·빈곤·사회불공정·통화팽창·직위해제·농촌노동자·농촌자원 등의 문제와 관련하여 이미 수많은 학자들이 검토하였으며, 여기서 일일이 다시 논할 수는 없다. 다만 여기서 내가 이 문제를 지적하는 것은, 1990년대 중국대륙이 직면한 주요문제 및 그것과 1980년대 개혁정책의 역사성·연관성을 설명하기 위해서이며, 또 불평등한 시장확장이 어떻게 사회를 분화시키고, 사회안정의 기초를 파괴하는지, 그리하여 어떻게 정치적 통제와 경제적 독점을 위한 구실과 조건을 제공하는지를 설명하기 위해서이다. 바로 이러한 의의에서, 사유화과정과 국가간의 모순은 정치적 집권과의 공모관계, 민주화와의 심각한 모순도 은폐하지 못했다.

셋째, 1989년 사회운동은 하나의 도시사회운동이며, 그것은 도시경제 개혁의 내재적 모순과 도시시장 확장과정이 낳은 새로운 사회문제를 폭로하였다. 사람들은 일반적으로 농촌개혁과 도시개혁을 서로 다른 개혁단계로 간주하여 검토하면서, 이 양자간의 관계에 대해서는 거의 관심을 두지 않았다. 1989년 사회운동의 참여자는 인구의 절대다수를 차지하는 농민의 문제를 고려해본 적이 없다. 농촌의 빈궁과 도시의 확장이 세계무역과 직접 관계가 있지는 않을 것이다. 그러나 1989년이든 현재든, 이것은 모두 중국의 불평등한 시장확장을 이해하기 위한 선결조건이다.

도시개혁은 1984년에 시작하였지만, 도농간의 소득격차는 1985년부터 확대되기 시작하여 1989년부터 1991년 사이에는 농민소득이 기본적으로 정체되고, 도농간의 격차는 다시 1978년 이전 상황으로 회귀하였다.[24] 1980년대 후반, 농촌인구가 외지로 이동하는 속도와 규모가 큰 폭으로 상승했다. 중국인구와 토지의 심각한 모순은 장기적인 사회모순이었지만, 왜 농민의 대규모 이동이 공교롭게도 1990년대에 발생하였는가? 나는 여기서 간략하게 이러한 현상을 구성하는 몇가지 제도적 원인을 설명하고자 한다.

첫째, 도시개혁의 발전은 기초건설 규모의 확대를 촉진하였고 개방정책은 대량의 외래자원을 흡수하였는데, 이 두 측면은 노동력에 대한 대량의 수요를 만들어냈다. 둘째, 도시개혁 과정에서 농촌개혁은 심화되기는

---

24) 盧邁「始終不能忘記農村的發展」, 羅峪平의 방문취재 참조, 『三聯生活周刊』1998年 第14 期(1998. 7. 31), 總68期, 26면.

커녕 도농 양 체제의 기본구조는 오히려 더욱더 확대되었고, 따라서 농업인구의 이동과 규모확대가 가속화되었다. 셋째, 개방정책과 특구정책이 연해안지역에 집중되어, 연해안과 내지의 격차를 다시 한번 확대했고, 권한과 이익의 이양정책과 세수정책의 조정으로, 원래 중앙정부가 지역경제 관계를 조절하는 책임을 지던 체계가 대규모로 변화하였다. 넷째, 호구(戶口)제도의 완화는 농촌 노동력의 상품화를 촉진시켰지만, 변동하는 역사적 상황에서 형성된 새로운 제도와 그에 상응하는 노동보호조치가 없었다. 따라서 통화팽창과 경기불황 속에서 도시지역 정부는 외래인구를 제한하고 지역보호정책을 강화했으며, 신분상의 차별대우정책을 시행하였다.

도시시장을 확장하려면 임금노동자의 전국적 공급이 필요한데, 이것이 근래 호구제도가 완화될 수 있었던 주요원인이다. 그러나 동시에, 호구제도의 완전한 개방은 도시인구와 실업률의 급격한 팽창과 상승을 낳았고, 따라서 도시는 그 우월한 지위를 이용하여 부단히 각종 지역차원의 보호정책(도시보조금·교육체제·주택제도 등)을 발전시켰으며, 도시범위 내에서 외래인구에 대한 차별정책을 재수립하였다. 이러한 조건에서 농촌사회가 해체되고, 불평등이 지속적으로 확대되며 사회범죄율이 부단히 상승하는 것 이외에 달리 무엇을 기대할 수 있겠는가? 농촌인구의 이러한 자유/부자유의 모호한 상황은 노동력의 공급을 보장하였으며, 동시에 도시사회에 대한 인구이동 압력을 제한하였는데, 이것이 바로 중국의 '불평등 발전'의 기본적인 전제조건이다.

다음의 예들은 도농관계의 제도적 조건을 전형적으로 설명해준다. 1993년, 국가가 재차 곡물가격을 인상하고, 향진기업과 외지에 나가 일하는 노동자 수가 늘어나 농업의 수입은 다소 증가하였다. 그러나 1996년부터 1999년까지(특히 금융위기의 폭풍이 있고 난 후) 향진기업의 효율성이 감소하고, 도시에 대량의 잉여노동력이 출현함에 따라 외지에 나가 일하던 노동인구와 향진기업의 노동자들이 귀향하는 현상이 발생했다. 수많은 지역에서 이주와 과도한 개발로 농촌의 원래 구조는 이미 회복하기 어렵게 되었다. 이것은 매우 심각한 역설이자 곤경이다. 한편으로는 경지면적은 감소하는데 농업인구는 1978년에 비해 오히려 7800여만명이 증가하였고, 다른 한편으로는 노동보호장치의 부재와 호구제도의 제한으로 농촌노동자는 도시의 경기에 따라 귀향하지 않을 수 없었다. 중국대륙은 현재 10분의 1이나 되는 인구가 성(省) 사이를 유동하는 상황에 처해 있으며, 만약 성내의 유동인구를 더한다면 수는 더욱 늘어나게 될 것이다.[25] 도시개혁과 농촌개혁의 서로 다른 경향은 평등문제에서 집중적으로 드러났다. 농촌문제 전문가의 말을 빌리면, 오늘날 중국 농촌위기의 주요 핵심은 바로 '도시와 농촌을 분리하여 서로 다른 정책을 실시하는(城鄕分治, 一國兩策)'것이다.[26] 이러한 제도적 불평등은 도시를 중심으로 한 시장확장과 경제발전의 기초이다. 이것은 도농사회구조의 변화에 대해 이미 중요한 영향을 미쳤으며, 이후에도 여전히 매우 중요하고 예측하기 어려운 영향을 미치게 될 것이다.

----

25) 최근 몇년 동안, 점점 많은 학자들이 '도시화'와 '비농업화' 등의 문제에 관심을 보이는데, 그 원인 중의 하나는 불경기의 상황이 농촌 잉여노동력을 커다란 사회문제로 만들기 때문이다. 이러한 배경에서, 논의가 1980년대 페이 샤오퉁(費孝通)이 제기한 "소도시와 소읍의 대문제(小城鎭大問題)" 중심에서 도시화 중심으로 대체되었다. 王穎「城市發展研究的回顧與前瞻」, 『社會學研究』 2000年 第1期, 65~75면.

26) 陸學藝「走出"城鄕分治, 一國兩策"的困境」, 『讀書』 2000年 第5期, 3~9면.

27) 중국 농촌개혁과 농촌위기는 시종 소수의 경제학자와 개혁실험자가 주목하는 문제였지만, 1997년 금융위기가 발생한 후, 중국경제의 성장속도가 느려지고 통화팽창현상이 지속적으로 출현하고 나서야 농민문제가 광범위하게 주목받았다. 그러나 상당수 학자들은 경제발전을 자극하고, 도시 압력을 완화시키는 등의 시각에서 출발하여 이 문제에 접근하였다. 그들은 농민의 자유권리 측면에서도 아니고, 또 사회관계의 평등의 시각에서도 아닌 경제성장, 특히 도시 경제성장의 시각에서 농촌과 농민문제를 제기하였다. 바꿔 말하면, 농민의 노동계약의 자유와 사회평등은 경제성장이 제약받는 상황에 와서야 비로소 중시되었다.

농촌문제가 1989년 사회위기의 직접적인 원인은 결코 아니다.[27] 그러나 농촌위기는 1989년 이후의 상황에서 —— 즉 도시시장의 확장이라는 조건에서 —— 심화되었다. 불평등한 시장은 농민과 토지의 반(半)자유 상품화를 통해 확장되었으며, 그리하여 농촌사회의 사회조직과 자체 회복능력을 와해시켰다. 중국의 빈곤층 증가와 지방세 증가의 진정한 원인은 잠재적 실업인구의 대폭적인 증가에 있다. 국제무역과 도시의 급격한 확대로 취업상황 역시 다소 호전되었지만, 국제무역이든 도시확장이든 모두 점점 더 불규칙하게 변동하고 있고, 따라서 그렇게 명확하게 불안정한 변동시기가 아니더라도 실업인구는 모두 큰 폭으로 확대될 것이다. 만약 농촌인구까지 잠재적 실업상태에서 끌어낸다면, 이른바 세계화와 신자유주의시장 계획을 지침으로 하는 발전과정이 빈곤을 창출할 수 있는 가능성이 드러나게 될 것이다. 쎈(Amartya Sen)은 일찍이 '자유로서의 발전'이라는 이론틀에서 발전의 두 가지 중요한 측면을 지적하였다. 한 측면은 노동을 각종 속박에서부터 해방시켜 개방적인 노동력시장으로 유입시키는 것이고, 다른 한 측면은 이러한 과정에서 결코 사회적 지지와 공공통제 또는 정부의 간여정책을 배제하지 않고 이용하는 것이다. 생산과 소비의 다국적화 시대에 이같은 관점은 더욱 깊이 논의되고 고민되어야 한다.

　　우선 농촌노동력과 그 보장기제는 시장제도와 노동계약 자유의 관계를 이해하는 데 중요한 문제가 된다. 노동계약의 자유는(이민의 자유를 그 예로 들 수 있다) 지금의 세계시장체제가 진정한 자유시장체제인지를 평가하는 주요 기준 가운데 하나이다. 따라서 노동계약의 자유는 민족국가 내부뿐만 아니라, 전세계 경제에서도 실현되어야 한다. 다음으로 자본주의 시장이 확장되는 중요한 동력 가운데 하나가 노동력의 자유와 부자유의 병존이며, 따라서 연구해야 할 것은 이러한 자유/부자유의 상황과 사회발전의 관계이다. 노동력의 자유이동은 자유로운 방임이 아니라 광범위한 제도적 계획의 일부로서, 그것은 반드시 불평등한 제도와 구조(단지 호구제도만이 아니다)를 제거하는 것을 전제로 한다. 다음으로 시장제도의 확장은 교역활동 및 그 가치가 모든 생활영역으로 침투하는 것을 의미하며, 그것은 원래 있던 사회구조(와 그 가치)를 파괴하였고, 그밖의 집단(예를 들어 소수민족)의 생활방식을 저급한 것으로 폄하한다. 이러한 의미에서 발전과 각 사회조건의 관계를 논하지 않고, 단지 노동계약의 자유라는 의미에서 발전을 논하는 것은, 곧 사회해체를 불러올 수도 있다. 노동력의 자유이동, 공공통제 혹은 정부 간여는 시장제도의 필요조건이다. 어떻게 이러한 제도의 확장으로 자연·전통·풍속·예의와 그밖의 생활방식과 가치가 파괴되는 것을 막을 수 있는가 하는 것이 바로 오늘날 발전문제를 연구하는 데 중대한 과제이자, '자유'의 가치를 각종 강제적 관계, 특히 단일한 경제관계에서 해방시켜 더욱 광범위한 시야 안에 두기 위한 필수적인 작업이다. 따라서 노동계약의 자유와 제도적 사회평등을 보장하는 것, 다원적인 문화를 존중하는 것과 발전문제 간에 굳건한 관계를 세우는 것이 필요하다. 현재 중국의 상황에서, 우선 주목해야 할 것은 농촌과 도시의 관계이다. 더욱 급진적인 관점에서 보면, 노동계약의 자유(즉 개인적 노동계약 형식으로 나타나는 교환관계)는 개인이 창출한 유효한 잉여가치를 착취하는 것으로서 정치적 의존 혹은 강제적인 신분제도를 대신하는 것이지만, 아무리 역사가 이렇게 진보하는 것이라 할지라도 시장계약관계는 반드시 재검토할 필요가 있다(중국 연해안에 계약형식으로 출현한 노예노동의 상황을 생각해보라).

넷째, 중국의 개혁은 국제사회 역사상황의 변화에 호응하고, 게다가 국가가 적극적으로 대외정책을 조정한 결과이다. 개혁과 개방은 동전의 양면관계이다. 주의할 것은 개방 개념이 마치 이전에는 중국대륙이 완전히 폐쇄적인 사회였던 것 같은 오해를 불러일으킬 수 있다는 점이다. 여기에서 냉전의 국면과 중국의 대외정책에 대해서 간략하게 서술하는 것이 필요하다. 우선 중국과 서방, 특히 미국과의 대결관계는 중국공산당의 집권과 밀접한 관련이 있다. 제2차 세계대전 이후 형성된 냉전국면과 열전국면은 중국대륙의 대외정책에 특별히 중요한 배경을 이루었다. 1950년대 발발한 한국전쟁, 제7함대의 타이완해협 봉쇄, 1960년대 미국이 지원한 인도네시아 군사쿠데타 및 그 직후 출현한 반화교 물결, 미국이 책동한 베트남전쟁과 인도차이나전쟁 등, 이 모든 것이 아시아지역을 완전히 서로 다른 두 세계로 분할해버렸다. 이데올로기적 원인과 지정학적 고려에서 출발하여, 중국은 소련, 동유럽 및 그밖의 아시아국가와 동맹관계를 모색하는 방향으로 선회하였다. 다음으로 1950년대 말기 중소관계에 문제가 생길 때까지 중국과 소련, 동유럽 사이에는 정도의 차이는 있지만 기본적인 동맹관계가 존재하였다. 그러나 중소분열 이후, 중국은 반둥(Bandung)회의 후 채택한 대외정책노선을 계속 유지하면서, 제3세계국가 및 비동맹국과의 광범위한 정치, 경제 그리고 문화적 교류를 발전시키기 위해 노력했다. 1972년, 중국대륙 정권은 중국을 대표하여 유엔에 복귀하였는데, 이는 절대다수의 제3세계 국가들의 지지에 힘입은 바가 컸다. 따라서 반둥회의 이후 중국대륙의 대외정책은 국제무대에서 큰 성공을 이루었으며, 또한 국내에서도 민중들의 광범위한 지지를 받았다. 개방정책은 문화대혁명 시기에 시작하였고, 중국대륙이 많은 국가들과 국교수립을 한 것도 이 시기였다. 서방을 향한 개방정책의 주요 동력은 동서관계에서 중국의 전략적 지위를 조정하여 미국과 연합해 소련의 침략위협에 대항하려는 의도였다.

1978년 이후, 중국정부는 점차 제3세계 및 비동맹운동과 연합하는 외교노선을 포기하고, 외교의 중심대상을 미국, 일본 등 선진국가로 전환했다. 이 시기에 중국의 대외개방은 장족의 발전을 이루었으며, 특히 경제영역과 정치영역에서 중국은 서방선진국과 날로 깊고 상호의존적인 무역관계를 형성하였다. 그러나 조건이 없는 것은 아니었다. 1979년 2월에서 3월 사이에 베트남을 공격하는 대외전쟁이 발생했다. 이것은 1949년 이래 발생한 모든 전쟁 —— 한국전쟁, 베트남전쟁, 중국·인도전쟁 및 중소

분쟁 — 과는 성격이 전혀 다른 것이었다. 전쟁의 직접적인 원인은 비교적 복잡한데, 예를 들어 베트남이 1975년 통일 후 군사력을 대폭 증강하고, 1978년 11월 군사동맹 성격을 지닌 '베트남·소련 상호지원동맹조약'을 체결하여, 소련과 베트남은 남북 양쪽에서 중국에 전략적 위협을 가했을 뿐 아니라, 1978년 12월 25일 베트남군대가 '번개작전'으로 캄보디아를 공격한 것 등을 들 수 있다. 그러나 무엇보다도 중요하고 관건적인 요소는 이러한 것을 계기로 중미관계에 중대한 변화가 발생하고, 양국간에 소련 및 그 동맹국에 대항하는 동맹성격이 출현하기 시작했다는 것이다. 중국정부가 베트남에 전쟁을 선포하기 직전에 중미 양국은 국교정상화선언을 공포하였다. 전쟁 자체는 미국이 주도하는 경제질서에 중국이 편입되는 진정한 출발점이 되었고, 그것은 다른 한편으로 시장화와 폭력, 개방과 전세계 권력구조 간의 역사적 연관을 보여주었다. 이때부터 원래 사회주의국가가 신봉하던 국제노선은 점차 역사무대에서 약화되고, 중국의 대외개방정책은 이전의 단일방향에서 또다른 단일방향으로, 즉 서방(일본과 그밖의 선진국을 포함하여)을 향해 전환하였다. 1999년 5월 8일 나토(미국)군 폭격기가 유고 주재 중국대사관을 폭격한 직후 보여준 세계 각국의 반응보다 문제를 잘 설명해주는 것도 없을 것이다. 폭격문제를 토론하는 연합국의 긴급회의에서 서방연맹이 한편에 섰을 뿐만 아니라, 제3세계와 중국의 전통적인 우방 역시 어떠한 지원성명도 발표하지 않았다.

1980년대 개방정책은 과거의 속박과 문화대혁명 후유증에서 벗어나려는 해방의식을 지니고 있으며, 따라서 전체 사회, 특히 지식인의 광범위한 환영을 받았다. 중국의 개혁·개방정책을 나 역시 많은 지식인들처럼 적극적으로 평가하고 지지한다. 현재 중국문제에 대한 어떠한 비판적 시각도 개혁과정에서 획득한 놀라운 성취를 부정할 수는 없다. 그렇지만 역사에 대한 분석으로서, 우리는 이 과정에서 빚어진 매우 심각하고 복잡한 역사와 결과에 주의하지 않을 수 없다. 왜냐하면 그것은 국가이데올로기가 구성한 세계의 단편성을 폭로하고 있기 때문이다. 문화대혁명 이후 성장한 세대가 접하고 관심을 갖는 지식은 주로 서방, 특히 미국에 관한 지식(과거와 마찬가지로 또다른 단편적인 지식)이다: 아시아와 아프리카, 라틴아메리카, 그리고 동유럽과 남유럽, 일찍이 우리가 익히 알던 이러한 지역의 사회 및 문화는 이제 유행하는 지식의 시야 밖으로 밀려나버렸다. 1980년대 베트남전쟁과 관련된 사상적 반추와 문학의 중심내용은 전쟁과 새로운 국제관계에 대한 사고가 아니라 문화대혁명에 대한 반성이었다. 문혁을 비판하는 것이 이러한 반추의 도덕적 합리성의 근거가 되었다. 이것은 문혁을 부정해야 한다는 이유로 지배적인 이데올로기와 국가정책을 옹호하는 명백한 예로서, 이러한 방식은 그후로 지금까지 줄곧 성행하고 있는데 즉 당대에 대한 모든 비판을 합리성이 완전히 결여된 문혁으로 돌리는 것이다.

1980년대부터 1990년대 초까지 이미 10년간의 개혁·개방을 겪었지만, 중국 지식인의 토론공간은 여전히 민족국가의 현대화라는 구도 속에 갇혀 있고, 최소한의 국제적 시각마저도 결여되어 있다. 따라서 민족·민족주의·세계화 등의 문제를 모두 민주주의의 범주에 놓고 사고할 수 없다. 이러한 상황은 1989년 운동이 실패한 후 왜 사람들이 이 운동의 동력과 실패를 사고하기 위한 어떠한 비판적인 자원도 찾지 못하는지, 왜 단지 미국, 서유럽, 일본 및 '아시아의 네 마리 용'(즉 선진자본주의 지역)의 역사경험에서 출발하여 세계화와 시장경험을 이해하면서 이러한 경험의 다른 한 측면인 인도·중동·아프리카·라틴아메리카의 곤경에 대해서는 언급하지 않는지, 또 왜 1989년 사회운동이 고르바초프의 신사고, 필리핀의 민주화운동, 한국의 학생운동에 대해 환호하면서도 이러한 운동이 발생한 서로 다른 사회적 조건과 구체적 목표를 이해하지 못했는지를 명확하게 설명해준다.

- 2 -
1990년대 사상논쟁의 3단계와 그 주요문제

1. 1989~93년: 급진주의에 대한 반성

1989년의 사회운동과 그것이 발생하게 된 역사적 조건을 연계해보면, 우리는 이 운동의 민주화와 자유에 대한 요구가 왜 사회평등에 대한 요구와 밀접하게 관련되어 있는지를 명확하게 관찰할 수 있을 것이다. 또한 이 사회운동 자체가 제기한 넓은 의미의 민주개념을 통해 현재 생활에 대한 날카로운 비판을 분명하게 엿볼 수 있다. 이러한 시각에서 지난 1990년대 중국지식계의 여러 논쟁들, 특히 1989년 사회운동에 대한 이해를 되돌아보면, 운동과 관련된 해석들이 운동 자체가 제기한 풍부하고 심각한 내용에 훨씬 못 미친다는 느낌을 저버릴 수 없다. 분석의 편의를 위해서 나는 임의로 1989년부터 지금까지의 논쟁을 세 단계로 구분하고자 한다. 여기서 임의라고 한 것은 이러한 구분이 결코 절대적인 단계론이나 목적론을 포함하고 있지 않으며, 그들간에는 밀접한 연관과 상호침투가 존재하기 때문이다.

제1단계는 1989년부터 1993년까지로, 주로 서로 다른 방면에서 1989년 사회운동을 정리하고 급진주의 비판이라는 공통된 인식이 형성된 시기이다. 1989년 사회운동의 실패는 중국사회에 거대한 심리적 파장을 일으켰고, 지식계는 엄준한 역사적 국면을 맞아 사회운동의 실패원인에 대해 사고하지 않을 수 없었다. 이러한 반성과정에서 지식인과 학생운동 간 불일치가 점차 드러났다. 즉 대부분의 지식인은 운동 실패의 원인을 학생운동의 급진적 성격과 민주주의에 대한 이해 부족에서 찾았다. '급진주의'에 대한 이러한 사고와 1980년대 '지식인'의 사회적 역할 및 그 사상운동은 서로 밀접한 관계가 있다. 전자의 측면에서 보면 1980년대 지식인은 많은 계층을 포함하고 있으며, 그중 주요인물은 개혁과정에서 중요한 역할을 담당하였다. 그들은 직접적으로 개혁의 이데올로기 형성에 참여했을 뿐만 아니라, 각기 다양한 분야의 국가계획 수립에도 참여하였고, 나아가 국가 내부의 각종 정치집단·이익집단과 깊은 관계를 맺고 있었다. 장기간의 공동작업중에 이러한 지식인은 단지 국가 내부의 개혁파가 권력을 획득하기만 하면, 그밖의 모든 문제는 자동으로 해결될 것이라고 여겼다. 따라서 그들은 한편으로는 국가 내부모순을 '개혁'에 유리한 방향으로 발전시키기 위해 전심전력하는 한편, 다른 한편으로는 학생운동의 급진화가 국가 개혁의 점진적 구조를 파괴하여 보수세력이 다시 등장하는 빌미를 주지 않을까 염려하였다. 후자의 측면에서, 수많은 지식인은 중국현대사에 대한 1980년대 신계몽주의 사조의 반성을 1989년 사회운동 비판에 적용하여 근대혁명운동과 그들이 도의적 차원에서 지지한 새로운 사회운동을 서로 연계시켰다. 따라서 급진주의에 대한 이러한 비판은 신속하게 전체 중국 현대사의 혁명과 개혁운동에 대한 재검토로 발전하였다. 즉 급진주의는 근대 사회주의운동, 정치혁명과 문화혁명의 주요 특징으로 간주되었다. 한 저명한 학자는 중국은 신해혁명부터 급진주의의 길을 걸었으며, 무술변법(戊戌變法)과 신정개혁(新政改革)에 대해 긍정적으로 평가해야 한다고 주장했다. 다른 한 젊은 지식인은 1919년 5·4운동 이래 중국은 과학과 민주주의를 중시하는 바람에 자유와 질서라는 근본문제는 망각했다고 비판했다.[28] 앞에서 말한 이론과 역사적 사고를 1989년 사회운동의 정치책략

---

28) 1988년 9월, 위 잉스(余英時)는 홍콩 중원(中文)대학에서 「중국 근대사상사에서의 급진과 보수(中國近代思想史中的激進與保守)」라는 제목으로 강연을 하였는데, 이는 1989년 이후 급진주의와 보수주의에 관한 논쟁의 발단이 되었다. 깐 양(甘陽)의 「'민주와 과학'을 지양하고, '자유'와 '질서'의 토대를 세우자(揚棄'民主與科學', 奠定'自由'與'秩序')」(『二十一世紀』總3期, 7~10면)는 매우 영향력이 있던 또다른 글이다. 1990년대 초 급진주의에 관한 토론은 주로 『21세기(二十一世紀)』지에 발표되었는데, 구체적인 것은 다음의 글을 참조. 林崗「激進主義在中國」, 總3期, 17~27면; 余英時「中國知識分子的邊緣化」, 總6期, 15~25

에 대한 반성으로 볼 수 있고, 민주이론 자체에 대한 재검토로 볼 수 있다면 지금이라도 나 역시 그것이 중요한 논점이라고 생각한다. 그러나 이러한 분석은 일종의 반역사적 시각에 기초해 있고, 사회운동의 역사적 조건과 그 급진화의 원인에 대해서는 전혀 언급이 없으며, 심지어 운동에 대한 책략적 분석을 역사적 사고와 혼동함으로써, 신보수주의(즉 신자유주의)의 역사서술을 위한 전제와 기초를 제공하였다. 사회의 엄중한 분화의 배경 속에서, '급진주의에 대한 반성'은 1990년대 전반기 지식인의 가장 중요하고 결정적인 논제가 되었다. 1998년에 이르러, 이러한 사상은 일부 사람들 사이에서 무술변법 이래 중국역사에 대한 더욱 체계적인 논증과 현재 민주주의의 이론적 구성(설계)으로 전화되었다. 그 핵심적인 관점을 보면, 먼저 무술변법 개혁부터 캉 여우웨이(康有爲), 량 치챠오(梁啓超)가 급진주의를 선택한 것은 판단오류였으며, 단지 당시 지방고관들이 추진했던 개혁만이 점진적이며 뛰어난 성과가 있었다는 것이다.[29] 다른 한편 '직접 민주주의'를 부정한다는 명목으로 기층사회의 정치참여를 반대하고 간접적인 (지식인 중심의) 방식으로 정치적 민주를 위한 기본전제를 세우려 시도하였다.[30] 1990년 후기부터 '신자유주의자'는 1980년대 정치개혁의 급

면; 姜義華「激進與保守: 與余英時先生商榷」, 總10期, 134~42면; 余英時「再論中國現代思想中的激進與保守: 答姜義華先生」, 總10期, 143~49면; 汪榮祖「激進與保守贅言」, 總11期, 133~36면; 許紀霖「激進與保守的迷惑」, 總11期, 137~40면; 李良玉「激進, 保守與知識分子的責任」, 總12期, 132~34면; 王紹光「'保守'與'保守主義'」, 總12期, 135~38면; 胡成「激進主義抑或是暴力主義」, 總13期, 139~45면; 劉述先「對于激進主義的反思」, 總31期, 40~42면 등.

29) 이는 1998년『뚜슈(讀書)』지와 천칙경제연구소(天則經濟硏究所)가 연합하여 개최한 무술변법 100주년 기념토론회에서 한 소장학자의 발언에 근거한 것이다. 무술변법에 관한 역사연구는 여태까지 캉 여우웨이와 량 치챠오를 중심으로 한 개혁파 연구를 중시하고, 지방적 차원의 변화 혹은 중앙과 지방 관계의 변화에 대해서는 비교적 관심이 적었다. 따라서 지방차원의 변화에 주목하는 것은 청대 사회개혁의 의의와 관련해 필요한 작업이다. 그러나 1990년대 유사한 연구와 취향은 무술변법에 대한 관점에 국한되지 않고, 더욱 광범위한 정치관을 전제로 한 것이다.

진방안을 사유재산권 확립을 중심으로 한 '헌법개정운동'으로 전환하기 시작했는데, 그 실질적 내용은 입법과정을 통해 불합리한 분배관계를 합법화하는 것이고, 그중에는 공공자산의 불법착취를 합법화하는 것을 포함하고 있다. 이러한 역사적 관점에서 출발하여, 사회평등과 민주관계에 대한 부정은 이미 필연적인 것으로 되었다.

'급진주의에 대한 반성'은 결코 통일적인 조류가 아니다. 예를 들어 1990년대 초기 학술사와 관계된 토론이 주로 목표로 삼은 것은 1980년대의 학술기풍이지, 완전한 보수주의 이론체계를 바탕으로 한 것이 아니다. 따라서 이러한 학술경향을 비판한다고 해서 비평가가 정치·철학상의 보수주의로 전향하는 데 걸림돌이 되지는 않는다. 이른바 신자유주의 이데올로기는 기본적으로 급진적 시장주의, 신보수주의 내지 신권위주의 등이 공동으로 구성한 것이다. 안정된 조건에서는 권리와 이익을 이양하는 과정을 급진화하고, 불안정한 조건에서는 권위로서 시장과정을 보호하며, 세계화 조류에서는 국가의 전면적인 퇴출을 요구한 것, 이것이 바로 중국 신자유주의의 주요 특징이다. 1989년, 헌팅턴(Huntington)의 『변혁사회의 정치질서』라는 책이 중국어로 번역되고, 보수주의 정치이론과 지식계의 급진주의 반성이 상호추동하는 형세를 타고 신권위주의가 대두되었다. 이러한 배경에서, 비록 심리적으로 그리고 이데올로기적으로 후꾸야마(Fukuyama)의 역사종말론을 받아들였다고 하더라도, 역사서술에서는 1989년 사회운동의 기본문제를 근대혁명과 개혁의 급진주의로 귀결시킴으로써 실제적으로는 1980년대 사상계몽운동이 창도하는 비교적 급진적이고 서구화된 개혁모델과 사상경향을 비판하였다. 자유주의를 명분으로 삼고, 보수주의(어떤 사람들 속에서는 직접적으로 신권위주의로 체현된다)를 내용으로 하는 것이 이 시기 '자유주의' 논의의 핵심이 되었다. 1989

---

30) 류 쥔닝(劉軍寧)이 1998년 중국국무원체제개혁위원회가 편집·출판한 『중국개혁보(中國改革報)』에 발표한 일련의 글 참조.

년 이후에, 중국판 스코틀랜드 자유주의 혹은 '고전적 자유주의'는 실제적으로 단지 신보수주의의 중국판이었을 뿐이었다. 그것은 학생운동의 전략, 시기와 도덕수준에 대해 비판을 가하고, 급진주의적 중국혁명을 해체하는 데 열중하며 사회운동의 급진성을 비판하면서도, 오히려 1989년 사회운동을 초래한 근본적 원인과 사회적 조건에 대해서는 어떠한 심도있는 반성이나 검토도 하지 않았다. 급진주의와 보수주의의 현대화이론을 반성하는 영향하에서 신자유주의 이데올로기는 부패 등 제도적 현상에 대해서는 오히려 너그러운 입장을 취하면서 한편으로는 사회운동, 민주주의 건설과 제도개혁의 상호추동을 통해 민주화를 추진할 기회를 포기했다. 그리하여 중국의 민주화와 세계적 차원의 민주화에 공헌한다는 것은 근본적으로 불가능해졌다.

바로 이러한 이유로 3년간의 경제조정시기를 거친 후, 1992년 떵 샤오핑이 남부지역을 순회하며 다시 개혁드라이브의 시동을 걸 때, 지식인사회는 이러한 새로운 동향을 환영하는 것 이외에는 어떠한 새롭고 유익한 분석을 내놓지 못했다. 지방과 부문의 이익집단은 이러한 동향을 지지했는데, 왜냐하면 새로운 개혁은 권한과 이익의 이양을 의미하고 조정기간에 드러났던 중앙의 통제와 지방 이익관계의 모순이 완화될 수 있었기 때문이다. 한편 지식인이 이러한 동향을 지지한 것은 개혁을 진행하여 시장경제를 형성하면, 중국의 민주화발전은 곧 이루어지게 될 것이라고 믿었기 때문이었다. 해외여론 또한 이러한 동향을 환영하였는데, 그 이유는 중국이 다시 '역사의 종말'이라는 이미 정해진 목표를 향해 나아가고 있었기 때문이다. 1989년 사회운동이 제기한 기본문제는 한편으로 밀려나버렸다. 1992년에서 1993년 사이 가격문제가 3년간의 조정시기와 폭력과정을 통해 해결됨으로써, 또 동부와 남부지방의 향진기업과 비국유기업의 발전으로 시장조건이 상대적으로 개선·완비되고, 경제성장 속도도 빨라졌지만, 국유기업의 과중한 부담 및 개혁, 농업발전, 그리고 그에 따른 실업과 새로운 소비주의 등 수많은 구조적인 문제는 여전히 해결되지 않았다. 이와는 반대로 1992년 이후, 가격체계의 형성, 지방자주성의 증가 등 적극적인 요소들은 그에 상응하는 민주적 감독체계를 수반하지 못했으며, 국가기업을 개조할 때도 진정한 의미의 창조적 메커니즘 도입이 없었다. 따라서 이 과정은 제도적인 부패, 대규모의 밀수, 금융환경의 악화와 빈곤인구를 제조해내는 온상으로 변해버렸다. 남부지역 순회의 직접적인 성과는 개발지구의 대량출현과 선물·증권주식·부동산 등 3대시장의 개방이다. 그 결과 당대 중국의 새로운 부유계층이 등장했고, 제도적 부패의 정책적 기초와 시장조건이 구성되었으며 각기 다른 층위의 정치엘리뜨와 경제엘리뜨(국내와 국외 모두)가 하나로 결합할 역사적 조건을 형성하였다.[31] 그러나 1989년부터 1992년까지 중국 지식인사회의 논의는 이러한 문제를 거론할 수 없었으며, 3년간의 억압이 지난 후 사람들은 마침내 시장화과정에서 약간의 희망을 볼 수 있었다. 그러나 이러한 희망을 이루기는 매우 어려워 3년간 급진주의에 대한 논쟁을 진행하였지만, 이러한 과정이 급진을 포함하고 있었는가 하는 문제, 그리고 1989년 사회운동을 발생시킨 사회적 조건

----

31) 이것은 불평등한 조건에서 사회분화와 계급분화의 과정을 다시 만들어내고, 장기적인 사회위기를 잉태하고 있다. 앞에서 말한 3대시장을 개방했지만, 금융체계는 완전히 개방되지 않았고, 농촌시장 역시 구조적인 변화가 발생하지 않았다. 따라서 이러한 사회분화는 대규모의 사회적 혼란과 충돌을 야기하지 않았다. 이것은 또 왜 1997년 중국이 무사하게 금융위기(그러나 동시에 중국 금융체계의 중대한 위기를 드러냈다)를 넘길 수 있었는지를 부분적으로 설명해준다. 여기서의 문제는 여전히 시장개방을 반대하거나 국가보호를 주장하는 문제가 아니라, 어떠한 방법으로 시장을 개방하고, 어떠한 조건으로 시장을 개방할 것인가 하는 문제와 여러 측면에서 시장에 대한 국가의 조정을 요구하는 문제, 즉 어떻게 시장조건에서 민주제도를 형성할 것인가 하는 문제이다. 권한과 이익의 급진적인 이양은 국가조절기능을 완전히 상실할 수 있을 뿐만 아니라, 사회복지체제의 기초조건을 상실할 수도 있다. 만약 충분한 세금징수가 이루어지지 않는다면, 국가는 시장에서 효과적으로 조정을 진행할 수 없을 뿐만 아니라, 기존의 사회보장체제가 와해되고 나서 새로운 사회보장체제(주택·의료·양로금체계)를 재건하는 것도 불가능하고, 또 그것을 통해 국영기업의 개혁을 위한 제도적인 기초(국영기업 개혁의 난점 가운데 하나는 이러한 기업이 과중한 사회적 부담을 지고 있다는 점이다)를 제공해줄 수도 없다.

이 이러한 과정에서 더욱 심화되고 발전했는지 여부 등에 대해서는 거의 고려하지 않았다. 내가 지적하고 싶은 것은 바로 이러한 논의가 1990년대 후반 신자유주의 사조가 탄생할 수 있는 기초와 역사적 합리성을 제공했다는 것이다.

나는 결코 1990년대 초기 급진주의에 대한 반성을 전적으로 부정하는 것은 아니다. 1989년 학생운동과 지식인집단은 실제적으로 실행 가능한 행동방안을 제시하지 못했으며, 앞에서 말한 복잡한 역사과정에 대해서 의식적이고 이론적인 비판과 정치적 실천을 진행하지도 못했다. 이러한 문화상황은 왜 1989년 사회운동에서 평등에 대한 요구와 민주에 대한 요구의 내재적 연계가 시종 자발성의 범주 내에 구속되어 있었는지를 해석해주며, 또한 왜 당시와 그후의 지식인사회의 토론이 학생의 정치적 요구와 광범위한 사회동원을 이론적으로 연결시키지 못했는지를 설명해준다. 가장 큰 문제는 급진주의와 보수주의 개념 모두 1989년 사회운동의 진정한 성격과 그 사회적 조건을 은폐했다는 것이다. 운동이 실패한 후 많은 청년지식인은 근대중국역사에 관해 연구하기 시작했다. 중국 학술전통에 대한 정리와 연구는 얼마후 전개된 현대성에 대한 반성이라는 사상적 실천에 일정한 자원을 제공하였다.[32] 이러한 반성과정은 현대역사를 엄정하게 사고하고, 서구모델을 그대로 모방하여 개혁을 진행하려는 것을 진지하게 반성하며, 중국의 역사유산과 그 현재적 의미를 심사숙고하고, 급진

---

32) 1991년 『쉬에런(學人)』지의 창간은 이러한 진행과정에 대한 반성과 연구의 시작을 의미한다. 『쉬에런』은 결코 통일적인 경향이 없었으며, 어떠한 조건에서든지 엄숙하고 진지한 학술연구를 유지하는 것이 필요하다는 소장학자들의 의식을 대표하였다. 각종 사회위기의 출현을 수반하여, 1990년대 후반 지식인사회의 논쟁이 다시 불붙었다. 그러나 여전히 상당수 학자들은 사회문제에 관심을 가지는 동시에 개인의 학술연구를 실제문제와 관련된 직접적인 대답으로 귀결시키는 것을 거부했다. 내 생각에, 이러한 극소수 집단의 존재의의는 많은 시간이 경과한 후에 비로소 이해될 수 있을 것이다. 그래서 나는 이러한 연구를 통틀어 '보수주의' 범주 안에 놓는 것을 찬성하지 않는다.

적 정치행동이 낳은 결과를 적절하게 비판하는 것이다. 1990년대 개혁 진로에 대한 사고, 현대성 문제에 대한 반성은 모두 이러한 사색과정과 밀접한 관계가 있다. 그러나 앞서 말한 사상논리에서 많은 영향을 받음으로써, 이러한 탐색은 현대 중국사회의 내재적 모순을 전면적이고 광범위하게 분석하지 못했다. 내가 보기에 1993년 이래 점차 전개된 지식계의 분화는 이러한 과정에 직접 참여했던 지식인이 스스로 반성한 결과이다.[33]

2. 1993~97년: 시장주의, 사유화방안 및 그 비판

제2단계는 1993년부터 1997년까지로, 그 시작점은 1992년 떵 샤오핑의 남순(南巡, 남부 경제특구 시찰)이고, 끝은 1997년 발생한 소위 아시아 금융위기라고 불리는 경제위기이다. 이 시기에 지식계에서는 여러 종류의 논쟁이 전개되었으나 명확한 공통인식에 이르기는 어려웠고, 지식계의 분화는 더욱 첨예화되었다. 이 시기의 사상계를 이해하기 위해서 나는 여기서 잠깐 1993년부터 1997년 사이에 발생했던 중요한 사건 및 그와 관련된 논쟁에 대해 간략하게 정리하겠다. 첫째, 떵 샤오핑 남순강화(南巡講話) 이후 경제발전과 대외개방 속도는 더욱 빨라졌고, 도시의 상업문화(특히 소비

---

33) 그러나 문제는 여기서 그치지 않는다. 나는 다음과 같은 몇몇 문제를 제기하지 않을 수 없다. 첫째, 학생과 지식인이 운동과정에서 명확한 개혁목표를 제시할 수 없고, 이러한 자발적이고 광범위한 사회운동이 발생한 기본적 원인을 제시할 수 없다면, 도대체 어떤 사상역량과 이데올로기가 그들을 한계짓고 있는 것인가? 둘째, 학생운동 및 그 민주화 요구가 1980년대 개혁과정의 내재적 모순에 대응할 수 없고, 광범위한 사회동원 및 그 요구와 운동의 직접적인 목표 간에 최소한의 내재적인 연계를 수립할 수 없다면, 학생운동 자체의 동원역량은 도대체 무엇인가? 내가 1993년부터 1997년 사이에 집필하여 발표한 「중국의 사상적 현황과 현대성 문제(當代中國的思想狀況與現代性問題)」라는 글은 바로 이 두 문제에 대한 분석이었다. 집필과 사색과정에서 나는 다음과 같은 사실을 발견했다. 1980년 사상해방운동의 내재적 한계는 운동의 실패와 직접적인 관계가 있을 뿐만 아니라, 1990년대 중국 지식인사회가 시장확장, 제도적 독점과 세계화과정에 대해 왜 비판적이고 창조적으로 대응하지 못했는가에 대한 사상적 원인을 설명해준다.

문화)는 장족의 발전을 이루었다. 뻬이징방송국과 중앙방송국, 일부 지방
방송국을 중심으로 수많은 소비지향적 연속극을 방영하였으며, 유명한
'왕 쉬(王朔) 현상'[34]과 기타 지식 및 예술창작은 소위 대중문화의 발전을
촉진하였다. 둘째, 상업의 대조류가 등장함에 따라 지식인·학자층도 부분
적으로 시장에 투신(일명 '샤하이下海'라고 부른다)하였고, 직업을 통한
정규수입과 직업 외적인 수입 간의 차액이 급속히 커져서 지식인의 사회
적 지위가 위기에 처했다. 셋째, 향진기업의 발전, 국유기업의 위기와 국가
세수의 어려움, 그리고 동아시아 경제모델에 대한 광범한 중시는 사람들
이 서로 다른 분야에서 중국사회와 경제발전의 진로를 탐구하려는 흥미를
자극하였다. 넷째, 1993년 중국사회의 심리, 특히 지식인의 심리에 미묘한
영향을 미친 중요한 세계적 사건이 있었다. 바로 이 해에 중국정부는 1989
년 이후 국제적 곤경에서 벗어나기 위해, 뻬이징시가 2000년 올림픽 개최
를 신청하도록 하였다. 이전의 아시아경기대회가 심각한 부패를 일으킨
적이 있었기 때문에 지식인은 대부분 이 신청에 비판적인 태도를 취했다.
그러나 신청과정에서 미국정부와 일부 국가가 정치적 간섭을 하여 중국은
결국 올림픽을 개최할 기회를 상실하였는데, 이 사건은 중국의 사회심리
를 적지 않게 자극하였다. 또한 같은 해 10월에 러시아의 옐찐(Yeltsin)이
무장부대에 지시하여 선거를 통해 합법적으로 구성된 국회를 기습하여 진
압하는 사태가 벌어졌다. 구 공산주의자를 반대한다는 명목으로 자행된

---

34) 왕 쉬는 8, 90년대 중국에서 가장 논쟁거리가 되었던 작가 가운데 한 사람이다. 그는 80년
대 중반 이후 새로 출현한 도시의 소비문화와 도시 대중의 가치관 등을 이전 계몽주의적·
인문주의적 시각과는 다른 방식으로 표현해냄으로써 8, 90년대 중국 대중문화를 대표하는
작가가 되었다. 그의 작품은 대개 기존의 전통적·이성적·도덕적 관념에서 탈피하여 도시
생활 속의 위선·폭력·색정·황당무계함 등을 가벼운 필치로 담아내고 있다. 뿐만 아니라
그의 작품은 새로운 소비문화의 대두 속에서 영화와 드라마의 극본으로도 각색되어 크게
성공하였다. 따라서 그는 중국문화와 지식계에 많은 논쟁을 불러일으켰고, 그를 중심으로
한 새로운 대중문화현상을 '왕 쉬 현상'이라고 부른다.

이러한 폭력과 위헌행위는 러시아 개혁, 특히 미국과 그밖의 서방국가의 지지하에 진행된 이른바 '자발적 사유화과정'의 커다란 위기를 폭로하였다. 뿐만 아니라 민주와 인권문제 등에서 미국 국가정책의 전후모순과 극단적 이기주의, 그리고 반민주적 실체를 반영하였다. 이러한 폭력은 지지하고, 1989년 중국의 폭력은 비난하는 미국의 상반된 모습은 선명한 대비를 이루었고, 이상주의적인 시선으로 서방사회를 바라보는 사람들과 역사는 이미 종결되었고 냉전은 이미 과거지사가 되었다고 믿는 사람들에게 러시아 10월사건의 결과는 의미심장한 것이었다. 이와 거의 동시에 1989년 이후 중국지식계에 자못 영향력이 있었던 헌팅턴이 미국 외교계간지에 발표했던 「문명의 충돌」이라는 장문의 글은 신속하게 홍콩의 『21세기(二十一世紀)』와 뻬이징의 『참고소식(參考消息)』에 번역되어 사회의 폭넓은 관심과 사상계의 토론을 불러일으켰다.[35] 이러한 몇가지 국제적인 사건은 유가의 이상적 대동사회, 계몽주의의 '영구평화론' 혹은 이른바 '300년간의 공동의 길'로서 한창 세계화를 해석하던 중국 학자들에게 일련의 심각한 사상적 충격을 주었다.

이러한 배경에서, 중국 지식인사회는 전후로 그리고 동시적으로 일련의 논쟁을 전개하였는데, 그중에서 가장 중요한 논쟁은 다음과 같다.

첫째, 시장과 시민사회에 관한 토론.[36] 이 토론은 전단계의 급진주의에 관한 반성을 명확하게 계승하고 있으며, 다음과 같은 두 가지 의의를 포함

---

35) Samuel P. Huntington 「文明的衝突」, 『二十一世紀』, 總19期, 5~21면. 같은 호의 잡지에는 이외에도 진 꽌타오(金觀濤)의 「서방중심론의 파멸: 전세계 문명충돌론을 평함(西方中心論的破滅: 評全球文化衝突論)」(22~25면), 류 샤오펑(劉小楓)의 「이익이 문화보다 중요하다(利益重于文化)」(26~27면), 천 팡정(陳方正)의 「중국민족주의와 세계의식을 논함(論中國民族主義與世界意識)」(28~35면) 등이 실려 있다.

36) 주로 『중국사회과학계간(中國社會科學季刊)』과 기타 잡지의 관련논쟁 참조. 그리고 졸고, 「중국 사상계의 현황과 현대성 문제(當代中國的思想狀況與現代性問題)」에 대한 토론과 주 참조.

한다. 정치개혁이 완전히 좌절된 상태에서, 단지 시장개혁만이 순조롭게 진행될 수 있고, 국가기구 역시 이에 발맞춰 변화하면 자연스럽게 민주화를 이끌게 될 것이다. 민주주의의 진정한 기초는 시민사회의 형성에 있고, 일단 시민사회가 형성되면 사회의 분권형식도 발생하게 될 것이다. 나는 여기서 이러한 논의의 이론적 배경을 자세하게 분석할 수 없다. 그러나 지적해야 할 것은 이러한 논의가 1980년대 정치변혁에 관한 논의와 비교할 때 전환적 성격을 지니고 있다는 점이다. 즉 급진적으로 정치구조를 변화시킴으로써 민주주의를 확립하겠다는 입장에서부터 시장과정, 지방과 부문 이익집단의 형성, 그리고 종교 등 전통적 자원의 발굴에 의존하여 최종적으로 정치적 민주화를 달성하겠다는 입장으로 전환한 것이다. 시민사회와 관련된 토론을 통해 민간자원을 발굴하는 작업이 전혀 의의가 없는 것은 아니다. 그러나 급진주의에 대한 비판의 연장으로서, 이러한 논의는 중국시장과 시민사회 및 그들이 기대하는 중산계급의 형성기제를 자세히 분석하지 않았으며, 사회생활에서 새로운 이익단체가 담당하는 역할이나 이러한 경제역량과 국가의 극히 복잡한 관계를 분석하지도 않았다. 뿐만 아니라, 국가의 내재적 분화(중앙과 지방, 국가의 이익집단화, 국가에 대한 사회의 삼투 등)에 대해서도 분석을 진행하지 않았다. 따라서 이러한 과정이 내포하고 있는 엄중한 위기를 예견할 방법이 없고, 1980년대 점차 누적되어온 사회모순을 분석할 수도 없었다. 그러나 더욱 중요한 것은 '시민사회'의 구상은 광대한 노동자계급과 농민계층을 시민사회 밖으로 배제시켰는데, 빈부의 급격한 분화를 고취하는 국가정책에 전적으로 부응했을 뿐만 아니라, 이론적으로도 민주발전과 그것의 진정한 사회동력 간의 관계를 단절시켰다. 이러한 이론경향과 1990년대 후반 '민중주의'에 대한 자유주의자의 비판은 기층에서 기원하는 모든 사회운동과 사회저항은 거부해야 한다고 보는 점에서 일맥상통하고 있다. 이러한 전제하에 중국의 민주발전과정은 이미 현실적인 동력을 상실하였고, 또 모든 실천의 가능성도 상실했다.

여기서 문제의 핵심은 다음과 같다. 급진주의를 비판하는 전제하에서 시민사회와 관련된 논의는 한편으로는 사회운동에 대처하기 위해 국가와 이익집단 간에 체결된 새로운 동맹의 문제점을 추궁하지 않았고, 다른 한편으로는 또 민주운동의 주체를 이론 밖으로 밀어내버렸다. '사회'를 국가 범주 밖에 둠으로써, '사회'라는 개념과 상상은 시장의 자기운동을 민주화를 향한 자연스러운 과정으로 간주하여 더욱 광범한 민주화에 대한 정치적 탐색을 가로막았다. 급진주의에 대한 반성에서 시민사회의 논의에 이르기까지 지식인사회는 운동과정 및 그 민주요소에 대해 종합적 결론을 내릴 수 없었다. 시민사회 개념은 처음에는 민주화의 가능성과 그 조건을 탐구하는 것이 목적이었지만, 이론적 작업과 역사의 발전과정 간의 관계를 분명하게 구분하지 않음으로써, 이 논의는 이론적인 함정, 즉 이론적 요구와 실제적 역사진행 과정을 동일시하여 불평등한 시장과정을 민주화를 향한 자연적인 발전과정으로 간주하는 오류에 빠지기 쉬웠다. 떵 샤오핑의 1992년 남순강화는 1988년부터 1991년 경제조정시기에 중앙과 지방(및 부문 이익집단)의 긴장관계를 완화시키고, 동시에 이익의 분화를 통해 광범위한 사회동원의 가능성을 와해시켰다. 따라서 나는 1990년대 민주발전이 제자리걸음을 하며 부진을 보이는 것은 다음과 같은 몇가지 이유 때문이라고 생각한다. 첫째, 1989년 막 출현한 사회운동과 제도개혁 간의 상호추동조건이 철저히 와해되었고, 사회 각 계층은 국가로 하여금 이익관계를 조정하게 할 정치적 역량을 형성할 수도 없었다. 둘째, 국가는 폭력의 형식으로 사회동원의 압력을 제거했지만, 이를 동력으로 민주개혁을 추진하여 지방과 부문 이익집단에 대한 민주적 감독체계를 형성할 수도 없었다. 셋째, 지방 및 부문 이익집단과 국가는 시장과정을 통해 더욱 광범위한 동맹을 형성하였다. 따라서 이러한 이익집단은 국가에 더 많은 권한과 이익을 이양토록 할 사회적 압력의 필요성을 더이상 느끼지 못하고, 반대로 이익관계를 연결고리로 국가의 공공정책에 영향을 미칠 수 있게 되었다.[37] 이러한 의미에서, 정치민주화와 관계된 이론은 반드시 공민의 기본권리를 보장해야 한다는 전제하에서 제도화된 방식으로 국가와 이익집단 간의 이원적 동맹을 저지해야 하는데, 이것이 공평한 시장을 형성하는 기본적인 전제이다. 따라서 보통공민의 참여를 핵심으로 하는 혼합제도(국가·엘리뜨·대중의 3층구조)의 구상은 고려해볼 만한 민주방안이다.[38] '3층구조'의 구상이 강조하는 것은 어떻게 민중의 요구를 국가정책으로 전화시켜 새로운 귀족제도 및 국가와 이익집단의 이원적 동맹을 제어할 수 있느냐 하는 것이다. 나는 이러한 문제는 우리가 더욱 주의를 기울여 논의해볼 가치가 있는 주제라고 생각한다. 여기서 특별히 고려할 것은 어떻게 사회운동과 제도개선 사이의 상호관계를 통해 민주적 감독체계를 형성하느냐

---

37) 국가의 암묵적 허용과 방임 없이 지방정부와 이익집단의 밀수활동이 이렇게까지 창궐할 수 있었다고 생각하기 매우 어렵다. 이러한 제도적인 밀수행위는 국내시장, 특히 국유기업의 운영상황을 심각하게 악화시켜, 그 결과 간접적으로 광대한 노동자계급의 이익을 침해하였다. 독점적 시장관계에서 일반노동자는 독점가격과 이익관계에 대해 저항할 뿐만 아니라, 이러한 이익관계의 권력기초에 대해서도 저항한다. 그들은 독점·부패에 대해 국가가 제한과 처벌을 가하고, 시장경쟁에 대해 보호조치를 취할 것을 요구하지만, 국가는 오히려 다시 독점의 보호자로 변해버렸다. 즉 부패는 제도적 부패인 것이다.

38) 이러한 의의에서 중앙정부·지방엘리트·보통국민의 3자의 관계를 중심으로 3자 사이에 유기적이고 상호추동적인 '혼합헌법'과 '혼합제도'의 가능성을 다시 한번 구상하는 것은 여전히 고려해볼 만한 민주방안이다. 추이 즈위안(崔之元)은 『뚜슈(讀書)』 1996년 9호에 「'이원연방주의'의 소멸('二元聯邦主義'的消亡)」을 발표하였고, 또 『전략과 관리(戰略與管理)』지 1998년 3호에 「'혼합헌법'과 중국정치에 대한 3층분석('混合憲法'與對中國政治的三層分析)」을 발표하여 정치이론상에서 일종의 혼합식 헌법과 제도에 대한 구상을 통해, '상'(중앙국가), '중'(지방정부 및 대자본가), '하'(보통민중)의 3층이 상호추동하는 양성 순환관계를 수립하려 하였다. 그가 강조한 것은 어떻게 민중의 요구를 국가의 의지로 전화시켜 새로운 귀족제도를 억제하느냐 하는 것이었다. 이러한 정치적 구상과 시민사회 이론은 선명한 대조를 이룬다. 그의 이러한 구상은 우리가 주목하여 더 토론할 필요가 있다고 생각한다. 이러한 구상은 급진적인 구상이 아니다. 그러나 이러한 문제제기를 1989년 이래 중국대륙의 사회계층분화 시각에서 본다면, 적극적인 비판이라는 의의가 있다고 하지 않을 수 없다.

하는 것이다. 다시 말해, 보통공민이 사회운동, 공공토론 등의 형식으로 각기 다른 차원에서 공공정책에 대한 공개토론을 추진하여 일반적으로 국가에 의존하여 신귀족계층을 감독하는 것이 아니라 각기 다른 차원의 민주적 체계로 국가의 권력남용과 지방집단의 부패를 억제하는 것이다. 여기에서 사회운동과 각기 다른 차원의 공공영역의 형성은 특별히 중요한 중간고리이다. 즉 공공토론과 사회운동은 전국적 범위의 공공영역에서 발생할 뿐만 아니라, 각종 지방의 공공영역에서도 발생하여, 보통공민이 공공부문 중에서 자신의 일상생활을 배치하는 것과 밀접하게 상관되어 있는 사회의제를 발견하도록 한다.[39] 이것은 민주와 자유에 대한 요구가 구체적인 내용을 담지할 수 있는 방법이며, 또한 민주와 자유가 급진적이지만 실제로는 내용이 결여된 구호로 전락하는 것을 피할 수 있는 중요한 방법이다. 중국의 구체적인 상황에 맞추어 생겨난 이러한 구상과 국가와 시민 간의 거리 확대를 기초로 하는 시민사회 개념은 서로 상반되는 주장이다. 후자는 사회민주를 비정치화의 자발적인 과정으로 이해하고, 따라서 사회동원과 새로운 제도의 창출 간의 적극적인 상호추동작용을 와해시킨다.

둘째, 새로운 제도·이론의 창출과 국가능력의 문제에 관한 논의. 1993년부터 1997년 사이에, 중국 지식인사회의 일부 비판적 경향을 지닌 지식인은 사회공정 문제를 논하기 시작했다. 그들은 러시아와 동유럽의 개혁 및 동남아시아와 중국의 향진기업의 경험을 바탕으로 서로 다른 방향에서 문제를 전개하였다.[40]

이 토론과 다소 일찍(1992년) 시작된 국가능력에 관한 연구 사이에는

---

39) Charles Taylor「公民與國家之間的距」; 汪暉「'文化與公共性'導論」관련부분 참조. 汪暉·陳燕谷 主編『文化與公共性』, 北京: 三聯書店 1998, 38~47면, 199~220면.

40) 甘陽「鄉土中國重建與中國文化前景」,『二十一世紀』總16期, 4면;「反民主的自由主義還是民主的自由主義?」,『二十一世紀』總39期 4~17면; 崔之元「制度創新與第二次思想解放」,『二十一世紀』總24期, 5~16면; 王紹光「效率·公平·民主」,『二十一世紀』總26期, 21~33면; 秦暉「離土不離鄉?: 也談鄉土中國重建問題」,『東方』1994年 第1期; 蘇文「山重水復應有

모종의 호응관계가 존재하지만(물론 경향이 일치한다는 것은 아니다), 이
론 범주에서는 중요한 차이가 있다. 국가능력 문제는 1990년대 사회불평
등의 구조적인 원인, 즉 중앙국가와 지방 및 부문집단의 관계문제와 결부
되어 있다. 1991년부터 1993년까지 벌인 토론 중, 국가능력 문제의 토론은
보편적으로 국가주의 경향을 지닌 정책연구로 간주되었다. 그리하여 대부
분의 지식인은 광범위한 영향력과 중요한 가치를 지니는 이 연구에 대해
서는 직접적인 반응을 보이지 않았다.[41] 1997년 세계적인 경제위기의 폭발
로 사람들은 금융자본의 다국적 유동이 사회와 경제에 미치는 파괴성에
대해 주목하기 시작했다. 일부 학자들은 사회보장의 시각에서 '국가'의 함
의를 다시 토론하고, 민주와 국가 간의 관계를 다시 사색하였으며, 국가의
다중성, 자본과 국가의 이원론적 내재모순 등에 대해 토론을 진행하였
다.[42] 국가문제의 제기는 이중적인 배경을 지니고 있었다. 1991년 국가 혹

路」, 『東方』 1996年 第1期 등. 친 후이(秦暉)와 추이 즈위안의 이론관점 사이에는 큰 차이
가 있다. 그러나 그들 모두 중국의 사회생활과 경제생활에서 공정과 평등을 다시 천명하지
않으면 안되는 중요성에 주목하고 있다.

41) 국가능력 문제에 대한 최초 제기는 王紹光 "Building a Strong Democratic State: 'On
Regime Type' and 'State Capacity'," *Papers of The Center for Modern China*, No. 4, Feb.,
1991 참조. 이외에 王紹光·胡鞍鋼 「中國政府汲取能力的下降及其後果」, 『二十一世紀』 總
21期, 5~14면; 崔之元 「"國家能力" 辯證觀」, 『二十一世紀』 總21期, 19~21면 참조. 1990년
대 중국경제와 동아시아 발전에 관한 토론 역시 이와 관련된 문제를 다루었다. 예를 들어
쟝 슈꽝(張曙光)의 「경제성장과 국가흥쇠(經濟增長和國家興衰)」(『讀書』 1996年 第9期)는
린 이푸(林毅夫)와 해외경제이론을 비평하는 자리에서 국가와 이익집단의 관계문제를 다
루었다.

42) 王瑾 「'國家'三議」, 『讀書』 2000年 第4期. (이 논문은 발표시 몇개의 절을 삭제하였는데,
내가 읽은 것은 완정본이다.) 이 문제에 대한 더욱 유력한 해석으로는 瞿宛文 「全球化與後
進國之經濟發展」, 『臺灣社會研究季刊』 第37期, 2000年 3月, 91~117면 참조. 취 완원(瞿宛
文)은 이 글에서 다음과 같이 지적하고 있다. 세계화의 상황에서 "후진국은 선진국을 따라
잡기 위해 민족국가를 단위로 하고 산업정책 등의 수단을 이용하여 산업발전 전략을 기획
하며, 원조와 상벌의 병행으로 유아단계에 있는 산업을 배양하는 동시에 국내기업을 부양
하여 가능한 빨리 선진기술을 익혀야 한다. 이렇게 할 때 비로소 경쟁이 날로 심해지고 선
진국과 후진국의 차이가 날로 확대되는 상황에서 국제시장의 한 입지를 획득할 수 있을 뿐

은 국가능력에 대한 문제제기는 주로 중앙국가의 능력을 가리키며, 그 주요대상은 '권한과 이익의 이양'을 중심으로 하는 개혁정책과 그 결과였다. 그런데 1997년 이후, 국가문제의 핵심은 세계화과정에서 국가의 역할과 지위문제로 전환하였다. 하지만 양자는 뚜렷한 내재적 연속성을 지니고 있고, 아울러 모두 발전과 사회보장문제를 중심화제로 삼고 있다. 현재 중국의 국가문제는 가장 민감하고 복잡한 이론문제이다. 부패, 독점, 빈부격차, 사회보장체계의 해체, 그리고 전제주의와 방대한 국가기구 및 그 정책결과 사이에는 밀접한 연관(이른바 권력의 시장화와 시장의 권력화)이 있다. 그러나 금융위기와 사회보장 문제는 때마침 국가의 보호기능 문제를 제기하였다. 여기에 다음과 같은 역설이 존재한다. 즉 국가능력의 쇠퇴, 국가의 기층사회와 시장활동에 대한 과도한 간섭(시장에 대한 행정분할을 포함하여), 자유시장과 다국적 활동 등 얼핏 반(反)국가적 역량으로 보이는 것이 오히려 국가의 필요성을 위한 전제를 제공했다는 것이다. 이러한 역설적인 상황에서, 어떤 민주화의 요구도 국가에 대한 비판과 시장사회의 운동에 대한 비판을 구분해낼 수 없다. 1993년부터 1996년 사이에 발생한 여러 토론 중, 새로운 제도와 이론의 창출에 관한 토론은 비교적 심도있는 부분이었으며, 그것은 이론적·실천적 차원에서 1980년대 이래 중국 개혁의 진행과정의 진정한 위기를 지적하고, 적극적으로 더욱더 민주적인 개혁방안을 제출하였다.[43] 이 토론의 실제 내용은 '신자유주의'의 제도물신주의를 반대하고, 권위주의적 혹은 외부로부터 강제된 제도를 민족의 불가피한 운명으로 간주하는 것을 반대하며, 민주적 시장경제 방식을 탐

만 아니라, 국제분업 단계에서 점차 승급하여 자국의 비교이익을 전환하고 제고할 수 있다. 이렇게 되면 경제는 지속적으로 발전할 수 있고 생산력도 진보할 수 있다."

43) 昂格·崔之元「以俄爲鑒看中國」,『二十一世紀』總24期, 17~25면. 중국사회의 개혁노선에 관한 연구는 이후에 발표된 글 참조. 林春「社會主義與消滅貧窮」,『讀書』1999年 第9期;「敎條突破與制度創新」,『讀書』1999年 第11期.

구하는 것이었다. 이 토론은 현대사회의 경제와 민주경험을 다원적인 것으로 이해하고, 특정한 역사의 요구에 따라 선택하고 창조하기 위한 이론적 가능성을 제공하였다. 그중 가장 중요한 것은 그것이 러시아에서 이미 실행하였고, 중국이 막 추진중에 있는 권력통제하의 자발적 사유화의 진행과정에 대해 명확히 비판을 가하고, 이러한 경제모델의 반민주적 특징을 폭로하였으며, 눈앞에 실행중인 각종 사유화 방안과 민주제도 간의 내재적 모순을 증명하였다는 점이다. 뿐만 아니라 일반민중의 직접참여, 선진기술과 후진기술 사이의 연맹, 그리고 기업과 정치제도의 개혁을 위해 새로운 방향을 제시하였다.

셋째, 인문정신과 포스트모더니즘에 대한 토론. 1994년 샹하이의 일부 소장지식인은 『뚜슈(讀書)』에 일련의 대담을 발표하였는데, 그 내용은 '인문정신'의 소실에 대한 토론이었다. 이것은 새로운 상업문화와 시장과정에 대한 즉각적인 반응이었으며, 그들은 이러한 과정을 긍정적으로 전제하면서 현대화과정의 도덕과 정신이 나아갈 방향을 탐색하고 지식인의 인문적 자각을 옹호하려 하였다. 1994~95년의 '인문정신' 토론의 부분적인 내용은 시장확장운동에 대한 본능적인 반항이었으며, 그것은 지식인사회가 시장조건에서 자신의 비판적 사명을 포기하지 않도록 다시 각성시키고자 하였다.[44] 그러나 시민사회와 급진주의에 관한 토론과 마찬가지로, 인문정신의 토론은 1980년대 이래 사회변화에 대해 심도있는 분석을 하지 못하고, 기본적으로 1980년대 신계몽주의 사상의 기본적인 전제를 계승했다. 이 토론과 서로 호응하여 일어난 것은 작가 한 샤오꿍(韓少功), 쟝 청즈(張承志) 등의 시장이데올로기에 대한 비판과 반항이었다. 그들의 이러

---

44) 張汝倫·王曉明·朱學勤·陳思和「人文精神尋思錄之一: 人文精神 —— 是否可能和如何可能」, 『讀書』 1994年 第3期 및 같은 잡지 第4~7期에 발표된 기타 후속토론 참조. 당대 중국의 다른 토론들과 마찬가지로 이 토론의 참여자는 결코 통일적인 사상집단이 아니었으며, 그들간에는 심지어 이론입장의 기본적인 차이도 존재했다.

한 통찰력은 인문정신의 토론이 대중문화 차원으로 더 심화되는 데 중요한 교량역할을 하였다. 그러나 이 토론은 거의 같은 시기(또는 약간 일찍)에 출현한 포스트모더니즘 비평의 공격을 받았다.[45] 포스트모더니즘 비평역시 통일된 이론집단이 아니다. 그중 일부는 근대적 서사를 해체하여 비판의 화살을 당대 사회발전과정 자체에 겨냥했다.[46] 그러나 1993년부터 1995년 사이에 포스트모더니즘 사조의 주류는 인문정신의 토론을 엘리뜨 주의의 서사로 간주하였다. 그들은 해체전략으로 상업문화와 소비주의문화를 긍정하였고, 전면적으로 시장을 포용하는 경향을 드러냈다. 포스트모더니즘의 이러한 측면과 1980년대 신계몽주의운동은 모두 혁명과 혼란가운데 탄생한 국가를 비판대상으로 삼고 있다는 점에서 결코 다르지 않다. 포스트모더니즘 비평과 인문정신 토론 가운데는 일부 지식인이 중국개혁 과정의 심각한 위기를 언급한 것이 있지만, 서로 다른 두 토론 속에는 모두 시장주의와 비슷한 낙관주의를 포함하고 있다.[47] 예를 들어 포스트모더니즘 비평가와 나이든 일부 논자들이 쟝 청즈의 작품『심령사(心靈史)』를 공격했다. 그들은 이 작품이 다루는 내부 민족관계의 역사에 대해서는

---

45) 쟝 이우(張頤武), 천 샤오밍은 포스트모더니즘의 입장에서 인문정신에 대해 비평을 진행하였다. 반면 왕 멍(王蒙)은 세속과 엘리뜨, 또는 세속과 이상 등의 시각에서 그것에 대해 비평을 가하였다. 張頤武『人文精神: 最後的神話』, 人大復印報刊資料, 文藝理論卷, 1995年 7卷; 王蒙「人文精神問題偶感」,『東方』1994年 第5期; 王蒙「想起了日丹諾夫」,『讀書』1995年 第4期; 王蒙「絶對的價値與殘酷」,『讀書』1999年 第1期; 王蒙「革命, 世俗與精英訴求」,『讀書』1999年 第4期 참조. 왕 샤오밍(王曉明)은 후에 이와 관련된 토론을 편집해 출판하였다.『人文精神尋思錄』, 上海: 文匯出版社 1996.

46) 따이 진화(戴錦華), 쟝 쉬뚱(張旭東)은 모두 포스트모더니즘 비평의 중요한 대표자로 간주된다. 그러나 그들의 경향과 쟝 이우, 천 샤오밍 간에는 중요한 차이점이 있다. 세계화와 시장화 자체에 대해 정도의 차이는 있지만 모두 비판적인 태도를 취하고 있다.

47) 이러한 시장주의, 특히 소비주의 이데올로기에 대해 강력한 비판을 가한 것은 사회학자와 새로운 문화연구의 종사자들이다. 리 퉈(李陀)의 「사람 마음을 기쁘게 하는 여인(開心果女郞)」(『讀書』1995年 第2期), 따이 진화(戴錦華)의『거울 성의 포위를 뚫다(鏡城突圍)』 등의 글과 황 핑(黃平)의 소비주의에 관한 연구는 모두 서로 다른 시각에서 시장이데올로기에 대해 비판하였다.

주목하지 않고, 오히려 이 작품을 문화대혁명의 유산, 특히 홍위병 정신의 상징이라고 성토하고 나섰다.[48] 이러한 예는 중국 지식인의 가장 심각한 사상위기를 그대로 보여주고 있다. 즉 이같이 중대한 문제에 대해 비평가들은 최소한의 토론조차도 하지 않았을 뿐만 아니라, 심지어 도대체 무엇이 문제인지에 대해서도 완전히 망각한 채, 모든 것을 그들이 이해하는 '문혁'과 '반문혁', '엘리뜨'와 '반엘리뜨', '세속'과 '반세속'의 관계 속에 밀어넣어버렸다. 인문정신의 토론은 결국 이상주의에 관한 논쟁으로 전환되어버리고, 현재의 사회변화 및 그 내재모순에 대한 분석을 포기하였는데, 이러한 점은 논쟁하는 쌍방이 공유하던 방식이라고 말하지 않을 수 없다.

넷째, 탈식민주의·민족주의·세계화의 토론. 1994년부터 1996년 사이에 잡지 『뚜슈』와 『톈야(天涯)』는 여러편의 논문을 통해 싸이드(E. Said)의 『오리엔탈리즘』(*Orientalism*) 및 미국의 탈식민주의 비평을 소개하고, 서구중심주의와 문화 신식민지의 현실성과 가능성에 대해 첨예한 비판을 가하였다.[49] 이 시기에는 또 종속이론과 세계체제이론에서 출발하여 세계관

---

48) 張承志「劉介廉的五更月」, 『讀書』 1999年 第4期; 伍貽業「世界不會大'同'」, 『讀書』 1999年 第6期 참조.

49) 류 허(劉禾)는 『뚜슈』 1992년 제10기에 발표한 글 「검은 아테네(黑色的雅典)」에서 가장 먼저 탈식민주의 비평을 다루었지만, 당시에는 그다지 주목받지 못했다. 셩 훙(盛洪)은 『뚜슈』의 1992년 제12기에 「동양세계의 기원(東方世界的興起)」이라는 글을 발표하여, 경제사의 시각에서 서구중심주의를 재검토하였다. 이러한 글들은 1993년 싸이드의 오리엔탈리즘이 소개되기 전에 발표되어, 중국 지식인사회는 이미 서구중심주의에 대해 연구하기 시작했다. 그리고 『뚜슈』 1993년 9월호는 쟝 콴(張寬)의 「서구인 시각의 다른 족속들(歐美人眼中的非我族類)」과 첸 쥔(錢俊)의 「싸이드 문화론을 논함(談薩伊德談文化)」, 판 샤오메이(潘少梅)의 「새로운 비평경향(一種新的批評傾向)」 등의 글을 동시에 발표하였고, 잡지의 책임주간은 「그들은 문명적인가(他們文明嗎)」라는 제목의 후기를 발표하였다. 이후 쟝 콴은 『뚜슈』 1994년 10월호에 「싸이드를 다시 논함(再談薩伊德)」과 『톈야』 1996년 제2기에 「문화 신식민의 가능성(文化新殖民的可能)」 등의 글을 발표하여 이전의 관점에 대해 보충하여 논증하였다. 그로부터 얼마 후, 리 튀가 『톈야』 1996년 제4기에 「차이 문제에 대한 수필(差異性問題筆記)」을, 류 허는 『뚜슈』 1996년 8월호에 「이론과 역사, 동양과 서양

계와 문화이론을 해석한 글이 출현하여, 다음 단계에서 세계자본주의에 대한 검토를 진행하는 데 단서를 제공하였다.[50] 이러한 인문사조는 헌팅턴의 「문명의 충돌」의 자극을 받아 일어난 민족주의와 세계화에 관한 토론과 함께 격렬한 논쟁을 형성하였다. 세계화와 시장주의를 굳게 믿는 사람들에게는 서구중심론에 대한 어떠한 비판도 모두 민족주의적이었는데, 실제로 서구중심주의에 대한 비판은 확실히 현실 속에서 이러한 각종 사건이 일으킨 서로 다른 민족주의 시각과 대중문화 차원의 민족주의(『'노(NO)'라고 말할 수 있는 중국中國可以說不』과 『중국을 요괴화한 배후妖魔化中國的背後』 등 서적의 출판)에 호응하였다.[51] 이러한 토론과 전통, 중국 본래의 것에 대한 재검토, 현대성 문제에 대한 이론적 반성이 서로를 추동하여 1980년대 이래 주도적인 계몽주의 지식구조의 체계에 대해 의문을 제기하였다.[52] 대다수의 탈식민주의에 관한 토론은 서구 학술저작의 소개와 활용에 제한되고, 식민주의역사 속의 중국의 위치, 중국의 현대화 과정과 세계화 사이의 복잡한 역사관계에 대해서는 심도있는 연구가 이루어지

(理論與歷史, 東方與西方)」을 각각 발표하였다.

50) 汪暉 「秩序還是失序?: 阿明與他對全球化的看法」, 『讀書』 1995年 第7期; 陳燕谷 「文化多元主義與馬克思主義」, 『原道』 第3期, 北京: 中國廣播電視出版社 1996.

51) 이와 관련된 토론은 리 선즈(李愼之)의 「수량우세하의 공포(數量優勢下的恐懼)」, 쟝 쉬뚱의 「민족주의와 현대 중국(民族主義與當代中國)」(이상 모두 『뚜슈』, 1997년 제6기에 게재됨)과 성 훙(盛洪)이 『뻬이징청년보(北京靑年報)』에 발표한 사회 다원주의와 서방중심주의에 대한 비판의 글을 참조. 이 시기에 발생한 민족주의에 관한 토론 중 나는 쇄국정책의 논조나 문혁시대로의 회귀를 주장하는 언론을 보지 못했으며, 또 소위 의화단식의 배외주의(排外主義)도 보지 못했다.

52) 이에 대해 汪暉 『汪暉自選集』, 桂林: 廣西師範大學出版社 1997; 梁治平 『淸代習慣法』, 北京: 中國政法大學出版社 1996; 朱蘇力 『法律的本土資源』 등 참조. 이러한 유의 연구는 중국의 역사자원과 그 현대적 의의에 관심을 갖고 있으며, 따라서 내부와 외부 시각의 상호추동관계에서부터 근대중국역사의 전환을 설명하려 하였으며, 현대 변혁과정에서 역사와 민간의 자원을 고려하고 존중할 것을 요구하였다. 이러한 연구자체 모두가 현재의 문제를 대상으로 한 것은 아니지만, 그러나 시장확장 속에서 내재적 역사자원과 민간전통을 주목한 것은 주류의 연구와 분명히 구별된다.

지 않았다. 더욱 중요한 것은 민족주의에 대한 탈식민주의의 해체든 아니면 문명충돌론 및 그밖의 역사사건이 불러일으킨 민족주의와 세계화에 대한 연구든 모두 '민족주의'를 다양한 역사현상(예를 들어 식민주의의 민족주의, 반식민주의의 민족주의, 문화민족주의와 군사민족주의, 국가민족주의와 대중민족주의 등) 및 각기 다른 역사적 동력으로 분석하지 않았고, 또 세계화과정과 민족주의의 관계에 대해서도 명확한 설명을 하지 못했다는 것이다. 그리하여 결국 논쟁은 서로 다른 유형의 '정치적 정확성'을 주장하며 중단되었다. 그러나 이 시기에 진행된 이러한 토론들은 중국 지식인사회가 서구중심주의의 역사관에서 벗어나 민족주의 문제를 비판적으로 이해했다는 데 의의가 있다.

1993년에서 1997년 사이에 있었던 토론은 논의의 중심을 전통의 거대서사로부터 현재 중국과 세계에서 발생하고 있는 전환 자체로 전이시켜, 다음 단계의 신자유주의에 대한 더욱 체계적인 비판을 위한 사상관점과 현실적 기초를 제공하였다. 서구중심주의에 대한 비판은 1990년대에 중요한 사상해방의 역량이며, 그것은 사람들을 역사목적론과 서방과 관련된 환각에서 해방시켰다. 1997년, 자본주의체계의 위기는 아시아지역을 휩쓸었는데, 그것은 기이하게도 아시아 금융위기라고 불리었다. 1993년부터 1997년까지는 바로 중국경제가 급속도로 발전한 시기로, 경제학자와 일부 문화론자는 유교자본주의와 동아시아모델에 도취되어 있던 터라, 이러한 위기의 발생 및 그 심각성에 대한 인식능력을 완전히 상실하였다. 전세계적 위기 자체는 신자유주의의 이데올로기에 첨예하게 도전했다. 인문정신에 관한 토론이 이러한 발전과정에 대한 본능적인 반항이라면, 따라서 시장주의시대의 내재적인 모순을 진정으로 해석할 수 없었다면, 중국 포스트모더니즘 사조 역시 반짝 출현했다가 곧 다시 활력을 상실하여 사람들에게 당대 자본주의의 내재적 위기를 이해할 수 있는 기본적인 시각을 제공하지 못한 셈이다. 그와는 반대로 급진적 사유화를 주장하는 사람들처럼,

그들은 시장주의를 구시대 해체의 최선책으로 간주하고, 이러한 시장주의가 거대담론이라는 점을 의식하지 못한 것이다. 포스트모더니즘 사조는 신자유주의와 약간의 전제를 공유하고 있다. 그들의 해체주의적 태도 및 일정한 해방적 역할과 그것이 포함하는 보수성은 서로 공존하고 있다. 나는 이 시기의 가장 중요한 사상발전은 서구중심주의를 비판하는 과정에서 출현한 현대성 문제에 관한 이론적 사색과 새로운 제도와 이론의 창출을 위한 사상적 탐색에 있다고 생각한다.

3. 1997년~현재: 신자유주의에 대한 변론

제3단계는 1997년부터 현재까지로, 이 시기의 논쟁을 일부 사람들은 부적절하게도 '자유주의와 신좌파'의 논쟁이라고 부른다. 1997년 이래 진행된 사상논쟁은 사실상 사회모순이 첨예화됨으로써 촉발한 것이며, '아시아'로 명명된 금융위기의 폭발은 논쟁의 광활한 세계적 배경을 제공하였다. 폭풍이 휩쓸던 시기에, 한국, 홍콩과 동남아국가의 경제는 큰 타격을 입었고, 거의 이와 동시에 중국의 향진기업은 현저하게 쇠퇴하였으며, 중국경제 —— 특히 금융체계 —— 의 내재적 모순이 남김없이 폭로되었다. 그러나 도대체 어떤 요소들 때문에 중국이 금융위기 폭발 당시 큰 타격을 입지 않을 수 있었을까?

이러한 배경에서 사람들은 자본주의체제의 내재적 모순을 엄숙하게 대면하지 않을 수 없었으며, 중국의 발전과정에서 장기간 모범으로 받들어진 시장모델의 의의를 진지하게 사고하지 않을 수 없었고, 입법개혁의 민주화 요구라는 표상 아래 은폐된, 기존의 이익관계를 합법화하는 시도를 냉정하게 관찰하지 않을 수 없었다. 그리고 이러한 상황에서 1980년대 이래 점차 형성된 사상전제들에 대해 반성하게 되었다. 바로 이러한 역사적 시각에서, '역사종말론'의 실제적 함의는 철저하게 폭로되었고, 민주명제의 현재적 의미는 이론적으로 더욱 확대되었다.[53] 1998년 발생한 코소보전쟁, 유고슬라비아 주재 중국대사관의 피폭, WTO 문제의 논쟁, 그리고 개혁과정에서 더욱 심화된 실업, 직위해제, 날로 국제화되는 제도적 부패(밀수부터 돈세탁, 개인의 배은망덕한 사리사욕에서 집단적 행위까지), 빈부격차, 환경위기와 그밖의 사회모순은 현대사회에 대한 모든 천진난만한 환상과 이론적 환각을 깨버렸다.

이러한 진행과정은 다음과 같은 사실을 잘 증명해주고 있다. 세계화는 중국사회 밖에 존재하는 문제가 아니라, 한 사회의 내재적 문제이다. 정치권력과 시장계획의 관계, 새로운 사회의 빈곤과 불공정의 출현, 구권력의 네트워크와 새로운 시장확장의 내재적 연계들은 여기서 근대와 현대 역사를 재사고할 수 있는 기회를 만들어주었으며, 다시금 사회주의 유산을 창조적으로 이해할 수 있는 토론을 일으켰다. 1989년 사회운동 내부 깊숙이 숨겨져 있는 그러한 잠재적·비자각적 요소들은 이제 점차 명확해졌다. 따라서 한편으로는 잡지 『뚜슈』와 『톈야』를 중심으로 경제위기, 발전주의, 정치민주화, 세계화, 사회평등, 여성문제, 교육문제, 전쟁과 혁명, 신자유주의, 식민주의 등과 같은 다양한 주제에 대한 토론과 논쟁이 대대적으로 전개되었다. 그리고 다른 한편으로는 '신자유주의'로 간주되는(어떤 때는 직접적으로 고전적 자유주의로 표현되기도 하는) 대표저작의 번역과 출판 그리고 일부 자유주의자의 저작과 글들이 급진적으로 보수화됨에 따라, 신자유주의는 자기 이데올로기에 대해 본격적인 해석과 선전을 벌이기 시작했다. 각기 다양한 사회와 역사 문제에 대한 연구를 통해 비판적 지식인 집단은 대대적으로 사상과 언론의 공간을 확대하였는데, 그들은 헌법이 보장하는 공공영역이 없는 한, 그리고 언론자유와 공공토론에 대한 추구와 분투가 없는 한 비판적 사상의 생존공간과 민주의 가능성은 있을 수 없

----

53) 汪暉 「當代中國的思想狀況與現代性問題」, 『天涯』 1997年 第5期; Anderson 「文明及其內涵」, 『讀書』 1997年 第11~12期; 陳燕谷 「歷史終結還是全面民主?」, 『讀書』 1998年 第12期.

다고 굳게 믿었다. 내가 보기에, 어떤 이론에서 출발하든 정치적 자유를 부차적인 혹은 허위적인 논제로 폄하하는 모든 방식은 반드시 거부해야 한다. 이와 동시에 사회독재 자체는 단순히 국가권력에서만 기인하는 것이 아니라, 사회집단과 지식인집단의 존재방식과 행동방식을 규정하는 사회적 씨스템에서 기인하기도 한다. 이러한 복잡한 역사적 상황에서, 비판적 지식인은 더욱 넓은 범위에서 형식은 다르지만 서로 조화되는 문화전제주의에 대해 장기간의 투쟁을 전개해야 한다. 1997년 이래의 토론 중 또 주목할 만한 특징은 바로 새로운 비평공간의 출현이다. 즉 한국, 일본, 미국과 유럽의 학자 및 지식인, 그리고 타이완, 홍콩의 학자들 모두 중국대륙의 간행물에 직접 글을 발표하고 토론에 참가하였으며, 중국대륙의 학자들 역시 다른 지역의 토론에 참여하였다. 이러한 공간 속에서 중국문제와 관련된 국제적 시각이 점차 그 모습을 드러냈다.

신자유주의는 경제이론을 중심으로 한 광범위한 이데올로기로서, 현재 사회 각 영역에 침투되어 있을 뿐만 아니라, 상당히 강대한 지배역량을 지니고 있다. 따라서 신자유주의/보수주의에 대한 비판은 각각 서로 다른 방면에서 진행되었다. 과거 20년간 중국대륙의 사회사상에 이렇게 복잡한 국면이 출현한 적은 한번도 없었다. 내가 보기에 이러한 현상은 현재 세계의 지배관계 자체의 균열과 위기들을 반영한다. 그리고 바로 이런 이유로, 이러한 비평을 소개하기 전에 몇가지를 설명할 필요가 있다. 우선 이러한 비평이 대상으로 한 논제는 매우 광범위하고 전부 신자유주의를 직접 겨냥한 이론비판은 아니지만, 그것들이 언급하는 사회관계 자체와 신자유주의 사이에는 이러저러한 연관관계가 존재한다. 다음으로 이러한 비평은 통일적이고 일관된 논리가 없고, 그들간에는 중요한 이견과 모순이 존재한다. 그중에는 비판적 자유주의의 요소가 있는가 하면 전통 맑스주의적인 요소도 있고, 국제주의적 요소가 있는가 하면 민족주의적 요소도 있다. 뿐만 아니라 전통 학술과 문화의 요소가 있는가 하면, 포스트모더니즘적 요소 또한 있다. 따라서 우리는 신자유주의에 대한 비판을 통일된 사상운동으로 간주할 수 없다. 그렇지만 1997년 이래의 논쟁은 다음과 같은 몇가지 측면에 집중되어 있다.

첫째, 자유주의 전통과 현재의 문제에 대한 토론. 신자유주의는 자유시장의 이름으로 사회에 계획적인 분할을 가하고, 대규모의 부패와 사회분화를 낳았다. 따라서 일부 지식인은 자유주의이념으로 권력의 시장화과정의 강제성과 허위성을 밝히려고 노력하였다.[54] 현재 중국의 맥락에서 신자유주의는 독단적인 방식으로 각종 비판이론을 배척할 뿐만 아니라, 자유주의 내부의 다른 전통들, 예를 들어 롤즈(J. Rawls), 드워킨(R. Dworkin) 등의 평등주의 경향, 공동체사회주의(communitarianism)와 공화주의 등에 관한 토론에 대해서도 전혀 포용적 태도를 취하지 않았다. 권력의 시장화시대에 사유화라는 이름으로 공공자산을 분할하는 과정에서 명확하게 자유와 평등, 자유와 민주, 개인과 사회를 대립시키고, '민주가 자유를 방해하는 것'을 반대한다는 이론방식과 논조는 의미심장하다.[55] 신자유주의 역시 하이에크(Hayek)의 이론을 자유시장의 합법성에 대한 논증에만 적용할지라도, 그들은 모든 사회전통을 해체하는 급진적 시장계획을 '자유'의 관

---

54) 허 칭롄(何淸漣)『현대화의 함정(現代化的陷阱)』(北京: 今日中國出版社 1998)과 친 후이의 일련의 글들이 이러한 예에 속한다. 이외에 何淸漣「經濟學理論和'屠龍術'」,『讀書』 1997年 第3期;「金融危機挑戰經濟奇迹」,『讀書』1997年 第12期;「'适者生存'與'有閑階級'」,『讀書』1998年 第10期; 卞悟 (秦暉)「拒絶原始積累」,『讀書』1998年 第1期;「有了眞問題才有眞學問」,『讀書』1998年 第6期 등 참조.

55) 보수주의적 자유주의의 토론에 관해서는 劉軍寧「當民主妨礙自由的時候」,『讀書』1993年 第11期;「保守的柏克自由的柏克」,『讀書』1995年 第3期;「毋忘我」,『讀書』1995年 第11期;「善惡: 兩種政治觀與國家能力」,『讀書』1994年 第5期 등 참조. 1990년대 후반, 신권위주의의 주요 해석자 가운데 하나인 샤오 꿍친(蕭功勤)은 공개적으로 그와 현재 중국의 '자유주의자'의 관점은 유사하며, 중국의 최대 위험은 바로 '신좌파'라는 등의 주장을 하였다. 권력의 시장화과정에서, 중국의 특수한 정치적 조건에서 자유에 대한 민주의 '장애'를 논하는 것은 실제로 일종의 중대한 발견이며, 작가는 자연히 누구의 자유, 어느 곳의 민주에 대해서는 묻지 않는다.

념과 동일시하고 하이에크 이론 가운데 역사성에 관한 논의에 대해서는 전혀 관심을 보이지 않았다. 신자유주의의 이론적 특징 가운데 하나는 시장과정과 정치과정의 밀접한 관계를 부정하고 국가해체라는 이름으로 시장화 조건에서 민주문제에 대한 탐색을 포기하였다는 점이다. 바로 이러한 배경에서, 1997년부터 일부 학자들은 자유주의 전통에 대해 다시 정리하고, 자유주의 내부에서 신자유주의의 반민주적 실태를 폭로하려 하였다. 이러한 토론을 통해 널리 또끄빌(Tocqueville), 벌린(Berlin), 아렌트(Arendt), 하이에크, 하버마스(Habermas), 롤즈, 테일러(Taylor) 등 사상가들의 이론과 근대 유럽자유주의 전통 및 현대 자유주의이론을 재해석하였다. 뿐만 아니라 내재적인 곤경을 분석하는 동시에, 서로 다른 측면과 시각에서 자유주의가 내포하는 평등주의적 경향을 회복하여 발전시켰으며, 그 결과 이른바 '자유 좌익'이라 불리는 현상이 출현하였다. 신자유주의가 부르짖는 자유주의는 귀족 자유주의인가 아니면 평민 자유주의인가? 정치적 자유주의인가 아니면 보수적 현대화이론인가? 진정으로 전통을 존중하는가 아니면 모든 사회관계를 파괴하는 시장급진주의인가? 자생적·자발적 질서인가 아니면 사회를 인위적·계획적·강제적으로 계급으로 분화시키는가? 이러한 문제에 대한 탐색은 자유주의 전통 안에서 신자유주의의 합리성을 전복했고, 또 자유주의가 직면한 내재적 곤경과 위기를 폭로하여 자유주의 논의에 새로운 요소들을 끌어들였다.[56]

----

56) 甘陽「反民主的自由主義還是民主的自由主義?」,『二十一世紀』總39期, 4~17면;「柏林與後自由主義」,『讀書』1998年 第4期;「自由主義: 貴族的還是平民的?」,『讀書』1999年 第1期; 汪暉「'文化與公共性'導論」; 錢永祥「我總是活在表層上」,『讀書』1999年 第4期; 1998年; 趙剛「杜威對自由主義的批判與重建」,『學術思想評論』第3輯, 遼寧大學出版社 1998年 3月; 石元康「道德, 法律與社群: 哈特與德弗林的論辯」,『學術思想評論』第4輯, 1998年 11月; 羅永生「經濟學還是自由主義?」,『讀書』1998年 第9期; 万俊人「全球化的號一面」,『讀書』2000年 第1期 등. 하이에크는 1990년대 인기있는 화제였다. 그러나 신자유주의자는 자신들의 급진적 시장주의 주장과 하이에크의 역사성에 대한 태도 사이의 내재적 모순에 대해서는 거의 사고한 적이 없으며, 자신들의 보수주의적 정치태도 및 자유주의시장의 급

둘째, 역사자본주의에 대한 이론적 연구와 역사적 분석. 신자유주의는 시장제도를 '자생적·자발적 질서'로 보고, 자유무역을 시장경제의 자연법칙으로 여기며, 이익의 최대화를 시장시대의 유일한 윤리준칙으로 간주한다. 이러한 이론적 시각은 날로 커지는 빈부격차, 부단히 심각해지는 경제위기, 끊임없는 부패 및 권력의 시장화과정과 첨예한 대비를 이룬다. 중국의 개혁과정에서 이러한 이념은 시장법칙의 형성과 보편적인 민주참여 및 최소한의 평등요구 간의 관계를 고찰하기를 거부하고, 그리하여 권력으로 국유자산을 분할하고 독점으로 초과이윤을 획득하며, 권력과 다국적자본 혹은 국내자본과 연합하여 시장자원을 독점하는 이익집단과 일종의 공모관계에 있다. '신자유주의'는 자각적이든 비자각적이든 독점과 반시장의 경향을 강화시켰다. 그러나 단지 도덕적인 차원에서 '신자유주의'를 비난하는 것은 무기력한 것이며, 이것은 또한 자유주의 경제학자가 과학의 이름으로 이러한 도덕적 비평을 거부한 주요 이유이기도 하다.[57] 이러한 상황에서 도덕비평을 초월하고, 이론·역사·현실의 차원에서 '신자유주의'의 기본적인 이론적 전제에 답하는 것이 절박한 과제가 되었다. 전 단계의 세계관계와 현대성 문제에 대한 반성에 이어서, 1998년부터『뚜슈』『톈야』와 그밖의 간행물들은 연속적으로 역사자본주의에 관한 일부 이론과 역사적 탐구를 발표하여, 이론·역사·현실(특히 금융위기) 등의 분야에서 신자유주의의 시장신화에 대해 매우 강력하게 반격을 가하였다. 이러한 토론에서 폴라니(K. Polanyi), 브로델의 이론과 맑스의 정치경제학은 중요한 사

진적 계획과 하이에크의 '계획'에 대한 비판 사이의 내재적 모순에 대해서도 거의 의식하지 못하고 있는 것 같다. 따라서 '신자유주의'에 대한 비판은 결코 간단히 자유주의이론에 대한 연구를 부정하는 것을 의미하는 것이 아니다. 그와는 반대로, 나는 이러한 이론에 대해 체계적이고 심도있는 연구를 진행하면 할수록 '신자유주의'의 이론상의 취약성이 잘 드러날 수 있다고 생각한다.

57) 樊綱「'不道德'的經濟學」, 『讀書』 1998年 第6期; 張曙光「批評規則, 交往理性和自由精神」(1~2), 『讀書』 1999年 第10期; 2000年 第3期.

상자원을 제공하였다. 비판적 지식인은 정치경제학 또는 경제사의 비판시 각 가운데 역사자본주의의 주요 특징 및 경제위기의 관계를 다시 검토하고, 정치와 경제, 국가와 시장, 자연과 사회, 국가와 사회와 관련된 신자유주의의 이원론을 분석하려 했는데, 이러한 이론적 전제들은 일종의 역사적 허구이자 이데올로기로 드러났다. 이러한 연구는 더욱 현실적이고 직접적으로 신자유주의를 비판하기 위한 일종의 사전 정지(整地)작업이었다.[58]

이상의 토론은 자본주의시장과 권력·폭력·간섭·독점 사이의 내재적 연계를 부각시키고, 정치·경제·문화 사이의 끊임없는 연대관계를 밝혔으며, 시장과 자본주의에 대해 이론적으로 반드시 있어야 할 구분을 지었다. 이것들은 일종의 평등한 공동참여의 시장관계와 민주적 정치구조를 위한 역사적 시각뿐만 아니라, 전통사회주의의 역사적 실천을 반성하기 위한 새로운 가능성을 제공하였다.

셋째, 역사적 자본주의에 대한 분석과 직접 관련이 있는 WTO 및 발전주의와 관련된 토론. 이 토론은 가장 집중적으로 신자유주의와 국가, 이익집단과 다국적 자본 간의 내재적 연관을 폭로했다. 국가와 그 통제하에 있는 언론은 WTO의 협상에 대해서 장기간의 편향적인 선전을 전개하였는데, 미국언론의 관련보도와 호응하는 것이었다. 일부 지식인은 인터넷과 학술간행물을 통해 WTO를 진지하게 연구하였지만, 그러나 WTO에 대한 거의 모든 비판은 공개적인 언론매체에 발표될 수 없었고, 또 진정한 공개적 논쟁도 없었다. 신자유주의는 WTO를 '자유시장' 계획의 위대한 발전으로 간주하고, 이러한 계획이 중국의 민주화를 위한 길을 닦았다고 보았

58) Wallerstein「進退兩難的社會科學」,『讀書』1998年 第2~3期; 許寶强「危中之機」,『讀書』1998年 第4期; Anderson「'奇迹'背後的幽靈」,『讀書』1998年 第8~9期; 汪暉「科學主義與社會理論的幾個問題」,『天涯』1998年 第6期; 盧荻「東亞經驗與歷史資本主義」,『讀書』1998年 第9期; 韓毓海「在'自由主義'姿態的背後」,『天涯』1998年 第5期; 盧荻「重讀孫治方的帝國主義論」,『讀書』1999年 第6期.

다. 그러나 이것은 수억명의 일상생활과 밀접한 관계에 있으면서도 공공
토론을 위한 어떠한 정치적 계획도 없었고, 심지어는 중미협상 후 관련 소
식도 공개되지 않았다.[59] 그러나 몇몇 사람들은 이 문제와 언론의 자유 및
공개토론 문제를 연계시켰다. 그들이 이렇게 한 이유가 무엇일까? 내가 아
는 바에 따르면, WTO협상을 비판하는 대다수 학자들이 모두 원칙적으로
중국이 WTO에 가입하는 것을 반대한 것은 아니었고, 무조건적이고 추상
적으로 세계화를 반대한 것도 아니었다. 그들이 여러 구체적인 분석을 통
해 제기한 것은 크게 두 가지로 요약되었다. 첫째, 중국은 어떠한 조건으
로 WTO에 가입해야 하는가? 둘째, 공개적인 토론, 구체적인 분석 및 WTO
가 대표하는 세계질서에 대한 비판이 존재하는가? 여기서 진정으로 문제
가 되는 것은 바로 민주화에 관해서다. 즉 공개적이고 민주적인 토론이 존
재하는가, 국제규칙을 제정하는 민주적 절차가 존재하는가의 문제이다.
이와 관련하여 우리는 다음과 같이 물어야 한다. WTO규칙의 제정은 공개
적이고 민주적인가? 중국의 WTO 가입여부와 가입방법은 민주적이고 공

---

59) 1999년 11월 16일 중국과 미국은 중국의 WTO 가입협상에 서명했고, 같은 날 『뒤웨이신
문(多維新聞)』은 류 쿼닝의 「중국이 WTO에 가입한 정치적 의의(中國加入WTO的政治意
義)」를 소개하여 중국과 미국의 협의에 대해 지지를 표명하였다. 『파이낸셜 타임즈』
(*Financial Times*)는 킨지(James Kynge)와 수즈먼(Mark Suzman)의 「중미협상 서명 후 중
국의 WTO 가입」(China to Enter WTO after Signing US Deal)이라는 기사를 보도하면서,
중국 학자의 말을 인용하여 이것을 1978년 이후 개방정책의 제2단계라고 불렀다. 다음날
『워싱턴포스트』(*Washington Post*)지는 폼프레트(John Pomfret)와 래리스(Michael Laris)
의 「중국개혁자, WTO협상을 환영하다」(WTO Deal Welcomed by China's Reformers)라
는 기사를 게재하였는데, 본문에서 WTO는 중국의 민주와 법제에 유리하다는 요지의 왕
샨(王山), 리 커(李克), 마오 위스(茅于軾), 쉬 여우위(徐友漁) 등의 WTO 환영담화를 인용
했다. 이러한 유의 의견은 국가와 언론의 목소리와 별 차이가 없고, 미국언론도 환영했다.
최근 12년간 지식계에서 신자유주의 토론이 날로 심화됨에 따라, 일부 자유주의자는 '경
제자유주의'와 '인문자유주의'를 구분하려 시도했다. 그러나 앞에서 말한 예들은 이러한
구분이 성립하기 어렵다는 것을 설명해주고 있다. 왜냐하면 실제로 WTO 같은 문제에서
그들의 명확한 차이점을 발견할 수 없기 때문이다.

동으로 참여하는 원칙을 따라 결정되었는가? 만약 이러한 공개적이고 민주적인 참여가 없었다면, 아무리 세계화와 민주주의의 관계를 떠벌린다고 하더라도, 단지 민주주의의 허울 속에 일련의 전제적 규칙을 합법화하는 것에 지나지 않는다. 영향력이 그다지 크지 않은 몇몇 전문간행물(예를 들어 『국제경제평론國際經濟評論』), 인터넷과 해외신문, 잡지의 글들을 보면, WTO에 대한 이론적 비평과 구체적 연구가 관련문제에 대한 다른 소수의 경제학자와 정치학자의 날카로운 분석으로 신자유주의와 국내·국제질서에 첨예하게 도전하였으며, 급진적 시장주의와 민주 간의 대립관계를 드러냈음이 분명해진다.

넷째, 앞에서 말한 토론은 인문학자와 사회학자의 발전주의에 대한 토론과 서로 호응을 이루었으며, 그들은 공동으로 발전의 환상과 '과도기'의 신화가 어떻게 정치적 자유와 사회민주 문제의 절박성을 은폐하는지 보여주었다.[60] 발전주의에 대한 비평은 발전에 대한 것이 아니라, 발전과 자유 간의 내재적인 연계를 다시 수립하려는 것이며, 이 과정에서 민주주의와 다원성의 중요성을 다시 강조하려는 것이다. 신자유주의는 발전을 협애한 경제성장으로 이해하고, 이러한 성장과 정치적 자유, 사회복지와의 관계에 대해서는 관심을 갖지 않는다. 의도적이든 아니든 경제성장의 정치적 전제조건을 무시한 것이다. 그러므로 발전주의에 관한 토론에서 다루는 것은 단순한 경제성장과 그 모델의 문제가 아니라 정치와 경제의 관계 문

----

60) 崔之元「中國加入世界貿易組織之我見」, 『聯合早報』1999. 7. 4; 溫鐵軍「'三農問題': 世紀末的反思」, 『讀書』1999年 第12期. 『국제경제평론』은 1999년 7~8월호(1999년도 제4기)에 'WTO와 중국'이라는 특집을 싣고, 중국의 WTO 가입의 구체적 조건에 대해 토론을 전개하였다. 그 글들은 다음과 같다. 宋泓「工業優勢, 比較優勢和競爭優勢: 中國加入世界貿易組織的收益與代價」; 孫振遠「加入世界貿易組織的中國農業及對策思考」; 王松奇「加入世界貿易組織會影響中國的金融安全嗎?」; 賀力平「銀行業的競爭主要是非價格競爭: 加入世界貿易組織與完善中國銀行機構的支付服務體系」; 張燕生「中國應如何走進世界貿易組織」; 汪曉亞, 許國平「進入世界貿易組織對中國銀行業的影響」.

제이다. 발전주의는 국가정책의 핵심일 뿐만 아니라, WTO와 IMF 등 국제
조직이 세계를 기획하는 근거이기도 하며, 그것의 이론적 지주는 신자유
주의 혹은 시장급진주의이다. 발전주의는 성공적인 발전모델을 보편적인
것으로 간주함으로써, 이러한 발전모델 자체가 불평등한 중심/주변의 종
속관계에서 이루어졌다는 점을 은폐했고, 따라서 자유선택과 발전의 내재
적 연관을 단절시켜버렸다. 이러한 '자유시장' 계획은 생태위기와 빈부격
차를 만들어냄과 동시에, 또 민족국가 내부와 세계범위에서 각양각색의
식민관계를 수립하고, 민주적으로 사회를 통제하는 것을 거부하였다.[61]
WTO와 관련된 논쟁은 언론의 자유와 공공토론의 필요성을 심각하게 반
영하였다. WTO 및 그밖의 중대한 사회문제의 출현은 언론의 자유를 쟁취
하기 위한 지식인의 투쟁을 새로이 요구하였다. 현재 매우 복잡한 사회적
상황에서, 언론의 자유를 쟁취하는 투쟁은 반드시 더욱 광범위한 민주의
범위 속에 놓여야 하며, 헌법권리와 사회 각 계층의 권리요구와 사회운동
을 밀접하게 연계시켜야 한다. 중요한 사실은 이익집단이 이러한 권리를
독점하고 공공영역이 봉건화하는 것을 막아야 하며, 실질적으로 우리의
사회공간을 확대해야 한다는 것이다.[62]

----

61) 汪暉 「現代性問題答問」, 『天涯』 1999年 第1期; 許寶强 「知識, 權力與 '現代化'發展論述」,
   『讀書』 1999年 第2期; 許寶强 「發展主義的迷思」, 『讀書』 1999年 第7期; 黃平 「關于 '發展主
   義'的筆記」, 『天涯』 2000年 第1期. 1999년 10월 하순, 하이난성(海南省) 작가협회, 난팡(南
   方)항공사 하이난지사 협찬으로 '생태와 문학(生態與文學)' 국제토론회가 하이난성에서
   개최되었는데, 대회기간에 일부 참가자는 환경·생태·발전 등에 대해 좌담을 나누었다.
   『톈야』 2000년 1기에서는 이 좌담회의 기록을 정리한 「남산기요(南山紀要)」를 게재하여
   생태문제에서 출발하여 발전주의에 대해 체계적인 비판을 가하였다. 좌담회 참여자는 황
   핑, 리 퉈, 천 얀꾸(陳燕谷), 따이 진화, 왕 샤오밍, 천 쓰허(陳思和), 난 판(南帆), 왕 홍성,
   껑 쟌춘(耿占春), 한 샤오꿍 등이었다.
62) 공공영역의 확대는 반드시 언론의 자유에 대한 요구로 직접 표현되는 것은 아니고, 대체
   로 각각 중요한 영역에서 적극적인 토론을 전개하고 다양한 사회문제를 다루는 것으로 표
   현된다. 이러한 의미에서 비록 여러 한계가 있기는 하지만, 다년간의 노력을 통해 지식계
   의 토론은 이미 사회문제의 각 분야를 다루었고, 복잡한 조건에서도 일정한 토론공간을 획

156

다섯째, 민족주의에 관한 토론. 이것은 1993년 민족주의와 세계화 문제에 관한 토론의 연속이지만 코소보전쟁과 중국대사관 피폭사건으로 재연되었다. 1999년은 희극적인 해로서, 멀리 중유럽의 유고슬라비아에서 일련의 분열이 발생한 이후 코소보 위기가 다시 폭발하자 미국을 중심으로 한 나토가 유엔을 거치지 않고 인도주의라는 이름으로 무력간섭을 진행하였다. 그 과정에서 5월 8일, 중국대사관 참사가 발생하여 뻬이징과 그밖의 도시의 대학생과 시민들이 항의시위를 벌였고, 아울러 미국 등 나토국가의 대사관에 투석하기도 했다. 1980년대 이래 5·4사건의 계몽전통에 대해 토론하면서 "구국이 계몽을 압도하였다"라는 한탄이 나왔는데, 이것과 거의 유사하게 1999년부터 혹자는 근대중국역사의 양대 병폐를 '민족주의'와 '민중주의'로 귀결시키기도 했다. 그러나 마찬가지로 사회운동의 복잡한 요소와 역사적 원인에 대해서는 어떠한 역사적 분석도 없었다. 이러한 새로운 사태를 두고, 또 중국 민족주의에 관한 국내외의 비판과 고무에 대해 몇몇 지식인은 자신들의 견해를 발표하였다. 우선 나토의 간섭은 인도주의적 간섭인가 아니면 지정학적 이익관계의 체현이거나 슈퍼제국주의의 성전(聖戰)인가? 나토가 전쟁에 사용한 고도의 과학기술 무기, 언론 동원, 이전과는 다른 전쟁목표 등은 일반적인 제국주의와는 다른 것처럼 보이지만, 이 모든 것은 그 슈퍼제국주의의 실상을 은폐할 수 없었고, 아울러 이러한 군사행동과 전통적 제국주의 사이의 이론적·역사적 연관을 감출 수 없었다.[63] 두번째는 민족자결권과 인권문제로서, 1945년부터 1960년

득하였다. 지식계의 토론 중에는 일정한 경향, 즉 사상능력의 결핍을 외재적 조건 탓으로 귀결시키는 경향이 있는데(물론 외재적 조건이 중요하지 않다는 것은 절대 아니다), 내가 보기에 이것은 사실상 책임을 회피하는 방식이다. 언론의 자유와 뉴스에 대한 토론에 대해서는 呂新雨「當代中國的電視紀錄片運動」, 『讀書』 1999年 第5期; 林旭東, 陳虻「'生活空間': 一種記錄/媒體實踐」, 『讀書』 1999年 第5期; 卜衛「V-chip與美國的言論自由」, 『讀書』 1999年 第5期; 王華之「媒體與今日之現實」, 『讀書』 1999年 第8期 참조.

63) 陳燕谷「超帝國主義時代的聖戰」, 『天涯』 1999年 第4期; 樂鋼「解構科索沃」, 『讀書』 1999

대까지 서방국가는 유엔헌장의 민족자결권 조항에 대해 줄곧 냉담한 반응을 보여왔지만, 민족독립과 해방이 세계조류가 되었을 때 서방국가는 방향을 전환하여 자결권 이론에 '대내적 자결권'이라는 새로운 의미를 부여하고 민족자결권 이론과 민주선거권을 연계하였다. 1990년 초, 슬로베니아와 크로아티아는 투표를 통한 공동결정 등의 방식으로 독립을 선포하였다. 크로아티아가 독립한 이후 사실상의 '인종청소'(강제적인 인구이동)가 벌어졌지만, 독일의 공동결정 승인의 영향을 받아 다른 서방국가들도 이어서 그들의 지위를 인정하였다. 따라서 다민족이 섞여 있는 지역에서 공동결정 형식으로 '대내자결'을 실행하는 것은 논리상 자연스럽게 인종청소를 야기시켰다. 이러한 의미에서 민주선거는 단지 기존의 정치체제 내부의 일들을 결정할 수 있을 뿐, 정치체제를 결정하는 외부(주변부)에서는 사용할 수 없었다. 유고슬라비아의 해체는 내부정치구조 및 관계(1974년 헌법은 각 공화국에 연방정책에 대한 부결권을 부여하였다)의 변화와 관련있을 뿐만 아니라, 해당 국가가 IMF의 긴축경제의 '충격요법'을 받아들인 것과도 관련이 있다. 후자의 정책은 대량실업과 경제쇠퇴를 불러일으켰고, 따라서 분리주의 경향을 심화했다. 유고슬라비아의 채무변제능력을 보장하기 위해 IMF는 '구조개혁방안' 기간에 경제권력의 고도 집중을 요구하였고, 이것은 유고슬라비아가 코소보의 자치구 지위를 취소하는 직접적인 원인 가운데 하나가 되었다. 유고슬라비아의 위기는 단지 민족주의의 범주 안에서만 분석을 진행할 수 없고, 반드시 그 나라의 국제정치·경제관계 속에서 고찰해야 한다. 무차별 폭격식의 '인도주의적 원조'와 인권에 대한 요구의 취약한 관계는 이 과정에서 완전히 무시되었다.[64]

코소보전쟁이 일으킨 항의운동은 각양각색의 민족주의와 뒤섞여 있는

年 第11期; 張汝倫「哈貝馬斯和帝國主義」, 『讀書』 1999年 第9期; 王希「民主的非民主化」, 『讀書』 1999年 第10期 등.
64) 崔之元「民族自決權, 人權與主權」, 『讀書』 1999年 第8期.

데, 이러한 항의운동이 지배적인 정치역량이 예정한 방향으로 흐르지 않기 위해서는 사회운동과 국가-종족중심주의를 이론과 실천적인 차원에서 구별할 필요가 있다. 따라서 우리는 다음과 같이 질문하지 않을 수 없다. 국가언론과 서구언론의 단편적인 보도에서, 패권에 대한 항의와 국가의 민족주의식 동원에 대한 비판을 구분할 이론적 필요성이 있는가? 폭격사건에 대해 국가언론이 진행한 광범위한 보도는 오히려 유고슬라비아의 국내 정치위기, 심각한 민족충돌과 복잡한 사회결과를 은폐했다. 정부는 사회여론을 이용하여 미국 및 서방국가와 흥정을 벌였지만 항의운동이 만연될 기미가 보이자 즉시 조직하고 제한하고 권고하는 방법을 선택하였다. 이와 동시에 서구언론은 폭격의 진상과 전쟁이 야기한 더 큰 규모의 '인도주의 재난'을 은폐하고, 오히려 폭력에 대한 일반민중의 항의를 광신적인 배외주의와 민족주의로 묘사하였다. 따라서 항의운동에 대해서는 반드시 이론적으로 패권과 폭력에 대한 항의와 배외주의의 차이점을 설명해야 하고, 반드시 중국 민주화운동에서 민중의 정치적 참여와 사회운동의 의의를 설명해야 한다. 이론적으로 폭력에 대한 항의와 민족주의를 구분해야 비로소 사회운동의 다중적인 가능성에 대해 적극적인 지지와 비판을 할 수 있다. 사회운동을 이상화하거나 낭만적으로 그려서는 안되고, 반드시 각종 사회사상 혹은 사회운동이 발생할 수 있었던 조건을 분석해야 한다. 이것이 이론적·실천적으로 사회운동에 대해 판단을 내릴 수 있는 기본적인 근거이다. 이러한 의미에서, 사회발전과정에 대한 민중의 참여 요구와 패권에 대한 항의를 '민중주의' '민족주의' 또는 '급진주의'로 간주하고 제도개혁에서 배척하는 관점은, 겉보기에는 국가의 민족주의와 상호대립을 선전하는 것처럼 보이지만 기본논리는 같다. 이러한 서로 다른 두 가지 정치경향은 서로 다른 방향에서 사회운동의 내부에서 잉태되고 있던 민주화의 잠재력과 평등에 대한 요구를 와해시켜버렸다. 일종의 역사현상으로서 민족주의를 논한다면, 단순히 그것을 일종의 사조로서만 간주할 수 없고 반드시 지배적인 세계관계로서 분석해야 한다. 세계화의 이름으로 세계를 석권하는 그런 역량이 바로 가장 큰 민족주의이다. 따라서 어떻게 서로 다른 민족주의를 구별하고, 어떻게 민족주의의 역사조건을 분석하며, 또 어떻게 세계화의 조건으로 국제주의의 역사전통을 재구성할 것인가가 절박한 이론적 과제가 되었다.[65]

민족주의에 관한 토론 중 성별문제와 여성주의에 관한 토론은 독특한 시각을 제공해주었다. 이 논의는 현재의 이론 시각으로 시장사회계획의 강제성과 잠재적인 폭력성을 파헤치는데, 신자유주의적 세계질서가 빈부의 거대한 분화를 창출하였을 뿐만 아니라 성별간의 차별을 다시 더욱 심화했으며 각종 거대담론을 통해 이러한 관계를 합법화했음을 보여준다.[66] 바로 이러한 배경에서 1999년 『뚜슈』는 여성주의에 관한 토론을 실었는데, 인도·파키스탄·유고슬라비아 및 만청시대 성별과 민족주의의 관계를 주제로 현재의 문제를 급진적 민족주의의 구도 속에 귀속시키는 이론적 시도와 사회적 반응을 날카롭게 비판한 글들이었다(이것은 또한 중국 국내에서 가장 먼저 제기된 유고슬라비아 민족충돌 내막에 관한 토론이었다). 이 토론에서는 중국의 성별문제에 대한 직접적인 분석이 이루어지지 않았고, 또 '민족주의'의 다양한 역사적 조건과 각종 다른 함의를 분석할 겨를이 없었다. 그러나 성별문제에 관한 토론은 결코 없어서는 안될 비판적 시각을 제공하여, 중국의 격변과 흥분 속에서 자신이 새로운 지배와 폭

----

65) 韓少功「國境的這邊和那邊」,『天涯』1999年 第6期; 汪暉「自序」,『死火重溫』, 北京: 人民文學出版社 2000.

66) 혁명에 대한 해체와 이단에 대한 비판과정은 종종 성별문제에서 지식인의 '정치적 무의식'을 드러낸다. 즉 다음과 같은 수사는 결코 개별적인 현상이 아니다. "여성은 종종 (…) 병적인 광분을 수반한다." "이 시대는 여성에게 아부하는 시대이며, 여성의 구미에 따라 설계되는 시대이고, 남성의 머리모양부터 자동차의 모형에 이르기까지 심지어는 혁명사조차도 모두 도깨비불에 식은땀 나는 아첨의 언사를 포함하고 있다." 이러한 유의 문장은 의식적으로 여성을 멸시하는 것은 아니지만, 수사 자체가 드러내는 문제는 아마도 더욱 심각하다 할 수 있다. 朱學勤「平靜的壞心情」,『天涯』1996年 第3期.

160

력 속으로 빠져든 것은 아닌지 되돌아보도록 했다. 내가 보기에, 민족주의에 관한 중국 지식인사회의 토론은 총체적으로 적극적인 대화관계를 이루었으며, 그것은 슈퍼제국주의와 세계화의 문제, 민족주의와 국제주의의 문제, 민족자결권과 신자유주의적 세계기획 문제, 성별과 여성주의 문제를 하나로 종합하여 민족주의를 이해하는 다중적 시각을 형성하였고, 패권과 극단적 민족주의의 이원론에서 벗어나기 위한 사상적 자원을 제공하였다.[67]

여섯째, 아시아문제와 중국혁명에 관한 토론. 이 문제는 근대와 현대 중국의 역사를 이해하는 시각을 제공해주었을 뿐만 아니라, 1980년대 출현한 근대화 역사관과 서구중심의 세계관을 현저히 넘어섰다. 1996년부터 2000년까지, 『뚜슈』는 아시아문제에 관해 중국, 일본과 한국에서 온 여러 학자와 지식인의 토론을 발표하였고, 동시에 이와 관련해 타이완과 홍콩에 대한 토론과 대화를 진행하였다. 이 토론은 1997년 금융위기가 폭발한 이후 새로운 함의를 획득하였다. 즉 전세계자본주의 압력에 대항하여 더욱 긴밀한 지역관계를 형성하려는 탐색과 밀접하게 연관되었다. 세계화와 서방을 향한 중국의 개방과정에서 아시아문제의 제기는 비록 함축적이기는 하지만 오히려 지식과 관심의 변화와 조정을 가져왔다.[68] 나는 아시아문제에 관한 토론 중 가장 주목할 것은 아시아문화에 관한 것이 아니라, 전

----

67) 『뚜슈』는 1999년 3기에서 '여성주의와 민족주의' 특집을 게재하였다. 劉健芝「恐懼, 暴力, 國家, 女人」; 戴錦華「見證與見證人」; 陳順馨「强暴, 戰爭與民族主義」; 孫歌「理想家的黃昏」등. 이외에 관련 논문으로는 夏曉虹「從父母專婚到父母主婚」, 『讀書』1999年 第1期.
68) 아시아문제와 관련한 토론은 1996년 쑨 꺼(孫歌)가 『뚜슈』에 발표한 일본 학자의 일련의 학술문집 『아시아로부터의 사고(在亞洲思考)』에 대한 비평에서 시작되었다. 더 체계적이고 심도있는 토론은 다음을 참조. 孫歌「亞洲意味着什麽」, 『學術思想評論』, 第5輯, 沈陽: 遼寧大學出版社 1999; 백영서「世紀之交再思東亞」, 『讀書』1999年 第8期; 小島潔「思考的前提」, 『讀書』2000年 第3期; 溝口雄三「'戰爭與革命'之于日本人」, 『讀書』2000年 第3期, 최원식「第三種答案」, 『天涯』1999年 第3期; 曠新年「在亞洲的天空下思考」, 『天涯』1999年 第3期.

쟁·식민지·혁명·민족주의 등에 대한 논쟁이라고 생각한다. 일종의 지식의 대상으로서, 내재적 연관을 지닌 정체적 관념으로서 아시아는 식민·전쟁·침략·혁명·교류의 산물이며, 이러한 문제에 대한 모든 토론은 앞에서 말한 역사적 조건과 분리될 수 없고, 또 이것을 관찰하는 서로 다른 시각과 그 사이에서 벌어지는 대화와도 밀접한 관계가 있다. 이 토론은 아시아, 특히 동아시아지역의 미래발전에 역사적 시각을 제공하였다. 일본 학자의 전쟁책임에 대한 반성은 또다른 방향에서 현대화이론과는 다른 관점에서 중국현대사와 현대혁명을 이해해야 할 필요성을 제기하였다. 그들은 이러한 과정을 아시아와 세계의 구체적 역사관계 속에 놓고 이 과정의 발생조건과 역사적 함의를 탐구하였다.

중국의 상황에서 아시아, 전세계화와 중국혁명의 문제제기는 아마도 일종의 역사적 순환인 것 같지만, 그것은 이미 일종의 비판적 발전이지 절대 혁명적 세계관의 되풀이가 아니다. 어떻게 중국혁명과 사회주의 유산(遺産)을 새롭게 이해하며, 어떻게 이러한 유산의 성취와 비극을 이해할 것인지에 대해 당대 중국지식계가 절박하게 답해야 하지만 아직 답하지 못하고 있다. 중대한 과제이다. 왜냐하면 이것은 신자유주의 이데올로기의 합법성이 바로 이러한 유산에 대한 철저한 부정과 도덕적 비난의 기초 위에 서 있기 때문이다. 1970년대 말부터 1990년대까지 중국 지식인사회는 사회주의역사에 대해 장기간의 반성과 정리를 진행하면서 각종 비극을 재검토하였다. 당대 중국의 혁명에 대한 반성 중 기본 추세 가운데 하나는 혁명의 결과(즉 새로운 불평등과 사회독재)에 대한 비판으로 혁명의 역사조건에 대한 분석을 대신하는 것이다. 여기에서 근본적인 문제는 어떻게 이 혁명의 역사적인 비극성을 변호할까 하는 것이 아니라, 어떻게 이 비극을 이해하고, 이 비극과 식민주의, 자본주의시장 확장과 중국사회의 역사조건의 연관성을 이해할 것인가 하는 것이다. 사회혁명이든 아니면 민족혁명이든 자기평등에 대한 요구를 실현하는 과정에서 정도의 차이는 있지만 불평등한 관계를 새로운 제도 속으로 끌어들였다. 따라서 혹자는 과거 반세기 동안의 역사교훈을 평등문제로 귀결시킴으로써, 당대 현실주의 불평등조건에 합법성을 부여하였다. 그러나 그들은 마오 쩌뚱 스스로도 인정했던 3대차별을 어떻게 대했는가? 공업화 또는 현대화의 국가목표를 위해 도농간의 차별을 제도화하였는데 이것이 평등인가? 문혁의 시작을 전후하여 사람들은 관료제와 새로운 사회등급제 문제에 관심을 가졌으며 사회동원의 부분적인 동력 또한 이로부터 나왔는데, 그러한 사회현실이 사회평등인가? 위 뤄커(遇羅克)가 비판한 혈통론은 문혁의 유산 가운데 하나이며 그것이 빚은 비극은 모두가 함께 목도하는 바인데, 그렇다면 혈통론은 사회평등의 요구인가 아니면 등급제의 이데올로기인가? 중국의 사회주의는 심각한 교훈을 남겼지만, 이러한 교훈은 그것이 평등을 실현했기 때문이 아니라, 그것의 평등목표가 진정으로 실현되지 않았기 때문에 얻은 것이다. 바꿔 말하면, 비판의 대상은 사회주의운동이 평등 면에서 이룬 성취가 아니라, 그것이 그 과정에서 창조해낸 새로운 등급제와 신분제이며, 아울러 평등에 대한 요구와 다른 요구 사이의 복잡한 관계이다. 혁명의 발생조건을 분석하는 것이 혁명을 호소하는 것은 결코 아니며, 사회평등에 대한 요구와 혁명에 대한 요구도 결코 같은 것이 아니다. 이러한 의미에서 핵심적인 문제는 혁명이 발생할 수 있었던 구체적인 조건을 연구하여 민주적이고 평등한, 따라서 자유로운 사회의 가능성과 그 역사적 조건을 탐색하는 것이다. 이것은 단지 평등의 가치와 사회적 실천을 부정하는 것이 아니라, 오히려 왜 평등을 목적으로 한 사회운동 자체도 새로운 등급제를 만들어냈는가, 그 역사적 기제는 무엇인가 하는 것이다. 오직 식민주의시대 이래 중국과 세계가 경험한 잔혹한 역사경험을 이해해야만, 중국 사회주의운동이 일찍이 지녔던 그 해방적 역할을 이해해야만, 사회주의 경험과 교훈을 단순히 냉전이데올로기로 간주하지 않아야만, 우리는 바로 이러한 운동의 실패에 대해 남의 재앙을 보고 기뻐하는 심정을 지니지 않게 될 것이다. 또 한편으로는 사회주의역사를 비난하면서 다른 한편으로는 식민주의시대의 전쟁·도살·인종청소·폭행을 쉽게 망각하지 않을 것이고, 더욱이 중국 사회주의역사와 이러한 과정의 관계를 진지하게 관찰하게 될 것이다.

　문집『꺼진 불 다시 살아나(死火重溫)』의 서문에서 나는 일찍이 신자유주의 논쟁과 관련된 초점을 사회평등과 사회공정의 문제로 요약한 바 있는데, 이는 국내의 평등뿐만 아니라 국제적 평등, 경제관계의 평등과 그밖의 사회관계(성별관계, 민족관계, 정치관계, 도농관계, 자연과 인간의 관계 등)의 평등을 포함한다. 이것이 바로 여성주의·민족주의·후식민주의·아시아문제·생태문제·발전문제와 관련된 각종 토론을 모두 '신자유주의'에 대한 광범한 비판으로 간주할 수 있는 이유이다. 바로 이러한 관찰에 기초하여 나는 비판적 지성을 단순히 경제학 또는 정치학의 토론에 국한시키지 않고, 광범위하고 내부 차이가 크며, 토론 범위 또한 완전히 일치하지 않는 비판적 사상운동이라고 본다. 비판적 사상집단의 공통 특징은 경제와 정치의 관계를 드러내고, 지식인집단의 습관화된 사상방식 및 관념과 이러한 불평등한 발전과정의 내재적인 관계를 드러내기 위해 노력하는 데 있다. 그리고 민주적 정치요구를 경제와 그밖의 사회영역까지 확대하고, 더욱더 공평하고 민주적이며 인도적인 변혁의 길을 모색하는 데 있다. 평등과 공정은 여기서 이론상의 선험적 전제가 아니라, 국가와 일부 이익집단이 신봉하는 신자유주의 이론과 정책에 대한 비판이다. 이론과 실천의 차원에서 보면, 현재 중국의 좌와 우의 근본적인 차이는 민주문제에 대한 이해와 밀접하게 연관되어 있다. 비판적 지식인은 시장과 시민사회의 운동은 지금까지의 특정한 정치구조를 떠나서 생각할 수 없으며 사회변혁의 임무는 일종의 민주참여의 기제를 창조하는 것이라고 강조한다. 반면 신우익은 이론적으로 시장과 시민사회의 자기운동을 강조하고, 이러한 두 영역의 비정치성을 강조하여 자유에 대한 요구를 민주에 대한 요구의 상위에 놓는다. 내가 보기에 문제의 핵심은 정치적 자유에 실질적인 내용을 부여하는 데 있는 것이지, 정치적 자유의 기본 요구를 포기하는 데 있는 것이 아니다. 자유로써 민주를 반대하고, 개인의 권리로써 평등을 비판하는 현재 상황을 간단하게 자유주의이론 문제에 대한 연구로 간주할 수 없다. 그것은 한창 진행중인 불평등한 시장확장과정(소수가 자유롭게 그리고 합법적으로 사회재산을 착취하는 과정)과 연관되어 있다. 이러한 과정은 정치적인가 아니면 비정치적인가? 만약 정치자유를 단순히 독립적인 과정으로 간주하거나 정치개혁은 단순히 경제개혁의 성과를 보장하기 위한 것이라 여기고, 정치와 경제의 관계에 관심을 갖지 않고, 정치·경제영역의 새로운 발전과 다른 사회영역의 관계를 고려하지 않는다면, 이것은 실제로 경제와 그밖의 사회방면은 정치를 초월한 영역이며 단지 '자생적 시장질서'를 부여하여 스스로 조절하도록 하는 것과 마찬가지다. 이러한 시각으로는 1980년대 이후의 수많은 이론과 실천 문제에 대해 논의할 수 없다.

1989년 이후 급진주의에 관한 반성에서부터 1997년 이후 '신자유주의'에 관한 논쟁에 이르기까지, 중국대륙 지식인사회의 현실에 대한 이해는 분명히 심화되어왔다. 그러나 1989년 이후 지식인의 사고는 급진적 사회운동에 대한 반성에서 시작하였고, 또 이러한 반성이 몇몇 상황에서는 보수주의적이고 신자유주의적인 전제를 공유하고 있어, 사회운동과 제도개혁의 상호추동 관계는 이론적으로 충분한 관심을 받지 못했다. 노동자, 농민, 여성과 그밖의 사회집단의 이익문제는 각종 논쟁과정에서 점차 부상하였지만, 이러한 사회집단의 자기보호운동 및 그것과 제도개혁의 관계에 대해서는 이론적으로 이렇다 할 설명이 없었다. 1978년 이래의 개혁운동은 일정정도 사회분업의 전문화과정이며, 사회계층의 새로운 재분화과정이다. 개혁시대의 수혜계층으로서 지식인은 점차 국가, 교육기구, 과학연구기구, 상업활동, 하이테크 부문, 언론 등의 업종과 외재적으로 완전히 결합되었으며, 이 계층과 노동자·농민계급의 역사적 연계는 완전히 단절되었다. 그것은 사상 및 언론의 자유와 결사의 자유 등 헌법권리의 실현 요구를 그밖의 사회계층의 생존을 유지하고 권리를 발전시키기 위한 요구와 밀접하게 연계시키지 못하고 있다. 사회보호운동에 관심이 있는 비판적 지식인일지라도 이론 실천, 제도개혁과 사회운동 간의 상호작용을 일으키기 위한 효과적인 방식을 발견하지 못하고 있다. 나는 바로 이러한 점 때문에 제도 및 이론을 새롭게 창출하고, 광범위한 참여를 바탕으로 한 경제와 정치구조를 건립하려는 사고는 여전히 추상적인 단계에 머물러 있는 반면, 사회모순은 이미 상당히 첨예해졌다고 생각한다. 내가 여기서 이 점을 지적하는 것은 이론적 작업의 중요성을 부정하는 것이 절대 아니며, 또 무조건적으로 사회운동을 지지하는 것도 아니다(1989년의 경험에서 알 수 있듯이 운동 자체는 매우 복잡한 요소와 경향을 포함하고 있다). 그와는 정반대로 바로 사회운동과 제도개혁의 관계를 이론화할 수 없기 때문에, 우리는 아직도 이론과 실천 사이의 내재적 관계를 연결할 수 있는 진정한 계기를 찾지 못했고 사회변천과 사회운동에 대해 역사적으로 이해하지 못했으며, 민주발전과정을 통해 사회분화와 해체를 피할 수 있는 진정한 방법도 찾지 못하고 있다고 생각한다.[69]

---

69) 사회모순과 위기로 사람들은 실제적인 사회문제에 관심을 갖게 되었고, 이론가들도 더욱 직접적으로 사회적이고 사상적인 논쟁에 참여하게 되었다. 그런데 이러한 과정과 언론의 상업화경향이 서로 합작하게 되면 이론작업 자체에 대한 배척을 낳기 쉽다. 그러나 사회문제가 절박해질수록 넓은 시각과 범위에서 이론적 탐색을 진행하고, 역사와 현실에 대한 시야를 다시 수립하는 것이 필요하다. 이론적 차원에서 진지한 대화나 연구가 없다면, 현실을 심도있게 파악하는 것도 불가능하다. 학자에게 사상의 자유라는 명제는 반드시 이러한 이론작업 자체의 엄밀함과 신중함 속에서 실현되어야 한다. 이러한 의미에서 이론작업에 대한 그럴듯한 비판을 거부하고, 문제의 현실성을 문제삼아 이론 창조를 부정하는 태도를 거부해야 한다.

- 3 -
대안적 세계화와 현대성 문제

중국의 상황에서 신자유주의에 대한 비판은 현대성 문제에 대한 반성을 통해서 점차 전개되었다. 현대성은 광범위하고 복잡하며 다소 함축적인 개념이다. 그렇다면 왜 이런 추상적인 이론을 반성하는 것에서 출발하는가? 이 문제를 이해하기 위해서 나는 다음의 몇가지를 고려할 필요가 있다고 생각한다.

첫째, 1980년대 중국 사회주의에 대한 반성은 전통/현대의 이원론 속에서 진행되었고, 따라서 사회주의 문제에 대한 비판은 사회주의 개혁과 그것이 모범으로 신봉하는 서구 현대성모델에 대한 반성으로 이어지지 못했다. 반대로 사회주의에 대한 비판은 포스트냉전시대의 자기확인으로 변질되어버렸다. 현대성을 반성하는 시각에서 사회주의와 그 위기는 현대성의 위기의 한 부분으로 이해되고 현재의 발전과정은 반성과 비판의 대상이 된다. 따라서 바로 현대성 문제의 시야에서, 사회주의와 현재 위기 간의 밀접한 연계는 비로소 그 모습을 드러낼 수 있다. 중국 사회주의운동은 일종의 저항운동이자 건국운동과 산업화과정을 통해 전개된 현대화운동으로서, 그것의 역사적 경험과 교훈은 모두 현대화과정 자체와 밀접히 연계되어 있다. 이 운동의 평등과 자유에 대한 추구가 어떻게 제도적인 불평등과 등급제로 떨어질 수 있었는지를 검토하려면 현대화과정(건국운동과 산업화)을 재검토하지 않을 수 없다. 비록 우리가 이 운동을 부정하는 것을 현대화역사('신시기')의 출발점으로 삼을지라도, 어떤 의미에서 우리는 여전히 동일한 역사발전 과정 속에 있는 것이다. 따라서 우리는 한편으로는 사회주의 역사를 비판하고 거부하면서, 다른 한편으로는 오히려 이 비판과 거부를 현대화 진행과정에 대한 자기확인으로 간주할 수는 없다.

둘째, 1980년대부터 6·4사건에 이르기까지, 중국 지식인집단의 사회문제에 대한 분석은 중국/서구의 이원론 속에서 전개되었다. 그리하여 중국 문제에 대한 비판은 식민주의역사와 계몽운동이 제공한 지식과 진리에 대한 반성으로 이어지지 못했고, 반대로 중국 전통에 대한 비판은 서구 현대성모델과 현대역사에 대한 자기확인으로 변해버렸다. 현대성을 반성하는 시각에서 보자면, 중국 현대의 문제는 현대성 위기의 일부분으로 이해해야 한다. 또한 유럽자본주의 및 그것의 전세계적 확대의 역사는 중국을 평가하는 자명한 준칙이 될 수 없을 뿐 아니라, 반드시 반성과 비평의 대상이 되어야 한다. 따라서 현대성 문제의 시각에서만, 중국 문제와 역사적 자본주의 사이의 밀접한 연계가 비로소 제 모습을 드러낼 수 있으며, 중국의 역사적 유산과 현대경험 및 현재적 의미 역시 비로소 존중받고 이해될 수 있다. 따라서 현대성에 대한 반성은 하나의 비판적인 과정인 동시에, 역사적 의의와 새로운 가능성을 다시 발굴하는 과정이기도 하다.

셋째, 현대성에 대한 반성은 현대경험에 대한 부정이 아니다. 반대로 그것은 해방운동으로서, 역사목적론과 역사결정론적 사고방식에서의 해방운동이자, 각양각색의 물신만능주의로부터의 해방운동이며, 중국과 그밖의 사회의 역사경험을 이론적 창조와 제도적 창조의 원천으로 삼는 노력이다. 지식의 측면에서 보면, 현대성에 대한 반성은 우선 각종 다양한 이론모델에 대한 반성이고, 아울러 실질적 역사과정을 역사이해의 대상으로 삼을 것을 요구한다. 예를 들어 19세기 이래 고전경제학자는 자본과 시장의 운동을 연구하기 위해 수많은 이론적 개념과 모델을 설정하고 그것으로 가격체계, 자유무역과 이익의 최대화 등 원칙을 논증하였다. 장기적인 역사과정에서 이러한 이론은 식민주의에 이론적 근거를 제공하였을 뿐만 아니라, 그밖의 지역의 현대화운동에 표준적인 모델을 제공하였다. 그러나 이러한 개념이 제공한 것은 완전히 체계적인 이론적·목적론적 서술이지 진실한 역사관계가 아니었다. 즉 이른바 시장주의논리가 은폐한 것은 바로 반시장적 역사관계였다. 바로 이러한 의미에서 신자유주의에 대한 비판은 일종의 역사비판이자 실질적 역사과정에서 출발하여 현대화 서술을 비판하는 과정이다.

넷째, 현대성 문제의 제기는 현대화이론에 대한 일종의 비판, 현대화모델에 대한 비교적 복잡한 사고, 만청 이래 중국사회와 중국지식인의 각종 노력에 대한 일종의 반성적 태도(절대 단순한 부정적 태도가 아니다)를 의미한다. 만약 이러한 이론적 시각이 없다면, 당대 중국 지식인사회는 곧 발전주의, 민족주의 등의 문제에 대해서 이론적으로 더욱 심도있는 분석을 진행할 수 없을 것이다. 예를 들어 발전주의에 대한 비판은 중국과 전 세계 범위에서 이러한 발전주의 논리가 내포하는 강권, 폭력과 반민주의 실상을 드러내고, 아울러 생태계, 환경, 발전과 인간의 자유에 대한 사고를 현재의 조건에서 더욱 폭넓은 민주화 연구와 연계시켰다. 발전문제는 고립된 경제문제나 사회문제가 아니라, 반드시 구체적인 사회와 전세계 범위에서 동시에 전개되는 문제이다. 그렇기 때문에 현대성에 대한 반성은 당연히 일종의 세계주의적 시각과 내재적인 관계가 있으며, 절대로 민족국가의 총체론적 구도 속에 제한될 수 없다. 이러한 넓은 시야에서 민족주의·민족자결권·민주화·시장관계·발전·개인권리·문화다원성에 대한 사고는 반드시 일종의 광범한 네트워크와 역사적 맥락에 놓여질 때 비로소 충분히 드러날 수 있으며, 어떤 한 측면에 대한 사고는 다른 한 측면에 대한 사고와 연결될 수 있다. 나는 현재 여건에서 이러한 폭넓은 시각이 없다면, 문제의 복잡성과 상관성을 드러낼 수 없고, 자기도 모르게 또다른 중심주의로 흐를 수 있다고 생각한다.

현대성 문제는 여기서 토론의 출발점일 뿐이었으며, 그것은 장차 더욱 다양하고 구체적인 토론으로 전개될 것이다. 내가 바라는 것은 형식주의 이론을 초월하여 실질적 역사관계를 전개하고, 이론과 실천의 간극을 초월하는 것이며 각종의 편견을 뛰어넘는 것이다. 그러나 현실문제의 토론은 결국 좀더 이론적이고 총체적인 반성으로 돌아가지 않을 수 없다. 왜냐하면 현재 문제의 핵심은 국부적인 것이 아니라 현대사회의 내재적 논리 속에 뿌리깊게 박혀 있는 것이어서, 만약 이러한 차원에서 사고하고 반성하지 않는다면, 반항적 사회운동과 비판사상은 곧 반항대상의 논리 속으로 다시 빠져들 수 있기 때문이다. 역사에 대한 나의 태도가 그러하듯이, 이론이나 반성, 심지어 교류 자체에 대해서 나는 복고적이거나 낭만적인 태도를 품어본 적이 없다. 역사·경험·지식은 우리가 부단히 자기를 초월할 수 있게 하는 원천이지만, 동시에 우리가 넘기 어려운 한계이기도 하다. 이것이 바로 우리의 자유이자 자유의 한계이다.

아시아 상상의 계보

새로운 아시아를 상상하기 위하여

- 1 -
'새로운 아시아 상상'의 배경조건

신자유주의적 전지구화 개념은 '반테러' 전쟁 속에서 새롭게 출현한 '신제국(新帝國)' 개념과 서로 호응하면서, 당대 세계변동의 배후에 은폐되어 있는 지배력을 적나라하게 드러내었다. 즉 전자는 신자유주의의 시장주의원칙 —— 사유재산권과 관계된 법률체계, 경제영역으로부터의 국가의 퇴출, 초국적(超國的) 생산, 무역 및 금융체제 등 —— 으로 각종의 상이한 사회적 전통을 철저히 개조하고, 후자는 이 신자유주의적 전지구화 과정이 유발한 폭력과 위기, 사회 해체를 이유로 군사적·정치적 신제국을 다시 구축한다. 신제국 구상의 핵심은 세계적 범위 내에서 작용가능한 통제메커니즘과 폭력기능으로서, 그것은 국가 또는 슈퍼국가의 정치적·군사적 조직과 분리될 수 없으며, 따라서 신자유주의적 전지구화 개념과는 일정정도 구분된다. 즉 시장주의의 전지구화는 경제범주로써 모든 정치적 간섭의 합법성을 없애고, 하나 또는 몇개의 권력중심의 신질서에 의존하는 것을 회피하였다. 그러나 '제국' 개념은 초민족국가적 시장일체화 그리고 그 질서에 대한 요구를 이유로 전지구화 과정과 민족국가 또는 민족국가연합을 중심으로 하는 초국적 정치권력 및 군사권력과의 내재적 연계를 명확히 제기하였다. 하지만 표면적으로 서로 구별되는 이 두 가지 개념으로 군사연맹, 경제협력조직, 국제적 정치기구를 함께 연결시켜 정치·경제·문화·군사 등 각 층위를 포괄하는 총체적 질서를 구축하였다. 우리는 이를 '신자유주의적 제국 또는 제국주의'라고 간단히 부를 수 있을 것이다.

'제국' 구상은 신자유주의 시장담론의 보충형식으로, 19, 20세기의 국제적 노동분업이 민족국가체제의 정치적·군사적 구조를 요구하였던 것과 마찬가지로 '전지구적 시장일체화' 역시 이러한 구조의 지지와 떼어놓을 수 없음을 여실히 보여준다. 여기서 유일한 차이는 이것이다. 즉 19세기의 주류는 '민족국가'로써 '제국'에 반대하는 것이었으나, 오늘날의 경향은 이 논리가 전도되어 '제국'으로써 '민족국가'에 반대하는 것이다. 『워싱턴 포스트』(*The Washington Post*)지의 칼럼니스트 쎄바스찬 맬러비(Sebastian Mallaby)는 자신의 나라 미국에 이렇게 건의하였다.

우리는 세계은행(IBRD), 국제통화기금(IMF)과 동일한 관리체계로서 '국가건설'에 전문적으로 종사하는 새로운 국제단체를 설립할 수 있다. 그 단체는 UN안보리처럼 갖가지 귀찮은 제한(예컨대 소련과 중국의 부결권)을 받을 필요도 없고, UN총회의 일국일표(一國一票)체제에 시달릴 필요도 없다. 새로운 국제재건기금은 경제협력개발기구(OECD)의 부국(富國), 그리고 현재 국제통화기금이 자금을 제공하는 국가들의 찬조로 성립할 수 있다. 그 단체에 '국가건설'의 경험과 역량을 집중시키고, 미국이 주도하는 위원회의 동의하에 수시로 행동을 취할 수 있게 하여 구걸하든가 아니면 압력을 행사하든가 하는 현재의 임시방편적 방식을 대체할 수 있다. 그 단체의 탄생은 결코 제국주의의 부활을 의미하는 것이 아니며, 오히려 제국시대 이후에 남겨진 안전의 틈새를 막을 수 있을 것이다. 마치 제1차 세계대전 후 오토만제국이 끝났을 때 실시한

국제연맹의 신탁통치체제처럼 말이다.[1]

이 '신제국' 구상은 전지구적 질서를 유지하는 메커니즘으로, 민족해방운동과 식민지해방운동의 기본성과, 즉 제3세계국가가 형식상 평등한 주권 단위로 국제교류에 참여하는 기본권리 및 그 가능성의 제도적 조건을 동요시켰다(만약 없앤 것이 아니라면). 그러나 '제국'으로써 '국가'를 초월하는 이러한 입장의 배후에 있는 국가의 그림자를 의심하는 이는 없다.

영국수상 블레어의 외교정책고문 로버트 쿠퍼(Robert Cooper)도 『업저버』(The Observer)지에 비슷한 논지의 글 「어째서 우리는 여전히 제국들을 필요로 하는가」를 발표하였다. 쿠퍼의 '신제국'은 현재 세계의 국가유형의 삼분법의 기초 위에 수립되었다. 첫째 유형은 소말리아와 아프가니스탄 등 옛 식민지국가가 구성하는 '전근대국가'(pre-modern state) 또는 '실패한 국가'로서, 그 국가들의 혼란과 무질서는 각종 비국가세력으로 하여금 그들과 비슷한 처지의 다른 국가들의 안전을 위협하게 한다. 둘째 유형은 유럽의 옛식민국가들이 구성하는 '탈근대국가'(post-modern state)로 그 대표자는 바로 EU 혹은 NATO이며, 그것들은 민족국가간의 세력균형관계를 초월하여 투명성, 상호의존성을 원칙으로 다원적 사회공동체를 형성하였다. 셋째 유형은 중국, 인도와 파키스탄 등의 국가가 구성하는 '전통적 근대국가'이다. 쿠퍼가 분류한 '탈근대국가'의 전형적인 두 가지 유형은 '협력제국'(cooperative empire)으로서의 EU와 '자발적인 전지구적 경제제국주의'인 국제통화기금 및 세계은행으로서, 이 두 조직은 모두 완전한 법률 및 법규의 협조로 운영되지만, 전통제국처럼 그렇게 하나의 중심화된 권력에 의존하지는 않는다. 쿠퍼의 '협력제국' 구상 및 '이웃들의 제국주의'(the imperialism of neighbours) 개념은 발칸전쟁과 아프간전쟁

---

1) Mallaby, Sebastian, "Reluctant Imperialist," *Foreign Affairs*, March-April 2002.

의 그림자 속에서 제기된 것으로 '인도주의적 간섭' 개념과 새로운 형태의 제국주의 개념을 결합하여 '인도주의'를 제국의 이론적 전제로 삼는 계기가 되었다.[2] 유럽국가가 내외관계에서 이중적인 원칙을 고수하기 때문에, 즉 대내적으로는 주권원칙을 초월하고 대외적으로는 '신제국주의'를 표방하기 때문에, 이른바 '제국'은 일종의 범식민주의 모델이라고 부를 수 있다. 스미스(Anthony D. Smith)는 일찍이 민족주의를 논한 저작에서 이런 '범민족주의'를 논한 적이 있다. 즉 "범민족주의는 한편으로 더 큰 초국가적·초민족적 이익을 위해 현존의 민족국가를 버려야 한다고 한 것 같다. 또 한편으로는 민족국가를 그보다 더욱 광범위한 '피보호'국가라는 범주와 연계시킴으로써, 또 문화적 차이를 가진 이웃나라와 적들에 반대함으로써 민족국가의 문화적 윤곽을 명확히하고 역사적 정체성을 강화함으로써 그것을 더욱 공고히하였다. (…) 범민족주의는 정치논의로서 어느정도 작용했고, 또 지역적 영향도 갖고 있었다. 그러나 정치 혹은 경제관계 면에서는 거의 아무것도 돌파하지 못했다. (…) 범민족주의의 작용은 민족국가를 정상화하여 합법화하는 것이었다."[3]

개념의 뇌동(雷同) 때문에, 쿠퍼의 제국 개념과 맬러비의 제국 개념의 중요한 차이는 오히려 무시되었다. 이 두 제국 개념에는 서로 일치하는 면이 있다. 그것은 전지구적 경제일체화를 긍정적 전제로 여기고, 전지구화 과정의 불균형적 발전을 부정적 전제로 보며, 주권 범주를 초월하는 간섭원칙을 기본특징으로 한다는 것이다. 간섭의 주체에 대해 말하자면, 두 제국 개념은 모두 진정으로 민족국가의 논리를 벗어나지 못했다. 그러나 양자의 차이 역시 현저하다. 즉 쿠퍼의 '제국' 범주는 EU를 전범으로 한 것

2) Cooper, Robert, "Why we still need empires"; "The new liberal imperialism." *The Observer*, Sunday April 7, 2002 참조.

3) Smith, Anthony, D., 『全球化時代的民族與民族主義』(*Nations and Nationalism in a Global Era*), 北京: 中央編輯出版社 2002, 143~44면.

이고, 맬러비의 '제국'은 바로 미국이니, 그 개념들의 차이는 두 방면에서 표현된다. ① 유럽 국가간의 관계는 법률·규칙·상호의존·간섭을 기초로 한 것으로 무기사찰·국제법정 등 초국가적 원칙을 받아들이지만, 미국의 일방주의는 어떠한 국가도 자국의 무기와 군사계획을 사찰하는 것을 거부한다. ② 유럽은 내외의 절대적 한계를 철폐하였으나, EU와 외부세계 간의 엄격한 경계는 남겨두었고, 따라서 EU는 유일한 제국이 아니다(쿠퍼는 제목에서 제국을 empire가 아니라 empires로 썼다). 그러나 이 구성과 대비되는 것으로, 미국은 시장일체화의 세계가 다극(多極)의 제국을 필요로 한다는 사실을 인정하지 않으며, 유럽식의 '협력제국'은 미국이라는 유일한 '제국'보다 훨씬 덜 효과적이라고 여긴다.

하나의 제국은 결코 반드시 계획에 의거해 탄생하는 것이 아니다. 최초의 아메리카 식민지는 영국의 종교분쟁이 뜻하지 않게 낳은 부산물이다. 인도 통치여부에 대한 영국 정계의 태도는 결코 강고하지 않았다. 그러나 경제적 이익이 여전히 영국을 밀고 나갔다. 오늘날의 미국은 더욱 부득이하게 그렇게 될 수밖에 없는 제국이다. 하나의 새로운 제국주의시대가 이미 도래하였다. 미국의 강대한 역량은 자신에게 부득불 영도적 역할을 맡길 것을 강요한다. 문제는 미국이 유럽제국이 남긴 공백을 메우느냐의 여부가 아니라 미국 스스로가 이렇게 하고 있음을 인정하느냐의 여부이다. 워싱턴이 이 점을 인정하기만 하면, 미국은 이후 행동상의 일치를 보증할 수 있을 것이다.[4]

신자유주의적 시장에 대한 서사(敍事)와 마찬가지로 "결코 반드시 계획에 의거해 탄생하지 않았고" "뜻하지 않게 탄생한" 제국서사는 새로운 질서를 자연적 전개의 산물로 간주하지, EU처럼 그렇게 일종의 정치적 기획

----

4) Mallaby, 같은 글.

혹은 협상이성(協商理性)의 성과로 간주하지 않는다. 대영제국이 시장무역의 자연적 산물인 것과 마찬가지로, 미국은 신자유주의 세계질서 속에서 "부득이하게 그렇게 된" 유일한 수호신이다. 다시 말해 미국은 유일한, 외부를 가지지 않은 보편적 질서이며, 따라서 외부가 없는 메커니즘(예컨대 세계은행, 국제통화기금, UN 및 그밖의 국제적 조직으로서 하나의 국가 혹은 국가연합이 아닌 것)들이라야만 비로소 미국이 대신하거나 받아들일 수 있는 메커니즘이다. 제국의 일방주의는 곧 전지구적 세계일체화주의[普世主義]이다.

상이한 제국 구상은 전지구적 질서의 구상이라는 면에서 미국과 유럽의 충돌을 반영한 것이다. 하버마스는 「유럽은 하나의 헌법을 필요로 하는가: 오직 하나의 정치공동체로서만 유럽대륙은 비로소 심각한 위기에 직면한 문화생활양식을 방어할 수 있다」라는 글에서 유럽의 사회모델과 현대적 성과를 이유로 각 민족국가를 하나의 통일된 정치공동체로 조직할 필요성을 논증하였다. 정치공동체로서의 유럽은 여기서 하나의 정치계획이며, 그것은 시장 혹은 다원적 일체화의 신자유주의 기초 위에 세워진 유럽 개념에 대한 거부인 동시에 또한 미국 주도의 전지구적 질서에 대한 저항이다. 하버마스는 프랑스총리 조스뺑이 2001년 5월 28일 독일의회에서 행한 연설을 끌어와 논증한다.

얼마전까지 EU의 노력은 모두 화폐연합과 경제연합에 집중되어 있었다. (⋯) 그러나 오늘날 필요한 것은 더욱 넓어진 시야이다. 만약 그렇지 않으면 유럽은 곧 하나의 단순한 시장으로 탈바꿈할 것이며, 전지구화 속에서 여지없이 패배할 것이다. 왜냐하면 유럽은 결코 단순한 하나의 시장이 아니라, 역사 속에서 발전하고 자라난 사회모델이기 때문이다.

이 말을 인용한 후에 그는 이렇게 평하였다. "우리 같은 이런 중소 민족국가들이, 설마 현재 세계에서 지배적 지위를 점하고 있는 세계경제의 강권(强權)이 우리에게 강요하는 사회모델에 맞서 자신의 행동역량에 의거해 그와 반대로 행동하고 그에 동화되지 않을 수 있겠는가?" 이런 의미에서 유럽 구상은 더욱 세력이 강해진 패권에 맞서는 보호적 계획이다. 복지와 안전, 민주와 자유를 보호하는 유럽의 생활방식을 둘러싸고, 하버마스는 '후민족민주(後民族民主)'의 유럽을 수립하기 위한 세 가지 주요임무를 제기하였다. 즉 하나의 유럽 공민사회(公民社會)를 형성하고, 유럽 범위 내의 정치적 공공영역을 수립하고, EU의 모든 공민이 참여할 수 있는 정치문화를 창조하는 것이다. 그는 유럽이 전민(全民)의 공적 결정을 통해 통일헌법을 제정하고 "당초 민주국가와 민족을 촉진시켰던 순환논리를 다시 스스로에게 운용할 것"[5]을 건의하였다. 이 세 가지 주요임무에 의해 형성된 유럽은 마치 하나의 슈퍼국가 혹은 제국과도 같아서, 한편으로 그 내부에는 각자 특색과 모종의 자주성을 가진 사회를 포함하고 있지만 또 한편으로는 정부의 직능을 행사할 수 있는 통일된 상설기구, 통일된 의회와 법률을 가지고 있으며 아울러 역사적으로 형성된 공민정치문화와 사회체제의 지지와 보장도 획득하였다. 만약 우리가 복지국가와 민주헌정체제를 계승한 유럽을 하나의 '슈퍼국가' 또는 '제국'으로 본다면, 이 슈퍼국가, 즉 제국은 맬러비의 '신제국'과 결코 동일하지 않다. 다시 말해 전자는 유럽 민족국가의 정치적·문화적 확장이자 연속으로서 명확한 내외경계와 주권을 가지고 있지만, 후자는 오히려 외부가 없는 유일한, 반전통적인 시장주의와 정치적·군사적 패권을 기본논리로 하는 세계질서이다.

'제국' '제국주의'와 '식민주의'라는 개념의 부활은 매우 자연스럽게도 전세계 좌파지식인들과 제3세계국가의 정치적 비판 및 도덕적 질책을 가져왔다. 그러나 신제국 또는 신제국주의는 19세기의 제국, 제국주의와는 상이한 사회적 기초와 정치적 형식을 가지고 있다. 이것은 19세기의 식민

----

5) Habermas 「歐洲是否一部憲法: 只有作爲一個共同體歐洲大陸才能捍衛面臨重重危險的文化生活方式」, 曹衛東 譯, 『讀書』 2002年 第5期, 83~90면.

주의와 마찬가지로 하나의 구호 또는 정치적 계획일 뿐 아니라 더욱 오래된 역사진행과정의 산물이기도 하다. 그러므로 실질적인 문제는 이 개념들을 거부하는 것이라기보다는 차라리 이 제국체제를 벗어날 수 있는 방안을 찾아내는 것이라고 하는 편이 나을 것이다. '제국'이 이미 신시대의 절대적 운명이라고 생각하는 관점은 반드시 가장 먼저 거부되어야 한다. 하버마스적인 의미에서, 유럽통일과정은 유럽사회가 신자유주의적 전세계화를 거부하는 정치적 계획이다(우리는 물론 내외의 이중적 기준 역시 이 계획의 유기적 부분임을 잊어서는 안된다). 싸미르 아민(Samir Amin) 같은 제3세계 지식인의 시각에서 보면 초국가적 지역연합 역시 슈퍼제국이 정치·경제·문화·과학기술·군사·자연자원을 독점하는 것에 맞설 수 있는 정치적 방안이다. 이 두 상이한 구상은 모두 민족국가의 한계와 곤경에 대한 반성에서 나왔다. 이런 의미에서 좌파지식인이 쿠퍼의 제국주의 논조 및 그와 관련된 정치적·군사적 실천에 분노하면서 배척할 때, 유럽국가가 추진중인 역사적 실천을 포함한 지역적 실천을 간단히 배척해서는 안되며, 이 실천을 참고하여 아시아사회와 제3세계가 '신자유주의 제국질서'에 대응하는 방안을 만들어야 한다.

새로운 형태의 '제국질서'가 부상함에 따라 아시아지역에는 이중적 과정이 용솟음치고 있다. 하나는 미국을 중심으로 각 민족국가 권력을 새로운 형태의 권력네트워크 안에 강력하게 흡수하는 과정으로, 예컨대 아프간전쟁중에 아시아 각 국가들이 각자의 경제적·정치적 이익에 따라 미국 중심의 전쟁동맹에 참여한 경우이다. 다른 하나는 1997년 경제위기 이후 강화된 아시아 지역협력의 발걸음이다. 우리는 조금도 힘들이지 않고 다음 사례를 들 수 있다. 즉 2001년 2월, 아시아를 기반으로 하는 지역포럼인 뽀아오(博鰲)포럼이 중국 하이난따오(海南島)에서 열렸다. 6월에는 중국·러시아·카자흐스탄·키르기스스탄·타지키스탄·우즈베키스탄이 '샹하이협력기구'(약칭 샹하이6국上海六國)를 성립하였다. 9·11테러 이후, 즉

2001년 11월에 중국은 아세안(ASEAN)과 합의에 이르렀는데 10년 내에 자유무역합의서에 서명하기로 결정하였고, 일본의 언론매체에서는 이런 논평을 발표하였다. "만약 아시아지역의 통일이 가속화된다면, (…) 일본과 중국의 거리감은 지역통일과정에서 자연히 해소될 것이고, 마지막으로 미국을 배제하는 첫 동아시아지역 협상의 경우에는 '아세안과 한중일(韓中日)정상회의'를 기초로 중국과 일본이 '아시아판의 프랑스-독일 화해'를 실현할 가능성이 있다."[6] 동맹과 한중일정상회의를 중심으로 하는 통일과정은 개방적인 지역계획으로서, 하버마스적 의미에서의 유럽통일계획보다는 북미자유무역협정(NAFTA)의 아시아판을 생각나게 한다. 한편 이 일대에는 그 자체가 '신제국' 주도하의 전지구적 시장관계의 산물인 강렬한 시장주의 지향의 지역주의가 있다. 즉 지역연합의 구상은 경제적 전지구화라는 새로운 요구에 적응하기 위한 것으로, 민족국가와 비교할 때 더욱 넓은 범위에서 자본·정보·금융·노동력 등의 영역에 대해 고도로 유동적인 제어와 조절 기능을 가지고 있다. 다른 한편, 지역주의는 지역 자주성의 수립을 통해 전지구적 패권에 항거하려는 의도를 포함하고 있다. 이 자세는 환영-거부의 관계, 즉 저항하면서도 끌어안는 관계라고 정리할 수 있다. 즉 환영-거부의 주체는 지역적 형태로 출현하는 국가와 국가연합이며, 대상은 곧 '신제국' 주도하의 시장관계이다.

구체적 이유야 어찌됐든간에 각자가 관심을 가진 문제가 서로 다르더라도, 아시아담론과 관련한 토론이 많은 국가와 지역의 지식인과 정치가들 사이에서 전개되어왔다. 그러나 아시아는 정치제도, 경제체제, 문화적 전통에서 유럽과는 확연히 다른 대륙이며, 또한 내부적으로는 고도로 분화된 지역이기도 하다. 비록 아시아 내부에 '역사적 세계'(중국·인도·이슬람 등)가 존재하긴 하지만, 아시아를 하나의 총체적인 '지역'으로 보기

---

6) 西挾文昭「從中國的二十世紀戰略看日美中俄關係」,『世界週報』2002年 12月, 第一期.

는 매우 어렵다. 만약 아시아가 하나의 '시장'일 뿐 아니라 더욱 광범위하고 오래된, 고유의 역사성을 가진 사회공동체라면 아시아의 역사적 기초와 현실적 조건은 어디에 있는 것일까? 유효한 답안을 찾고 싶다면 다음의 문제들을 자세히 살펴봐야 할 것이다. 첫째, 19세기 이래 상이한 형식의 아시아주의는 결국 상이한 형식의 민족주의와 밀접히 관계되어 있다. 신자유주의 전지구화에 대한 저항이라는 맥락에서도, 아시아 상상(想像)은 민족국가 상상의 일부분이기 마련이다. 예컨대 일본이나 한국에서는 민족국가를 초월하는 동아시아 구상 자체가 민족국가 주권 재건의 한가지 형식이 된다. 그렇다면 민족국가는 아시아 구상에서 어떤 위치를 차지하는가? 둘째, 근대민족주의의 물결 속에서 아시아 구상은 두 가지 확연히 상반되는 방향을 가지고 있었다. 바로 일본의 '대동아공영권'을 중심으로 하는 식민주의 아시아관과 아시아 민족해방운동과 사회주의운동을 중심으로 하는 사회혁명적 아시아관이다. 사회주의운동이 붕괴되고 아시아 상상을 재구성하는 전지구적 맥락에서 우리는 아시아 사회주의의 유산을 어떻게 처리하고 대해야 할 것인가? 셋째, 아시아 범주가 자본주의와 식민주의가 전통적 관계를 재구성한 결과라면 식민과 냉전의 부정적 결과라는 새로운 아시아 상상을 어떻게 대하고 처리해야 할 것인가? (여기에는 한반도와 타이완해협의 분할이라는 국면도 포함되고, 아시아 각국이 미국과의 관계에 의거하여 확립한 상호관계도 포함된다.) 넷째, 앞의 문제와 밀접한 관계가 있는 것으로 아시아 상상은 해양과 대륙 관계의 역사적 변화와 연계되어 있다. 즉 조공·전쟁·이주·무역 및 종교적 왕래를 막론하고, 전통적 지역 관계는 아시아대륙의 남과 북, 동과 서의 상호작용을 발판으로 삼는다. 19세기 유럽자본주의는 주로 해양교통로를 이용하여 확장되었고, 해군기술, 항해능력, 바다로 나아가는 항구, 연해 상공업중심지 및 해양무역 네트워크의 중요성을 부각시켜 내륙관계를 해양관계에 종속시켰고, 대륙내부 연계의 중요성을 깎아내렸다. 그리하여 논리적인 하나의 문제가 생겨난다.

즉 새로운 아시아담론은 대륙과 해양의 관계를 어떻게 처리할 것인가? (중국의 맥락에서 이 문제는 연해지역과 서북·서남·중원 등 내륙지역과의 불평등관계에 직접 연계되어 있다.) 다섯째, 만약 아시아 구상이 민족국가를 초월하는 사회공동체에 대한 상상이라면, 이는 또한 일종의 역사적 되돌림, 즉 일종의 초민족국가 상상을 이용하여 민족국가를 중심으로 하는 19세기의 초(超)제국 또는 반(反)제국 상상을 대체하는 것이다. 그렇다면 아시아 범주 내에서 전(前)민족국가의 정치·경제·문화(일반적으로 '제국' 또는 '조공관계' 등의 개념으로 표현한다)와 후민족국가의 정치·경제·문화('제국' 범주를 운용하는 현상이 다시 출현하였다) 사이의 관계를 어떻게 이해하고 처리할 것인가? 이 모든 물음은 하나의 기본문제를 가리키고 있다. 즉 아시아에는 결코 유럽 같은 그런 상대적으로 통일된 정치문화와 상대적으로 평등한 경제발전 수준이 존재하지 않는데, 이런 조건에서 우리는 어떻게 '아시아'를 상상할 것인가?

아래의 분석은 아시아 지식인이 전개하고 있는 아시아 문제와 관련한 토론에 대한 하나의 대답이다. 여기서 펼쳐보이는 것은 아시아에 대한 구상이나 계획이라기보다는 이 구상과 계획의 역사적 맥락과 실천의 난제에 대한 분석이라고 하는 편이 나을 것이다. 이 글의 목적은 아시아 범주와 근대역사 사이의 상호작용 관계에 대한 연구를 통해 아시아 문제와 관련된 약간의 분석방향을 정리하고, 이러한 여러가지 역사적 문제에 대답함으로써 새로운 아시아 상상에 하나의 단서를 제공하는 것이다. 19세기 이래 일본, 한국 등 동아시아국가는 풍부한 아시아담론을 생산하였으나, 중국은 이 방면에서 오히려 극히 결핍되어 있으며, 따라서 또한 중국의 자기 인식의 단편성에도 큰 영향을 미쳤다(예컨대 언제나 중국–서구의 대비관계에서 전개되는 중국담론 등). 이 글은 중국과 관련된 범위 내에 집중되어 있는데, 나 자신의 제한된 지식 때문이기도 하지만 아시아라는 시야에서 중국과 그 문제에 대한 역사적 인식을 돌이켜 세워보려는 목적도 가지고 있다. 나는 새로운 아시아 시각은 각자의 사회에 대한 새로운 자기인식 속에 뿌리내려야 한다고 본다.

– 2 –
민주혁명의 논리와 '대아시아주의'

후꾸자와 유끼찌(福澤諭吉)가 『탈아론(脫亞論)』을 발표한 지 27년 후, 즉 중국에서는 신해혁명이 발발하고 중화민국 임시정부가 성립된 지 얼마 되지 않아서, 레닌은 「중국의 민주주의와 인민주의(Narodism)」(1912) 「아 시아의 각성」「낙후된 유럽과 선진적 아시아」(1913) 등의 글을 잇따라 발표 하였다. 그는 "중국의 정치생활이 비등하기 시작하여 사회운동과 민주주 의의 높은 파도가 세차게 치고 있다"[7]고 환호하면서 "기술이 매우 발달하 고 문화가 풍부하며 헌법이 완비된 선진문명의 유럽"이 자산계급의 영도 하에 "모든 낙후하고 망해가는 중세적인 것들을 지탱한다"[8]고 비판하였 다. 레닌의 판단은 그의 제국주의와 무산계급혁명이론의 한 구성부분으로 서, 자본주의가 제국주의단계에 들어섬에 따라 세계 각지의 피압박민족의 사회투쟁은 세계 무산계급혁명의 범주 속에서 조직될 것이라는 관점이다. 유럽혁명과 아시아혁명을 서로 연계해서 관찰하는 방식은 맑스가 1853년 『뉴욕 데일리트리뷴』(*The New York Daily Tribune*)에 기고한 「중국혁명과 유럽혁명」으로 거슬러올라갈 수 있다. 레닌과 후꾸자와 유끼찌의 상반된 결론은 하나의 기본적인 공통인식에서 나왔다. 즉 아시아의 근대는 곧 유 럽 근대의 산물이며, 아시아의 지위와 운명이 어떠하든간에 아시아의 근 대적 의의는 단지 선진적인 유럽과의 관계 속에서만 드러난다는 것이다. 예컨대 레닌은 러시아를 아시아국가로 간주하였으나, 이런 위치설정은 지

---

7) Lenin 「亞洲的覺醒」, 『列寧選集』 第2卷, 人民出版社 1973, 447면.
8) Lenin 「落後的歐洲和先進的亞洲」, 같은 책 449면.

리학의 시각에서가 아니라 자본주의 발전의 정도라는 측면에서, 러시아 역사발전의 과정이라는 측면에서 경계를 정한 것이다. 레닌은 「중국의 민주주의와 인민주의」에서 이렇게 말했다. "러시아는 여러 면에서 의심의 여지 없이 아시아국가이며, 게다가 가장 야만적이고 가장 중세적이며 가장 낙후하고 부끄러운 아시아국가다."[9] 비록 중국혁명에 대해 레닌이 열렬한 공감을 표했지만, 문제가 아시아혁명에서 러시아사회의 내부변혁으로 옮겨질 때 그의 입장은 '서구파'였다. 19세기부터 20세기까지의 러시아 지식인들은 러시아정신을 동양과 서양, 아시아와 유럽이라는 두 세력의 격투와 충돌로 보았다. 앞의 인용문에서 아시아는 야만·중세·낙후 등의 개념과 연계된 범주이지만, 바로 이 점 때문에 러시아혁명 자체는 분명한 아시아적 성격(즉 이 혁명은 러시아라는 '아시아국가' 특유의 '야만적' '중세적' 그리고 '낙후되어 부끄러운' 사회적 관계를 마주하고 있다)을 지니는 동시에 전지구적 의의를 가지고 있다.

1917년 10월혁명은 유럽전쟁을 직접적 배경으로 하여 탄생하였고, 아울러 중국혁명에도 깊은 영향을 주었다. 그러나 사람들은 다음의 두 가지 사실에는 별로 주의를 기울이지 않는다. 첫째, 10월혁명은 신해혁명 이후에 발생하였고, 이로부터 시작된, 일국에서 사회주의를 건설한다는 방식은 아시아혁명(중국의 신해혁명)에 대한 커다란 반응으로 볼 수 있다. 레닌의 민족자결권에 관한 이론과 제국주의시대 낙후한 국가의 혁명 의의에 대한 해석은 모두 1911년 신해혁명 이후에 나온 것이며, 아울러 중국혁명에 대한 그의 분석과 이론적 연계가 있다. 둘째, 러시아혁명은 유럽에 거대한 진동과 지속적인 영향을 주었는데, 그것은 러시아와 유럽을 분할한 역사적 사건으로 간주할 수 있다. 혁명에 대한 레닌의 판단은 스미스나 헤겔의 아시아에 대한 묘사와 근본적인 차이가 없다. 즉, 그들은 모두 자본주의의

----

9) Lenin 「中國的民主主義和民粹主義」, 같은 책 423면.

역사를 오래된 동양으로부터 현대유럽으로 전환하는 역사진행과정, 농경·수렵으로부터 상업과 공업의 생산양식으로 전환하는 필연적 발전으로 표현하였다. 그러나 레닌에게 이 세계사의 틀은 이중적 의의를 포함하기 시작하였다. 즉 한편으로 세계자본주의와 그로부터 격발된 1905년의 러시아운동은 장기간 완전히 정체되고 역사가 없는 국가인 아시아를 소리쳐 깨우는 기본동력이었으며,[10] 또 한편으로 중국혁명은 세계역사 속에서 가장 선진적인 역량을 대표하며, 따라서 사회주의자들에게 제국주의 세계체제를 돌파하는 명확한 출구를 드러내주었다. 러시아 지식인과 혁명가들 사이에서 발생한 슬라브파와 서구파의 지속적인 논쟁은 아시아담론 배후에 숨겨진 이러한 이중적 역사동력을 하나의 특수한 측면에서 설명해준다.[11]

세계사라는 수사(修辭) 속에서 아시아가 갖는 이런 특수한 지위는 아시아 근대혁명의 임무와 방향에 대한 사회주의자의 이해를 결정지었다. 중국혁명가가 자본주의를 초월하는 민주주의와 사회주의강령을 제기한 것에 대해, 레닌은 이 강령이 심각한 공상적 특징을 지니고 있다고 평하였는데, 그것은 차라리 인민주의라는 것이었다. 그가 보기에 "아시아에서 아직 역사적으로 진보적인 사업에 종사할 수 있는 자산계급의 주요 대표 혹은 주요 지주(支柱)는 농민이다." 따라서 반드시 먼저 유럽 자산계급의 혁명임무를 완성한 이후에야 사회주의 문제를 말할 수 있는 것이다. 그는 역사변증법을 능란하게 운용하여, 한편으로는 쑨 중산(孫中山)의 토지혁명강령이 '반혁명적 강령'이라고 단언하였는데, 이는 역사적 단계와 배치되거

----

10) Lenin「亞洲的覺性」, 같은 책 447~48면.

11) 러시아 지식인들의 유럽관과 아시아관은 분명히 유럽의 근대정치 발전과 계몽운동 역사관의 영향을 받았다. 레닌의 용어에서 아시아라는 전제주의 개념과 밀접히 관련된 이 개념은 근대유럽의 역사관과 정치관에서 발전해나온 것이다. 슬라브주의와 서구주의의 논쟁에 관해서는 니꼴라이 베르댜에프(Nikolai Berdyaev)『러시아사상(俄羅斯思想)』, 雷永生·邱守娟 譯, 北京: 三聯書店 1995, 第1·2章, 1~31면, 32~70면 참조.

나 그것을 초월하기 때문이었다. 또 한편으로는 중국사회의 '아시아적' 성격 때문에 '반혁명적 강령'이 마침 자본주의의 임무를 완성하였다고 지적하였다. 즉 "인민주의는 농업 속의 '자본주의'를 반대하기 위해 결국에는 농업 속의 자본주의를 가장 신속하게 발전시키는 토지강령을 실행하였다."[12] 아시아에 대한 이해가 혁명의 임무와 방향에 대한 그들의 이해를 부분적으로 결정한 것은 분명한 사실이다. 레닌의 아시아관의 전제는 무엇인가? 이는 곧 헤겔적 세계사관의 아시아에 대한 특수한 규정(중세적·야만적·몰역사적 아시아)이며, 거기에 자본주의와 혁명의 논리를 더한 것이다. 헤겔과 혁명의 아시아 개념은 고대(봉건)·중세기(자본주의)·현대(무산계급혁명 또는 사회주의)의 역사발전 패러다임을 포함하였고, 그것은 자본주의시대가 그밖의 지역의 역사를 이해하는 데에 시간 및 단계론을 지닌 틀을 제공하였다.

유럽자본주의의 확장에 따라 새로운 정치적 요구와 저항세력이 나왔는데, 식민주의와 사회혁명이 바로 이 과정의 두 가지 역사적 표현이다. 앞에서 설명한 두 가지 아시아관은 서로 다른 측면에서 아시아 개념과 자본주의 사이의 역사적 연계를 제기하였고, 이로 인해 자본주의 문제를 초월하여 아시아 문제를 논할 가능성은 없다. 주목할 만한 사실은 식민주의와 사회혁명은 둘다 현대세계의 확연히 상반된 초국가주의 또는 국제주의적 동력이지만, 양자 모두 민족국가체제를 확장하기 위한 전제였다는 것이다. 이는 물론 사회혁명운동과 식민주의의 중요하고 심각한 차이와 대립을 배제하는 것이 아니라 이 두 상이한 방향의 사회운동이 모두 자본주의 발전의 제약을 받았고 따라서 민족국가의 정치형식을 탈피하는 것이 불가능하였음을 말하는 것이다. 어째서 국제주의와 사회주의를 목표로 한 혁명은 똑같이 민족국가라는 역사적 형식으로 나아갔는가? 레닌은 이렇게

---

12) Lenin「中國的民主主義和民粹主義」, 같은 책 428~29면.

말하였다. "민족국가는 자본주의의 통과의례이자 '일반적 상태'이며, 민족적으로 복잡한 국가는 낙후한 상태 혹은 예외적 상황이다. (…) 이는 물론 이런 국가가 자산계급 기초 위에서 민족말살과 민족압박을 배제할 수 있다는 것이 아니다. 이는 단지 맑스주의자는 민족국가 지향을 수립하는 강대한 경제적 요소를 무시할 수 없다는 것일 뿐이다. 다시 말해서 역사적·경제적 관점에서 맑스주의자의 강령에서 말하는 '민족자결'은 정치적 자결, 즉 국가의 독립과 민족국가의 수립 외에 무슨 다른 의미를 가질 수 없음을 말하는 것이다." 그러므로 레닌이 '아시아의 각성'을 논하면서 관심을 가진 것은 사회주의의 문제가 아니라 어떻게 해야 자본주의 발전을 위한 정치적 전제, 즉 민족국가체제를 창조할 수 있는가 하는 문제였다. 여기에서 '민족국가'와 '민족상황이 복잡한 국가'(즉 '제국')는 서로 의미가 다르다. 즉 전자는 자본주의의 '일반적 상태'이며, 후자는 오히려 민족국가의 대립축을 구성하였다. 민족자결은 '정치적 자결'이며, 이 개념은 민족자결이 간단히 정체성(正體性)의 정치로 방향을 바꾸는 것이 아니라 정치적 의미에서 자결을 실행하고, 자본주의경제를 발전시킬 정치적 조건, 즉 정치민족 혹은 민족국가라는 정치구조를 형성하는 것을 의미한다. "자본주의는 아시아를 각성시켰고, 도처에서 모두 민족운동을 불러일으켰으며, 이들 운동의 추세는 곧 아시아에서 민족국가를 수립할 것이며, 또 오직 이러한 국가만이 자본주의가 발전할 수 있는 가장 좋은 조건을 갖추도록 보증할 수 있다."[13] 여기에서 민족주의와 자본주의의 내재적 연계를 명확히 지적

---

13) 오늘날 우익과 좌익 지식인들은 이를 혁명가의 좁은 소견이라고 간주하는 경향이 있으며, 더이상 민족국가가 현대자본주의 발전의 가장 좋은 조건이라는 사실을 인정하지 않는데, 아시아 또는 유럽과 관련한 토론에서 이런 기대가 표현될 것이다. 레닌은 아시아 문제는 민족국가와 밀접히 연계되어 있다고 보았다. 그는 아시아에서 "단지 일본이라는 독립적 민족국가만이 상품생산을 크게 발전시켰고, 가장 자유롭고 광범위하고 신속하게 자본주의 발전의 조건을 조성하였다. 일본은 자산계급국가이며, 그러한 이유로 이미 그밖의 민족을 압박하고 식민지를 부렸다"고 말했다(Lenin 「論民族自決權」, 같은 책 511~12면).

하였다. 즉 혁명도 아시아의 특수한 문명도 아닌 자본주의의 발전이 민족운동을 요구하고 있다는 것이다.

레닌의 이러한 논의는 우리들이 중국 근대민족주의와 아시아 문제의 관계를 이해하는 데에 기본적인 단서를 제공하였다. 1924년 쑨 중샨은 일본 코오베(神戶)에서 「대아시아주의」라는 제목의 유명한 강연을 하였는데,[14] 그는 여기서 아시아란 개념을 두 가지로 모호하게 구분하였다. 하나는 '완전한 독립이 없는 국가'이자 '가장 오래된 문화의 발상지'로서의 아시아이고, 다른 하나는 곧 부흥할 아시아이다. 만약 전자의 아시아 개념이 레닌이 말한 민족적으로 복잡한 국가상황과 내재적 연계를 가진다면, 아시아 부흥의 기점 또는 부흥하는 아시아는 무엇인가? 쑨 중샨은 이 기점은 곧 일본이라고 말했는데, 일본은 30년전 일단의 불평등조약을 폐지하고 아시아 최초의 독립국가가 되었다. 바꿔 말하면, 이 기점은 일본이라고 하는 것보다 민족국가라고 말하는 편이 나을 것이다. 쑨 중샨은 러일전쟁의 발발과 일본의 승리에 환호하였다. "일본인이 러시아인과의 전쟁에서 승리한 것은 아시아민족이 최근 수백년간 최초로 유럽인과의 전쟁에서 승리한 것이다. (…) 아시아의 모든 민족은 곧 놀라 기뻐하면서 큰 희망을 품었다." 이는 무슨 희망인가? 답은 이렇다. 즉 "아시아 전민족은 유럽을 쳐부수고자 독립운동을 일으켰으며 (…) 아시아 민족독립의 대희망을 낳았다"[15]는 것이다. 여기에서 쑨 중샨은 하나의 미묘한 개념을 제기하였는데, 바로 '전 아시아민족'—— 가장 오래된 문화발상지인 아시아일 뿐 아니라 각 독립민족국가를 포함한 아시아이기도 하며, 유교문화권인 동아시아일 뿐 아니라 다원문화의 아시아이기도 한 —— 이라는 개념이다. '아시아민족'의 총체

---

14) 1924년 11월 28일, 쑨 중샨은 코오베상업회의소 등 5개 단체가 주최한 환영회에 참석하여 이 연설을 하였고, 이로 인해 이 연설은 「코오베상업회의소 등 단체에 대한 연설(對神戶商業會議所等團體의 演說)」이라고도 한다. 孫中山『孫中山全集』第11券, 401~409면 참조.
15) 孫中山, 같은 책 402~403면.

성은 주권국가의 독립성의 기초 위에 수립되었다. '전아시아민족'은 민족 독립운동의 산물이지만, 유럽 민족국가에 대한 졸렬한 모방은 아니다. 쑨 중샨은 이런 인식을 견지하였는데, 즉 아시아는 자신의 문화와 원리, 이른바 유럽 민족국가의 '패도(覇道)의 문화'와 구별되는 '왕도(王道)의 문화'를 가지고 있다는 것이다. 그의 강연제목이 「대아시아주의」인 것은 아시아라는 개념을 부분적으로는 '왕도'의 개념과 결합시켰기 때문이다. 그의 강연을 제국주의적 아시아관과 대비할 때, 가장 명확한 것은 이것이다. 즉 그의 아시아 개념은 유교주의적 아시아 개념이 아니라, 다시 말해 동질적 문화를 핵심으로 하는 아시아가 아니라 평등한 민족국가가 구성하는 아시아라는 점이다. 이 아시아 개념에 따르면 아시아의 내재적 통일성은 유교 혹은 어떠한 단일한 문화가 아니라 일종의 정치문화(正治文化, political culture), 일종의 상이한 종교·신앙·민족·사회를 포용할 수 있는 정치문화를 말한다. 이 정치문화 범주 내에서 그는 중국과 일본을 거론하였다. 또한 인도·페르시아·아프가니스탄·아라비아·터키·부탄·네팔을 논하였으며, 중화제국의 조공관계도 논하였다. 문화의 이질성은 아시아 개념의 주요 특징 가운데 하나로, 민족범주는 아시아 개념이 내포하고 있는 이질성의 담지체이다. 쑨 중샨의 맥락에서, 문화적 이질성은 민족국가의 내부통일, 외부 간섭을 거부하는 역사적 근거를 제공하였다.[16]

---

16) 쑨 중샨은 코오베에서 열린 일본 신문기자들과의 대화에서 이렇게 말하였다. " '통일'은 중국 전국민의 희망이다. 통일을 할 수 있다면 전국 인민은 곧 행복을 누릴 것이다. 통일을 할 수 없다면 곧 해를 입을 것이다. 일본인은 중국에서 장사를 할 수 없으며, 간접적으로 피해를 입기도 한다. 일본인은 중국의 통일을 열렬히 바라는데, 이를 우리들 중국인은 믿는다. 그러나 통일의 가능성은 중국의 내부문제에 관련된 것이 아니다. 중국혁명 이래 해마다 대란이 일어났고, 따라서 통일할 수 없었던 원인은 결코 중국인 자신의 역량 때문이 아니라 전적으로 외국인의 역량 때문이었다! 어째서 중국은 통일할 수 없는가? 그 원동력은 전적으로 외국인이다! 이렇게 된 원인은 중국과 외국이 불평등한 조약을 맺었기 때문이며, 항상 외국인이 중국에서 결국 그들 조약을 이용하여 특권을 누리기 때문이다. 근래에 중국에 있는 서양인들은 불평등조약을 이용하여 특권을 누릴 뿐 아니라 그 특권들 외에도 조약

188

우리는 쑨 중산의 강연에서 중화제국과 그 주변관계에 관한 회고(懷古)적 심사를 쉽게 발견할 수 있으며, 종족주의 논리도 쉽게 발견할 수 있다. 그러나 쑨 중산은 종족주의자도 아니고 제국주의자도 아니다. 그가 제국의 조공모델(그가 언급한 민국 초기에 네팔이 중화민국과 가졌던 조공관계 같은 경우)에 호소하는 것은 주변에 대한 중국의 패권을 확인하기 위해서가 아니라 '왕도'의 필요성을 논증하기 위해서였다. 왕도는 일종의 규범적 서술로, 그의 '오족공화(五族共和)'의 민족공동통치 이론은 실제로 일종의 민족주의이론에 불과하며, 결코 역사 속의 조공관계가 모두 '왕도'정신을 나타낼 수 있었음을 표현하는 것이 아니다. 왕도이든 조공이든, 이들은 모두 예의(禮儀)형식으로써 전개한 권력균형과 권력지배의 관계이다. 그러나 '대아시아주의' 맥락에서, 일종의 규범적 담론으로 쑨 중산의 왕도 개념은 식민주의의 '패도'논리와 대립하는 것이다. 쑨 중산은 조공모델 속에 문화민족 및 종교에 대한 다원적 상호인정이 포함되었으며, 따라서 현대국가는 제국주의 정치를 초월하는 약간의 문화적 자원을 발견할 수 있다고 믿었다. 그가 중국에 대한 네팔의 조공을 언급한 것은 대중화(大中華)의 옛꿈을 되새기기 위한 것이 아니라, 이 관계 속에 상호인정과 상호존중의 평등관계가 포함되어 있음을 확신한 것이었다. 왜냐하면 그는 조공모델이 결코 단일한 등급화된 질서가 아니며, 또한 무역체계도 아니라

을 멋대로 이용하고, 남용한다."(孫中山「在神戶與日本新聞記者的談話」, 같은 책 373~74면) 아시아지역은 아직 민족국가로의 완정(完整)한 전환을 거치지 않았기 때문에 '대아시아주의'는 온전한 지역적 집단의 조직구조를 설계할 방법이 없으나, 쑨 중산의 아시아 구상은 민족국가의 주권을 존중하는 사상과 밀접한 관련이 있다. 이런 의미에서 그의 '대아시아주의'는 1923년 쿠덴호프 칼레르기(Coudenhove-Kalergi)가 『범유럽』(Paneuropa)에서 제기한 민족국가 주권을 전제로 하는 '범유럽' 명제는 그보다 이른 시기에 이미 형성되었던 범아메리카조직과 모종의 호응관계가 있다. 이런 종류의 지역구상은 실제로 국가연합의 지역적 조직으로 간주할 수 있으며, 국가연합에서는 범유럽·범아메리카·북미·남미·영연방·소련 및 극동 등 각 지역적 집단간의 갈등을 판결한다. Gerbet, Pierre, 『歐洲統一的歷史與現實』 28~29면 참조.

고 서술했기 때문이다. 예컨대 그는 1898년부터 1900년까지의 필리핀혁명에 적극 참여하여 두 차례에 걸쳐 필리핀혁명가들에게 병기를 수송하였으며, 아울러 필리핀혁명 역시 중국혁명의 성공을 촉진하고 있다고 굳게 믿었다. 인도네시아와 그밖의 동남아국가의 민족혁명운동은, 비록 그들 대부분이 사상과 혁명의 민족주의적 성격을 강조하고 사회주의적 특징을 다소 소홀히하였음에도 사실상 쑨 중산의 중국혁명에서 깊은 영향을 받았다. 쑨 중산이 기대한 것은 제국문화 속에서 다원주의와 민족국가라는 새로운 형태의 관계를 결합함으로써 제국주의의 식민정책과 현대 민족국가의 고도의 문화동질화 경향을 저지하는 것이었다. 그가 묘사한 아시아의 이상적 모습은 동쪽은 일본, 서쪽은 터키, 내부에는 힌두교·유교·이슬람교·조로아스터교·유교 및 그밖의 문화를 주체로 하는 민족국가를 포함하는 것이다. "우리가 대아시아주의에 대해 말하고 아시아민족의 지위를 회복하려면, 오직 인의도덕(仁義道德)을 기초로 각 민족을 연합하면 아시아 전민족의 세력이 커질 것이다."[17] '왕도의 문화'는 "피압박민족을 위해 불평등을 타파하는 것"이고 "패도의 문화에 모반(謀叛)하는 것이며, 모든 민중의 평등과 해방을 추구하는 문화이다."[18] 쑨 중산은 민족주의와 종족관념의 관계를 정확히 보았으며, 민족주의의 저항논리가 그것과는 다른, 압박과 강권(强權)의 논리도 포함하고 있음을 간파하였다. 따라서 그는 종족관념을 통해 민족독립에 합법성을 제공해주도록 호소하는 동시에 '대아시아주의' 명제를 제기하였다. '대아시아주의' 또는 '범유럽주의' 명제는 일본 근대의 '대동아주의'에 대한 반론이자 일종의 문화다원주의로, 고도로 동질화된 동아시아 개념에 심각한 비판을 제기하였다. 쑨 중산은 강연 끝부분에서 함축적으로 주최측을 일깨우면서 말하였다. "여러분 일본민족은 구미의 패도문화도 얻었고 아시아의 왕도문화의 본질도 가졌으니,

---

17) 孫中山「對神戶商業會議所等團體的演說」, 같은 책 408~409면.
18) 孫中山, 같은 글 409면.

앞으로의 세계문화의 향방에서 서양 패도의 앞잡이가 될 것인지 아니면 동양 왕도의 간성(干城)이 될 것인지는 여러분 일본국민의 심사숙고와 결정에 달려 있습니다." [19] 바로 이 때문에 '대아시아주의'는 민족국가를 초월하는 민족주의이며, 종족·문화·종교·신앙의 단일성을 초월하는 다원민족주의이다. 이 개념은 자기해체의 메커니즘과 논리를 포함하였는데, 이는 식민주의의 패도문화에 대한 저항을 전제로 성립되었다.

대아시아주의와 국제주의의 밀접한 연계는 바로 이 논리 위에서 수립되었다. 쑨 중샨은 종족주의의 관념을 이용하여 아시아를 정의하는 동시에, 현실의 압박관계로 끌고 들어가는 것을 또 하나의 더욱 기초적인 기준으로 삼았다. 전자는 러시아인을 유럽인으로 정의한 것이고, 후자는 러시아의 새로운 해방운동을 대아시아주의의 동맹으로 간주한 것이다. 그는 말했다.

현재 유럽에는 하나의 새로운 국가가 탄생했다. 이는 유럽의 모든 백인들이 배척하는 국가로서, 유럽인들은 모두 그 국가를 독사와 맹수처럼 여기고 인류가 아니라고 여겨 감히 그 국가에 접근하지 않는다. 우리 아시아에서도 역시 많은 사람들이 이런 시각을 갖고 있다. 이 국가는 누구인가? 바로 러시아이다. 러시아는 현재 유럽의 백인과 분가(分家)하려 하는데, 왜 이렇게 하려는 것일까? 그것은 바로 왕도를 주장하고, 패도를 주장하지 않기 때문이다. 러시아는 인의도덕을 중시하고, 공리강권(公理强權)을 중시하지 않는다. 또한 공도(公道)를 극력 주장하고, 소수가 다수를 압박하는 데에 찬성하지 않는다. 최근 러시아의 신(新)문화는 이렇게 우리 동양의 구(舊)문화에 극히 부합하므로, 러시아는 곧 동양과 손잡고, 서양에서 분가할 것이다. [20]

- - - - - - - - - - - - - - - - -
19) 孫中山, 같은 글.
20) 孫中山, 같은 글.

러시아의 신문화란 10월혁명 후의 사회주의를 가리킨다. 이는 구미인들이 '세계의 반란'으로 간주한 문화이며, 또한 중국인들이 아시아혁명의 동맹으로 여기는 문화이다. 따라서 '대아시아주의'는 곧 이와 호응하는 '문화적 반란'이며, 피압박민족의 '민중해방운동'이다. 이 운동은 비록 그것을 최종적으로 완성한 것이 여전히 자본주의의 역사적 사명임에도 불구하고 타고난 사회주의 경향을 띤다. 이러한 배경에서, 자산계급 민족국가 수립을 목적으로 하는 민족운동이 추구한 것은 오히려 민족국가를 초월하는 '대아시아주의'이다. 이것이 바로 쑨 중샨과 그의 혁명운동이 대표하는 식민에 반대하고 강권에 반대하며 공정하고 평등한 사회를 주장하는 사회주의 아시아관이다.

19, 20세기의 아시아 개념은 두 가지 상이한 의미를 포함하고 있는데, 하나는 일본제국주의의 식민계획을 대표로 하는 아시아주의이고, 또다른 하나는 피압박민족의 민족자결 요구이다. 이러한 두 가지 함의는 아시아 민족주의의 서로 다른 두 가지 형태와 관계있는데, 하나는 민족의 정치적 자결 요구이고, 또다른 하나는 '문화'적 자결을 보호하고 정치적 자결에 반대하는 것이다. 즉 전자는 직접적으로 약소국가와 식민지의 민족해방운동으로 표현되고, 후자는 일본 제국주의가 유교주의의 범주 내에서 기획한 대동아식민권으로 표현된다. 다민족의 중국은 청조(淸朝)로부터 광활한 다민족제국의 정치적 국경을 계승하였고, 현대국가로의 전환과정에서 현대 중국의 창건자들은 정치자결을 요구하였을 뿐 아니라 문화주의 혹은 다원문화의 시야에서 도움을 얻어 다민족국가의 통일을 유지하여야 했다. 그러나 중국 민족자결운동의 기본요소는 여전히 정치구조 및 사회혁명의 합리성이었다. 쑨 중샨의 이른바 대외적 민족자결의 실행과 대내적 민족평등의 실행은 중국 근대민족주의의 기본방식을 구축하였다. 즉 이는 정치자결과 문화자결을 종합한 공동통치모델이며 또한 전통적 제국관계를 민족국가 범주로 집어넣은 정치형식이기에, 결코 진정으로 민족주의의 기

본논리를 벗어난 것이 아니다.

아시아 문제를 다시 제기하려 한 지식인들은 약소국가의 민족주의가 민주와 평등을 쟁취하는 과정에서 갖게 되는 의의에 익숙하며, 전지구주의에 저항할 필요성을 이해하고 있었다. 하지만 그들은 또한 민족주의를 이용하여 전지구적 자본주의 혹은 정치적·군사적 패권에 대항하는 것이 민족국가의 통치자에 의해 이용되어 최종적으로는 전지구적 자본주의의 패권 형성에 유리할 수 있음을 걱정하였다. 이러한 사고에 기반하여 일단의 지식인들은 내외(內外) 조절이 가능한 아시아 범주에 희망을 실었다. 이는 구(舊)아시아주의와 중요한 차이가 있는 아시아주의이다. 만약 아시아 문제에 대한 현재 지식인사회의 검토를 신아시아주의라고 표현한다면, 이 아시아주의의 특징은 아시아라는 지역범주를 이용하여 민족국가를 모두 합하고 초월하여, 전지구적 자본주의가 확장되는 형세에서 민족국가에 기반한 새로운 지역관계로 구미 신자유주의의 전지구적 계획을 대체하는 또다른 방안으로 삼는 것임은 명확한 사실이다. 아시아 문제를 다시 제기하는 동력은 다음과 같은 물음 속에 존재한다. 즉 현재 초국적 자본주의의 극렬하고 파괴적인 운동 속에서 민족국가라는 '자본주의 발전의 가장 좋은 조건'은 도전받을 것인가? 새로운 경제형식에 부응하는 정치형식이 존재할 것인가? 아시아 개념이 민족국가에 대한 회의와 결합할 때, 민족국가를 초월하려는 아시아 개념과 전(前)민족국가의 문화적 시각에는 겹치는 부분이 있다. 양자는 상이한 형식으로, 민족·지역·정치상황으로 인해 형성된 문화적 차이를 포용하여 서로 다른 민족이 더욱 광범한 정치·경제구조 속에서 함께 하는 상태를 강조하며, 따라서 '탈민족주의'에 관한 유럽 사회의 논의와 중첩된다. 그러나 신아시아 상상은 제국 시야의 복제판이 아니며——또 그럴 수도 없다——그에 관한 모호한 표현은 결코 하나의 기본사실, 즉 신아시아 상상은 단지 민족국가, 특히 민족해방운동의 역사적 성과에 대한 일종의 보충·수정·비판·확장일 뿐 민족해방운동의 성과에 대한 부정은 아니라는 사실을 은폐하지 않는다. 만약 신아시아 상상을 신자유주의의 전지구적 시장계획과 민족국가담론에 대한 이중적 비판으로 볼 수 있다면, 그 역사적 자원과 현실적 기초는 어디에 있는가?

- 3 -
여러개의 역사적 세계 속의 아시아와 동아시아 문명권

19세기 이래, 아시아국가의 민족자결운동에 따라 아시아 서술에 관한 담론 역시 문명론으로부터 지역론으로의 전환을 거쳤다. 이 전환은 유럽 중심주의의 '세계사' 틀로부터 진정한 세계사 틀로 가기 위해 반드시 거쳐야 하는 길이다. 지역론이 중시하는 것은 지역 내부의 역사적 변천, 상호작용 관계, 문화적 다양성 및 역사활동의 주체이다. 지역론모델이 취하는 역사서술 방법은 헤겔의 '철학적 역사'와는 다르며, 구체적 역사관계에 대한 서술은 '아시아에는 역사가 없다'는 유럽 논의의 거부와 반박·배척을 구성하였다. 그러나 아시아 개념의 유럽적 성격 때문에 모든 현대역사편찬학은 지극히 큰 난제에 부딪혔다. 즉 이 개념은 타고난 모호성과 목적론적 특징 때문에, 아시아를 위해 역사를 찾으려는 노력 역시 항상 하나의 선험적 모델 내부로 들어오게 된다. 결국 아시아 개념은 일정정도 아시아가 자신의 '현대'를 가질 수 있는가 또는 내재적 역량을 통해 '현대'로 방향을 돌릴 수 있는가 하는 목적론적 특징을 띤 문제와 밀접히 연계되어 있다.[21]

상이한 이유로 후꾸자와, 레닌 그리고 중국 현대사상사의 사상가들 대부분은 이에 대해 부정적인 대답을 주었으나, 최근 20년 동안의 사상적 분

---

21) 예컨대 미야자끼 이찌사다는 『동양적 근세(東洋的近世)』에서 비록 고대·중세·근대의 삼분법이 유럽사에서 유래한다는 사실을 지적하였음에도, 그는 여전히 이 분류법에 특수한 한계를 설정해두기만 한다면 여전히 아시아의 역사에 운용할 수 있다고 보았다. 『日本學者硏究中國史論著選譯』 第1券, 153~241면 참조.

위기에는 미묘한 변화가 생겨서 많은 역사학자들이 아시아사회 내부에서 아시아적 '현대'의 다원적 동력을 찾으려 하였다. 중국의 연구계에서 이런 변화는 주로 지방사를 지향하는 것으로 표현되는데, 지방사에서는 중국사회의 내재적 조건 및 그 현대적 전환을 촉진한 요소를 중시한다. 일본의 학술계와 내가 아는 몇몇 한국 학자들 가운데에는 이런 지향을 중화제국 주변부라는 관점에서 일본과 조선 사회 내부의 현대적 전환, 특히 민족주의와 민족국가 기획의 동력으로 이해하려는 경향이 있다. 변두리 혹은 주변이라는 시각에서 보면, 일본과 한반도의 민족독립운동은 중화제국과의 조공관계에서 분리되어 나오는 과정이며, 따라서 이 변두리 또는 주변부 시각이 구축한 아시아관과 중화제국의 세계체제에는 긴밀한 연계가 존재한다. 중국중심의 역사적 시각에서 보면 중국의 전환은 주로 내부의 동력이 추동하여 완성된 사회전환이고, 외부조건(식민주의·자본주의 등)은 단지 촉진제 작용을 하였을 뿐이다. 따라서 중국은 현대로 전환하면서 유럽의 민족국가가 제국에서 분리되어나온 모델을 따르지 않았고, 혁명의 형식으로(민족독립의 형식이 아니라) 전(全)제국사회에 대해 현대적 기획과 격렬한 개조를 진행하였다. 제국의 혁명과 개조라는 시각에서 수립된 아시아관은 낙후와 선진, 봉건과 혁명이라는 이중성을 갖고 있다. 즉 제국이라는 개념에서 중국은 낙후되었고, 신흥국가로서의 중국은 선진적이다. 민족관계가 모호한 제국 개념의 중국은 봉건적이며, 민족자결을 추구하는 국가로서의 중국은 혁명적이다. 사실상 레닌의 용법에서 낙후되고 야만적인 아시아라는 개념은 곧 고대제국의 대명사가 아닌가? 그가 호소한 민족자결권은 이 고대제국의 울타리에서 벗어나려는 것이 아닌가? 그가 말한 선진적 혁명은 제국시대로부터 탈바꿈해나온 국가 형태를 가리키는 것이 아닌가?

이러한 의미에서 아시아의 공간개념은 또한 시간축 위에 위치해 있는데, 이를 현대역사편찬학에서는 유럽중심주의의 숙명이라고 규정하였다.

중국 문제를 연구하는 사학자에게나 중국 문제에 관심을 기울이는 맑스주의자에게나 이 문제는 모두 그러하다. 제2차대전 이래 중국역사 연구는 점차 두 개의 상이한 주요 유파를 이루었다. 하나는 1930년대 중국사회 성격에 관한 논의와 관련된 것으로, 중국대륙의 맑스주의 사학자들을 대표로 하는 사회사(社會史)학파인데, 그 특징은 생산양식의 변화와 사회형태의 관계를 연구하고, 더 나아가 유럽역사와의 평행관계 속에서 중국역사의 진화모델을 순서대로 그려내는 것이다. 또 하나는 전후에 형성된 페어뱅크(Fairbank)학파를 대표로 하는 '도전-반응'모델로서, 중국의 근대변천을 유럽자본주의의 도전에 대한 중화제국의 반응이라고 간주한다. 전자는 혁명서사(革命敍事)의 연장이고, 후자는 '탈아입구론(脫亞入歐論)'의 복제판이라고 할 수 있다. 1970년대 이래 이 두 학파 내부에서 모두 변혁의 요구가 발생하였다. 이러한 두 가지 서사가 내포하는 유럽중심론과 목적론적 시간관을 통해, 많은 학자들이 중국사회 내부의 변혁동력과 문화적 독특성을 발굴하는 데에 힘썼다. 그에 따라 미국에서의 중국 연구와 일부 중국 학자들의 선도하에 '내부발전론'이라고 부를 수 있는 지향이 출현하였는데, 그것은 페어뱅크의 도전-반응 모델과는 큰 차이가 있다. 만약 전 세대의 중국 학자들이 중국이 외래의 도전에 대응하는 과정의 변화를 연구하는 데에 힘을 기울였다면, 1970년대와 80년대에 활약한 사학가들은 오히려 중국사회 내부의 현대적 요소와 그 발전의 가능성을 발굴하기를 더 원하였다. 이 방법론의 전환 속에서 '내재적 발전론'과 '지방적 지식'의 관념이 상호 배합되어 '지방사'의 시각에서 현대적 전환의 원인을 찾는 시도가 대규모로 생겨났다.

　내부발전론 혹은 지방사 지향은 중국 연구에서 성대한 기풍을 이루었고, 그밖의 지역의 역사연구에서도 발전하였으나 서로 다른 역사적 조건 때문에 그 표현형태는 결코 같지 않았다. 예컨대 중국 연구영역의 학자들은 연해와 내지, 중앙과 지방 사이의 상호작용 관계에 관심을 기울였고, 아울러 명청(明淸)사회 내부의 운동에서부터 중국의 근대로의 전향의 내재적 동력을 분석하였으나, 일본과 한국의 역사학자들은 일본·조선과 중화제국의 관계에 더욱 관심을 기울였다. 그들에게 지방사 지향은 일본과 조선의 사회관계 내부로 되돌아가는 것을 의미할 뿐 아니라 아시아지역 —— 특히 동아시아지역 —— 의 상호작용 관계로 되돌아감을 의미한다. '내부발전'의 함의는 단지 유럽중심의 시각에서 민족국가로서의 일본 또는 조선의 역사 속으로 되돌아가는 것만을 의미하지는 않는다. 왜냐하면 일본·조선의 근대발전은 그들과 중국과의 무역 및 문화관계에서 이익을 얻었을 뿐 아니라 중화제국과의 조공관계에서도 탈피한 탈중심적 경향에서도 이익을 얻었기 때문이다. 이런 의미에서 민족국가를 초월하는 아시아 시각은 한편으로는 전통제국의 시각과 상호중첩된다. 또 한편으로는 각자의 민족국가 지위에 대한 역사적 긍정이기도 하다. 민족주의사학과 다른 것은 이 아시아 시각이 민족국가 관계가 아니라 전통제국시대의 중심/주변 관계를 역사운동의 축으로 삼는다는 것이다. 현대 국가건설(nation building, state building)은 유럽 식민주의에 대한 반응을 포함하고 있고, 국가 내부의 지역관계(연해와 내지 또는 다른 양식의 지역관계)는 아마도 중요할 것이다. 이들 모두 아시아사회 내부의 상호관계가 중국·일본·조선 및 그밖의 아시아국가에 미친 영향을 대신할 수는 없다. 이러한 아시아 시각은 전통제국과 민족국가라는 이중적 관점을 결합하여 일본·조선의 민족주의의 탄생조건을 관찰하였고, 또 조공무역·유교주의·한자문화와 정치상에 나타난 야만적 풍속을 '아시아'지역 또는 동아시아지역이 현대화로 전환되는 전제로 간주하였다. 가장 명확한 결론 가운데 하나는 이것이다. 즉 아시아지역의 근대민족주의와 현대화 기획은 유럽 식민주의의 산물이 아니라 아시아사회 내부의 중심과 주변 관계의 결과이다. 이러한 '아시아주의' 시각은 완전히 새로운 시각이 아니며, 일본제국시대의 맑스주의사학파와 '도전-반응'의 모델 속에서도 여러 요소를 발견할 수 있다. 그러나 동시에 다음과 같은 사실을 인정해야 한다. 즉 브로델의 무역이론, 월러스틴의 '세계체제'와 당대 식민주의 연구의 영향 아래에서, 이 아시아주의의 내부시야는 이미 교통사적 지향, 다원문화와 민족주의/초민족주의의 배경 등과 밀접하게 연계되어 있다는 것이다. 역사적 맥락에서 식민주의와 혁명에 관한 역사 서술은 이미 아시아 개념의 함의를 담고 있는가? 글로벌리즘과 민족주의가 함께 진행되는 상황에서, 글로벌리즘과도 다르고 민족주의와도 다른 하나의 관념으로서, 아시아 개념은 아직도 다른 가능성이 있는가?

식민주의와 제국주의의 전쟁이라는 배경에서, 아시아 지식인들은 기본적으로 일종의 동방/서방 혹은 동양/서양이라는 이원론 속에서 역사를 해석했으며, 이 이데올로기적 가정 역시 역사에 대한 사람들의 관점에 큰 영향을 미쳤다. 유럽중심론을 거부하는 학자들은 근대 이전의 세계를 여러 개의 독립된 자주적 문명으로 이해하고, 그중 가장 급진적인 관점은 근대 이후의 역사가 여전히 '문명권'의 궤적을 포함하고 있다고 여긴다. 전전(戰前)부터 전후(戰後)까지, 비록 약간의 다른 관점이 있긴 하지만 많은 역사학자들이 여전히 '자율적인 동아시아세계' 개념을 받아들였고, 또 중국과 일본의 역사를 이 세계 속으로 편입시켰다. 예컨대 니시지마 사다오(西嶋定生)는 '동아시아세계'가 하나의 자기완성적인 문화권으로서, 이 속에서 다양한 문화가 독자적이면서도 상호 관련된 역사적 구조를 갖추었다고 보았다. 구체적으로 말하면, 이런 '동아시아세계'는 중국을 중심으로 그 주변의 조선·일본·베트남 및 몽골고원과 티베트고원 중간의 허시쩌우랑(河西走廊)지대의 동부 여러 지역을 포괄한다. 그러나 이 역사적 세계의 경계는 유동적인 것이지 고정된 것이 아니다. 그중 어떤 지역, 예를 들어 티베트고원, 중앙아시아 여러 지역 및 동남아 여러 지역은 비록 중국의 주변부이긴 하지만 '동아시아세계'의 성격을 갖추지 않았기 때문에 또다른 역사세계에 속한다. 이 '동아시아세계'의 특징을 구성하는 요소들에는 한

자문화·유교·율령제·불교 등 네 가지가 포함된다.[22] 이 동아시아 시각은 명백히 문화상의 배타성을 갖고 있다.

'동아시아 이데올로기'와 근대 일본제국주의 국가정책의 관계는 매우 밀접하여, 오늘날까지 완전하게 정리되지는 못하였다. 이 이데올로기의 특징은 일본을 중국중심의 동아시아체제 속에 받아들여서 일본–아시아 대 일본–유럽이라는 이중적 관계에서 일본의 특수한 지위를 다시금 새롭게 경계짓고 설정하는 것이다. 학술과 사상에서의 이러한 노력은 두 가지 전제를 포함하였다. 첫째, 일본과 아시아의 내재적 연계를 새로이 수립한다. 둘째, 이 연계의 기초 위에 해양국가로서의 일본의 특수한 지위를 확립한다. 즉 중국대륙을 중심으로 하는 아시아의 지정학적 관계를 변화시키고 일본을 주도국으로 하는 대동아공영권을 수립한다. 일본의 특수한 지위는 해양이론의 배경에서 수립된 것으로, 유럽자본주의의 해양확장으로부터 직접적으로 대륙에 대한 우월한 지위를 획득하였다. '아시아유기론(有機論)'은 결코 당연한 명제가 아니며, 이 두 가지 전제 아래에서 수립된 것이다. 마에다 나오노리(前田直典)의 소개에 따르면, 일본 학자들은 전통적으로 결코 일본을 동아시아세계 내부에 포함시키지 않았으며, '아시아유기론'은 분명히 하나의 새로운 현상이자 새로운 이론적 수립이다.

일반적으로 근대 이전에 세계 각지의 역사에 아직 공통성이 없었을 때, 중국은 하나의 세계였고, 인도 역시 하나의 세계라고 여겼다. 문화사적 측면에서 보면, 중국의 세계는 만주·조선·베트남 등을 포함하는 동아시아세계로 볼 수 있는데, 이는 또한 과거 대가들의 관점이기도 하다. 일본을 이 세계 속에 두는 데에는 비록 약간의 망설임이 있으나, 우리는 또한 이미 이 가능성을 고려한 적

---

22) 西嶋定生「東亞世界的形成」, 『日本學者研究中國史論著選譯』第2券, 北京: 中華書局 1993, 89면.

이 있다. 그러나 이는 단지 문화사상(文化史上)의 문제일 뿐이다. 결국 조선·만주 등의 사회의 내부발전이 중국과 어떤 연관성 또는 평행성을 가졌는지에 대해 우리는 거의 아는 것이 없으며, 일본에 대해서는 더 말할 것도 없다. 예컨대 유럽세계 속에서 우리는 영국사회의 발달과 유럽대륙의 평행성이 서로 관련되어 있음을 안다. 그러나 동아시아 방면에서, 특히 일본과 중국 사이에 이와 유사한 상황이 있는지는 근대사의 영역을 제외하면 아직까지도 명확히 밝혀지지 않았을 뿐 아니라 심지어는 문제로 성립되지 않은 것에 가깝다. 이제까지의 구상법은 고대로부터 중세·근세까지의 일본의 발전은 사회적 기초구조에서 대륙과 완전히 분리되어 있었다는 것이다.[23]

일본을 아시아 범주로부터 유리시키는 이런 방법은 일본의 개항 이전의 독특한 역사적 처지 그리고 이후에 탄생한 일본 특수론과 밀접히 연계되어 있다. 이 시야에서 '탈아론'을 다룬다면 아마도 탈아론의 역사적 함의를 더 잘 설명할 수 있을 것이다. 즉 아시아의식은 탈아의식을 통해서만 확립될 수 있다. 즉 아시아에 속한다는 감각은 결정적으로 아시아에서 벗어나고자 하는 바람에서 발생한다는 것이다.

이런 측면에서 보면, 아시아 조공체제에 대한 하마시다 타께시(濱下武志)의 연구는 '탈아론'에 대한 비판이며, 특수론에 대한 반박이기도 하다. 그는 경제사 영역에서 조공체제를 매개체로 중국을 중심으로 하는 동아시아 세계체제를 다시 수립하였고, 또 이를 가지고 아시아 내부── 일본과 중국을 포함하는── 의 역사적 연계를 확인하였다. 이와 동시에, 그는 이러한 세계체제의 기본규칙이 반드시 바뀌어야 함을 명확히했는데, 그 기본방향은 해양을 중심으로 하는 서양의 무역체제와는 다른 신동아시아체제이다. 최초로 평등무역의 조약체계로써 조공무역체제에 도전한 해양국

---

23) 前田直典「古代東亞的終結」, 『日本學者研究中國史論著選譯』 第1卷, 北京: 中華書局 1993, 135면.

가 일본은 시대가 부여한 특수한 지위에 처해 있었다. 그의 연구는 조공체제론과 관련된 페어뱅크의 영향을 받았으나 지향점은 전혀 다르다. 그는 조공체제가 중국이 현대세계체제로 진입하는 데 장애가 된다는 것을 부인할 뿐 아니라, 그것을 '아시아'(동아시아) 개념의 기초로 간주하기 때문이다. 조공관계에 대한 하마시다 타께시의 이론은 다방면에 걸쳐 있는데, 그는 이렇게 지적하였다. "조공국은 중국 본토 국왕의 승인을 받고 책봉을 받아, 국왕이 교체될 때나 축하와 사은(謝恩) 등 행사가 있을 때마다 중국으로 가서 알현하였다. 즉 중앙정권에의 신복(臣服)을 둘러싼 각종 활동을 거행하는 것을 중국과의 관계를 유지하는 기본방식으로 삼았다." 그의 구분에 따르면 조공관계 속의 종속문제는 각기 다른 층위를 포함하고 있는데, 대체로 여섯 가지 유형으로 구분할 수 있다. ① 토사(土司)·토관(土官)의 조공 ② 명조시기의 여진(女眞)과 그 동북부, 청조시기의 티베트와 신챵(新疆) 등 예속관계하의 조공 ③ 조선·베트남 등 관계가 아주 가까운 조공국 ④ 오끼나와(沖繩) 등 이중관계의 조공국 ⑤ 시암(태국) 등 바깥쪽 변두리에 위치한 조공국 ⑥ 러시아, 유럽 여러나라 등 조공국으로 볼 수 있으나 실제로는 오히려 통상국(通商國)에 속하는 부류.[24] 하마시다는 브로델과 월러스틴에게서 지역적 관계와 대상의 내재적 구조의 특징을 이어받았으나, 또한 체제에 관해서 브로델과 월러스틴의 이론 속에 존재하는 유럽중심주의에 도전하고자 했다. 만약 그의 시각을 반세기 전 쿄오또(京都)학파의 어떤 문제의식과 비교한다면, 그들은 모두 동아시아민족의 내부 동력을 강조하였으나, 하마시다는 절대로 미야자끼 이찌사다(宮崎市定) 같은 그들의 선배들처럼 고대 동아시아세계에 유럽식의 '국민주의'(즉 민족주의)가 존재하지 않는다고 여겼다. 왜냐하면 동아시아는 자신의 내재적 정체성을 갖춘 역사적 세계이기 때문이다.[25]

---

24) 濱下武志『近代中國的國際契機 —— 朝貢貿易體系與近代亞洲經濟圈』, 朱蔭貴·歐陽菲 譯, 北京: 中國社會科學出版社 1999, 35~36면.

아시아 문제를 논하는 글에서, 쑨 꺼(孫歌)는 하마시다의 연구에 대해 다음과 같이 논평하였다. 즉 경제활동을 중심으로 하는 유럽 세계체제와 구별되는 아시아 무역체제를 설명하면서 하마시다는 "하나의 중요한 사실을 드러내 보였는데, 그것은 곧 전환기의 근대 동아시아에는 서양적 의미의 민족국가가 존재하지 않았으며, 그 고유한 지역적 역사는 국가를 뛰어넘는 조공체제 네트워크가 구성한 것으로, 그 내재적 활력 역시 이런 조공체제가 촉발한 것이다. 심지어 일본의 탈아시아와 근대화 역시 이 조공관계의 역사적 제약 아래에서 나온 것으로, 그것은 목적이 아니라 단지 일본이 조공국의 위치에서 벗어나기 위한 수단이었을 뿐이다." 이런 시야에서 "아시아는 유사 이래 최초로 내재적 메커니즘을 갖춘 유기적 총체로 묘사되었으며, 중화문명을 중심으로 하는 조공네트워크를 통해 동아시아·동남아시아·남아시아·서아시아는 조공 또는 무역 등 갖가지 방식으로 하나의 질서있는 지역을 구성하였다. 그것은 유럽의 근대와는 완전히 다른 내재적 논리를 갖고 있으니, 이는 곧 '국가'에 대응하는 '중심-주변'이라는 지역메커니즘과 이에 상응하는 조공-책봉관계이다."[26] 예컨대 아편전쟁 후 중국중심의 조공무역 네트워크는 자본주의 세계질서에 충격을 받고 바로 훼손되지는 않았는데, 이 사실은 '하나의 세계체제로서의 아시아'가 근대에도 여전히 존재하는 것으로 해석되었다. 하마시다의 담론은 암시적 성격이 풍부한데, 그는 아시아세계를 잇는 내재적 연결체를 발견하였고 이를 단서로 당대 세계의 모습을 그렸을 뿐 아니라, 주변부의 시각으로 중국 정사(正史) 속의 대륙중심론과 왕조정통주의를 드러내 보였다. 일본과 아시아의 역사적 연계를 인정하지 않는 특수론자들에게 이것은 강력한 비판이다. 즉 중국 내부의 시각으로 중국을 다루는 데에 익숙한 중국 학자들에게 이 담론은 주변에서부터 중국을 관찰하는 역사적 시각을 제공하

25) 濱下武志, 같은 책. 일본어판은 『朝貢系統與近代亞細亞』, 東京: 岩波書店 1997.
26) 孫歌 「文化間的 '日本'」, 『亞洲意味着什麼』, 臺北: 巨流圖書公司 2001, 71면.

였다.

　그러나 동아시아 총체성이라는 '사실(事實)'은 '동아시아'라는 범주를 전제로 수립된 가정으로, 하마시다의 담론은 또한 조공관계 속의 무역, 특히 동아시아와 상호중첩된 해양무역관계에 치중하고 있으며, 따라서 다시 보충적으로 논할 가치가 있다. 다음의 다섯 가지 측면의 보충담론은 결코 하마시다 타께시의 관점에 대한 반박이 아니라(그는 다음의 몇몇 요소들에 대해 명확한 인식을 갖고 있다) 일종의 균형맞추기이자 확장인데, 그 목적은 조공관계를 중심으로 형성된 아시아의 '근대적 계기'에 대한 우리의 이해를 풍부히하는 것이다. 첫째, 서구식의 민족국가는 단지 서구에서만 탄생할 수 있었지만, 이는 결코 유럽의 민족국가를 구성하는 기본요소들이 그밖의 지역에는 존재하지 않았다는 의미가 아니다. 여기에서 우리는 유럽사상사에서 수립된 제국과 국가라는 이원론과 파생형식 —— 조공체제와 조약체제라는 이원론 —— 을 탈피해야 한다. 일찍이 17세기에 청조국가는 이미 조약의 형식으로 특정 지역(예컨대 청나라와 러시아의 국경지방)에서 명확한 경계를 정하고 국경순찰대를 상시적으로 설치하였으며, 관세와 무역 체계를 설정하고 행정관할 범위내의 거주민에게 주권을 행사하였으며, 유럽국가와 조공·조약관계를 수립하였다. 현대의 사회이론에서 이 모든 요소들은 민족국가의 특징으로 간주된다. 이런 의미에서 청조는 민족상황이 복잡한 제국이기도 하고 또 국가제도가 극히 발달한 정치적 실체이기도 하다. 만약 유럽역사의 경험을 그대로 따라 국가와 제국, 조약과 조공을 단순한 대립관계에 놓고 청대사회를 이해한다면, 역사 속에서 제국건설과 국가건설이 상호중첩하는 과정을 소홀히하게 될 것이다. 따라서 근대중국 민족주의의 기본특징도 이해할 수 없게 될 것이다. 조공체제와 국가체제는 모종의 복합적인 관계를 갖고 있으며, 조공관계는 결코 등급화된 중심/주변 관계로 간단히 정리할 수 없다. 예컨대 러시아와 청조는 조공관계를 수립하였으나, 자국을 상대방보다 낮은 등급관계 속에 놓아둔 적이 없었다. 만약 그들 사이에 조공관계가 존재했다면, 그것은 실제로 서로 상대방을 조공국이라고 간주하였을 뿐이다. 조공관계의 등급적 예의체계 속에는 상이한 형식과 상이한 정도의 대등원칙이 포함되어 있었는데, 이는 중앙아시아와 중국의 관계에 관한 연구에서 이미 다룬 바 있다.[27] 또다른 측면에서 유럽조약체계의 형식적 평등은 결코 이 체계의 실질적 불평등을 은폐할 수 없었으니, 아편전쟁 후 서양열강은 중국을 핍박하여 불평등조약을 체결하기 위해 중국이 형식상 평등한 합법적 주체라는 사실을 인정하지 않을 수 없었다. 이는 유럽 국제법체제 혹은 조약체제가 세계를 향해 확장되는 과정에서 늘상 사용한 수법이었다. 그러므로 조공과 조약, 제국과 국가라는 이원론의 전제에서, 양자의 관계를 반전시켜 이러한 유럽중심론의 관점에 반격을 가하는 것은 아시아 내부의 역사적 관계의 복잡성을 단순화할 가능성이 매우 크다.

둘째, 조공무역 네트워크를 이용해 아시아의 '총체성'을 구분함으로써 지역내 경제의 상호작동에 대한 역사적 서술을 제공하였고, 또 유럽중심주의의 현대적 서술을 반박하였다. 그러나 이 서술은 유럽 자본주의담론의 경제주의논리 및 해양이론과 호응관계에 있으며, 조공관계가 포함하고 있는 정치·문화·예의(禮儀) 등의 내용을 단순화하였다. 하마시다는 유럽중심주의와의 대립 속에서 자신의 아시아담론을 형성하였는데, 그는 무역과 백은(白銀) 유통 등의 분야를 집중적으로 서술했으며, 그 중심은 중국과 동아시아 및 동남아시아의 역사적 연계, 즉 주로 해양의 연계를 통해 형성된 무역교류였다. 이후의 담론 속에서, 일종의 근대성이론으로서의 해양이론은 점점 더 아시아 문제를 고찰하는 핵심이론이 되었다. 왜냐하면 이 이론이 다루는 것은 근대조약체계와 완전히 일치하는 정치·경제관계였기 때문이다. 따라서 '자신의 내재적 총체성을 갖춘 역사세계'는 동아시

---

27) Fletcher, Joseph F., *Studies on Chinese and Islamic Inner Asia*, Aldershot, Hampshire: Variorium 1995.

아와 동남아시아를 중심으로 펼쳐졌으며, 문화·거리·해양 정치구조가 지역관계, 특히 무역관계를 형성할 때 지니는 중요성을 부각시켰다. 그러나 이 총체적인 아시아관은 조공체제 속에서 장기간 지배적 지위를 점하였던 대륙관계(중원과 중앙아시아·서아시아·남아시아 및 러시아와의 관계)에 대해 깊이있는 설명을 하지 못했고, 해양무역권의 형성과 대륙 내부동력과의 관계를 거의 다루지 않았다. 또한 일찍이 아시아 내부에 침투하였던 '서양'의 두드러진 존재에 대해 그다지 명확한 설명을 하지 못했다.

중국역사의 시각에서 볼 때, 서북·동북과 중원의 관계는 중국의 사회체제, 인구구조 및 생산양식에 변화를 일으킨 더욱 근본적인 동력으로, 이른바 '해양시대'라 하더라도 내륙관계는 여전히 중요한 기능을 갖고 있었다. 1857년 맑스는 해양패권국가에 대한 중국의 태도를 논할 때 한 가지 현상을 관찰하였는데, 곧 서양국가가 무력을 사용하여 대(對)중국무역을 확장할 때, 러시아는 비용을 얼마 들이지 않고서도 어떤 참전국보다도 더욱 좋은 곳을 얻었다는 사실이다. 그 원인은 러시아가 중국과 해상무역을 하지 않았고 오히려 챠커투(恰克圖)를 중심으로 하는 내륙무역을 혼자서 누리고 있었기 때문이라는 것이다. 1852년 한해에 매매한 화물의 총가치가 1500만 달러에 이르렀는데 화물의 가격도 높지 않은 상황에서 이러한 총가치가 대변하는 실물 무역량은 대단한 것이다. 이런 내륙무역 증가로, 챠커투는 평범한 요새이자 정기적 장터에서 상당히 큰 도시이자 변경의 수도로 발전하였으며, 900마일 바깥의 뻬이징과 직접적·정기적 우편왕래를 하였다.[28] 맑스의 「중국과 영국의 조약」「새로운 대(對)중국전쟁」과 엥겔스의 「극동에서의 러시아의 성공」 등의 글은 연해에서의 중국과 영국, 중국과 프랑스의 충돌이 어떻게 러시아가 내륙에서 헤이룽강 유역의 대규모 토지와 이익을 획득하기 위한 조건을 만들어냈는지 언급하였는데, 러시아

---

28) 이는 맑스가 1857년 3월 18일 『뉴욕 데일리트리뷴』 제4981호에 쓴 사설 「러시아의 대중국무역」의 일부 내용이다. 『馬克思恩格斯選集』 第2券, 北京: 人民出版社 1974, 9~11면 참조.

가 아시아의 최강국으로 일어나서 "이 대륙에서 영국을 압도할 것"을 예언하였고,[29] 영국의 언론과 내각회의가 중영조약의 내용을 공포할 때 러시아가 중국, 아프가니스탄 및 중앙아시아의 다른 지역에서 얻은 더 큰 이익을 은폐하였다고 비판했다. 그러므로 아시아대륙과 해양시대의 관계를 어떻게 이해할 것인가, 아시아의 내재적 총체성과 아시아지역의 문화적 다양성 및 역사적 연계의 다양성을 어떻게 이해할 것인가는 여전히 더 진전된 연구를 기다리는 과제이다. 간단히 말하면 동아시아중심의 아시아관과 유교주의적 아시아관 사이의 복합관계로는 아시아대륙과 중국범위 내부의 종교·민족·문화·제도의 다양성을 해석하기 힘들다. 조공관계는 단순한 경제관계가 아니며 상이한 문화와 신앙의 사회집단 사이에 형성된 예의와 정치관계를 포함한 것이었다. 따라서 조공관계의 다중적 의미를 한걸음 더 나아가 해석하고, 아울러 이 속에서 그것이 현대자본주의와 상호중첩하거나 충돌하는 부분을 찾아내야 한다.

셋째, '중심-주변'의 틀은 '전(前)서양' 시대의 지역관계에 적용되지만, '중심-주변' 관계의 끊임없는 미끄러짐은 현대자본주의세계와 전통 제국체제를 구별짓는 가장 중요한 특징 중 하나이다. 따라서 중국을 중심으로 하는 '중심-주변' 틀로는 19세기 이래 아시아 내부에서 발생한 권력관계의 변화를 드러낼 방법이 없다. 유럽의 산업혁명과 해양군사기술이 급속도로 발전하고 유럽 민족국가체제가 형성되면서, 전통적인 대륙-해양관계에 중대하고 구조적인 변화가 생겼다. 또한 유럽 식민주의는 해양군사, 원거리 무역 및 국제적 노동분업을 통해 전통적인 역사관계를 결정적으로 변화시켰다. 대륙의 역사적 연계와 사회관계를 폄하하고, 대륙으로 하여금 해양의 패권 및 해양통로가 이어놓은 경제관계에 종속되도록 한 것이다. 바로 이런 의미에서 만약 '주변-중심'의 틀을 19, 20세기까지 연장하

---

29) 이것은 엥겔스가 1858년 11월 18일 『뉴욕 데일리트리뷴』 제5494호에 쓴 사설 「극동에서의 러시아의 성공」에 나오는 문장이다. 『馬克思恩格斯選集』 40면 참조.

고 또 이 틀로 아시아 내부의 권력관계를 묘사한다면, 전통적 '주변' 범주가 새로운 세계체제 속에서 실제적인 중심적 지위를 차지한다는 사실을 은폐하게 될 것이다. 이 중심-주변 틀로는 일본이 근대아시아에서 수행한 역사적 역할을 설명할 수 없으며, 또한 어째서 일본·한국·홍콩·타이완·싱가포르 등 '주변'이 잇따라 19, 20세기의 아시아 자본주의의 중심 또는 아시아의 중심지역이 되었고 중국·인도와 중앙아시아 등 대륙지역은 오히려 장기간에 걸쳐 진정한 '주변'으로 몰락했는지 밝혀낼 수 없다(중국경제의 기원은 최근의, 아직 완성되지 않은 사건이다). 또한 현재 중국에서 한창 발생하고 있는 연해지역과 내지 —— 특히 서북지역 —— 의 심각한 분화와 내륙경제에 대한 연해경제의 지배성을 해석할 수 없다. 만약 이 전통적 중심-주변 틀에 따라 청조와 일본이 한반도에서 충돌한 것과 청일전쟁을 해석한다면, 19세기에 아시아지역에서 발생한 권력관계의 중대한 전환을 은폐하게 될 것이다. 일찍이 1930년대에, 미야자끼 이찌사다는 이미 경제사의 관점에서 중국역사를 다음과 같이 구분하였다. 즉 고대부터 중세까지는 내륙지역 중심의 시대였고, 송대부터 근세까지는 운하지대 중심의 시대로 변하였다가 만청(滿淸) 이래는 해안 중심의 시대였다는 것이다. 해안 중심의 시대는 유럽의 영향하에 발생한 새로운 국면으로,[30] 청조는 비록 광활한 시장을 가지고 있었음에도 불구하고 결코 자본주의적 생산과 금융의 중심적 지위에 있지 않았다. 이런 의미에서 오직 전통적인 '중심-주변' 틀을 '대륙-해양'의 변동이라는 역사적 관계 속에 둘 때에만 비로소 19세기 이래 아시아지역에서 발생한 '중심-주변' 관계의 지속적 변화와 역사적 추동력을 효과적으로 설명할 수 있다.

넷째, 중국역사 속의 조공관계와 조약관계가 결코 확연히 대립되는 범주가 아니라면, 유럽국가가 국경을 초월해 무역·정치·군사관계를 발전시

----

30) 宮崎市定 「東洋的近世」, 『日本學者研究中國史論著選譯』 第1券, 北京: 中華書局 1993, 168~70면.

키는 동시에 상이한 형식으로 국가간의 관계를 확립해나가는 데에는 조공관계도 포함된다. 예컨대 러시아·포르투갈·스페인·네덜란드·영국 등의 국가와 청조의 관계를 조공관계라고 부르기도 하지만 실질적으로는 외교관계 또는 조약관계이기도 하다. 하마시다 타께시는 조공의 유형을 나누면서 현재의 외교관계 및 대외무역관계에 가장 근접한 '통상(通商)유형'을 지적하였다. 조공권(朝貢權) 내부에는 이른바 조공-회사(回賜)관계가 있었으니, 이 관계는 때로는 등가적이기도 하고 또 때로는 회사가 조공의 가치를 넘기도 하였기에, 조공관계는 경제무역왕래와 예의(禮儀)왕래의 이중적 성격을 갖고 있었다. 이런 상황에서, 예의에 관한 불평등과 대외관계·조공관계의 예의적 성격과 실질적 내용은 상호중첩되어 있다. 더욱 중요한 것은, 영국과 인도·북미 사이의 무역관계는 중국 조공모델과는 성격이 다른 조공관계가 아닌가 하는 것이다. 청조와 유럽국가, 특히 영국과의 차이를 제국과 민족국가, 조공체제와 조약체제라는 범주 내에서 해석하기는 매우 어렵다. 아편전쟁 이후, 위원(魏源) 등은 이미 무역 부문에서 중국과 영국의 주요한 차이는 조공체제와 조약체제에 있지 않으며, 중국이 결코 조공물에 의지하여 자국의 경제를 지탱하지 않았음을 인식하고 있었다. 또한 제국의 군사적·정치적 관계와 대외무역이 직접적으로 연계될 내재적 동력이 없었음을 의식하였다. 이와 대조적으로 영국 본토의 경제는 북미·인도 또는 그밖의 식민지지역과의 무역관계와 조공물에 광범위하게 의지하고 있었다. 따라서 영국경제의 내부에는 국가체제와 무역관계를 직접 이어주는 동력이 존재하고 있었다. 그러므로 만약 중국 화상(華商)의 해외무역이 '일종의 제국 없는 무역'이었다면, 영국 상인은 조직적인 국가 보호하의 병상(兵商)결합 무역에 종사한 것이었다.[31] 이 시야에서 출발하면, 아시아의 중심-주변 메커니즘과 유럽의 '국가'메커니즘 사이의 비슷

31) Wang, Gungwu, "Merchants without Empire," James Tracy, ed., *The Rise of Merchant Empire*, Cambridge: Cambridge University Press 1990, 400~21면.

하면서도 다른 관계를 어떻게 구분지을 것인가가 진지하게 사고해야할 문제가 된다.

다섯째, '조공체제'를 이용해 동아시아와 동남아시아의 역사적 관계를 연관지으려면 조공체제라는 범주의 한계와 변화에 특히 주의를 기울여야 한다. 19세기 초에 중국은 관방의 조공체제를 성공적으로 민간무역체제로 전환하였으며, 이것은 또한 장기적인 역사적 상호작용의 결과로 형성되었다. 쉬 빠오챵(許寶强)은 자신의 박사논문에서 이렇게 말했다. "유럽이 16세기 초에 동아시아에 왔을 때 이미 관방의 조공체제와 연계하여 무역을 발전시키려 하였으나, 그들은 자신들이 점차 광대한 중국의 해외무역 네트워크에 의존해간다는 사실을 알게 되었다. 따라서 의식적으로 이 네트워크의 발전을 장려하였다. 19세기 초 이래로 중국을 중심으로 하는 관방 조공체제는 이제껏 진정으로 실현된 적이 없었던, 통제에 관한 관방의 환상일 뿐이라고 인식되었다. 왜냐하면 중국은 제국주의 열강의 부단히 증대하는 패권과 침략에 직면했기 때문이다. 따라서 관방조공체제가 아니라 민간의 중국 해외무역 네트워크는 동아시아지역을 내재적으로 상호연관된 역사체계 속으로 정합(整合)시켰다."[32] 그의 담론에 따르면 조공무역이 아니라 (밀수활동을 포함한) 민간 해외무역은 동아시아와 동남아시아의 무역네트워크를 연결하는 더욱 중요한 매개체를 구축하였다. 19세기에 동남아시아의 시장발전은 조공무역의 결과라기보다는 조공체제 타파의 결과이고, 밀수·무장운송 및 유럽국가의 무역 독점이 18, 19세기 동남아시아 무역형식의 중요한 특징을 구성하였다고 해야 할 것이다. 중국과 동남아 지역 연계의 이런 비관방적 성격, 특히 밀수·무역·표류(漂流)가 형성한 동남아시아 화교집단과 중국의 연계방식은 청말 중국혁명의 해외 기반이 되었던 당대 중국과 해외 화교경제의 특수한 연계방식으로 이어졌다. 바

----

32) 이상의 인용문은 쉬 빠오챵의 박사논문에 나오는 말로, 책으로는 아직 출판되지 않았다. 내가 참고할 수 있도록 원고를 보내준 쉬 빠오챵 선생께 감사드린다.

뀌 말하면, 중국과 남양(南洋)의 이런 비관방적 연계는 근대 중국혁명에 일종의 특수한 아시아적 동력을 제공하였다.

일본의 아시아론은 자주성을 추구하는 과정에서 발생한 것으로, 이 특수한 시야는 우리가 일본의 아시아 상상을 이해하는 데 극히 중요한 의미를 갖는다. 상대적으로 말하면, 아시아는 이제까지의 중국 정체성 확인문제에서 중요한 범주가 아니었으며, 레닌과 쑨 줍샨의 표현이 증명하듯이, 중국 정체성 확인문제는 주로 사회혁명의 범주에서 수립된 것이다. 또한 이 사회혁명의 범주는 일종의 전지구적 자본주의 관계에서 나온 것이다. 이러한 일본의 동아시아관은 해양시대에 대한 응답이었다. 즉 일본의 동아시아관은 한편으로 민족국가를 기본단위로 하여 형성된 무역 및 정치관계를 평가하였고, 다른 한편으로는 해양의 동력이라는 시각에서 전통적 조공관계를 다루었다. 또한 자신과 아시아의 관계를 새롭게 경계지으려고 하였다. 이 해양중심론의 시야에서는, 광활한 대륙과 중화제국의 복잡한 정치구조 및 내부의 상호작용 관계가 아니라 주변(일본)과 중심(중국)의 관계모델이 진정한 중심문제를 구성하였다. 카라따니 코오진(柄谷行人)은 일본 민족주의와 서사언어(書寫言語)를 다룬 논문에서, 일본 민족주의의 맹아가 맨 처음 주로 일본어 어음(語音)에 따라 한자를 적어야 한다는 문화운동으로 표현되었다고 본다. 18세기 일본 국학가(國學家)의 어음중심주의는 중국'문화' 통치를 반대하는 정치투쟁 성격을 띠었거나 혹은 무사도(武士道)에 대한 자산계급의 비판이었다. 왜냐하면 중국철학은 토꾸까와(德川) 막부의 관방이데올로기였기 때문이다.[33] 일본의 문화민족주의가 '서양'과 특정한 관계가 없다면, 중화제국의 지배를 벗어나는 것이 곧 일본 현대국가 형성의 역사적 동력이 된다. 카라따니 코오진의 입장은 하마시다 타께시의 유기체적 아시아 개념과는 완전히 다른데, 그는 일본의 특

33) 柄谷行人「民族主義與書寫語言」,『學人』第9輯, 104~105면.

수성을 지나치게 부각시키는 것을 반대한다. 그러나 전자는 일본 민족주의를 지역 내부의 사건으로 해석하려 했고, 후자 역시 중국중심의 무역네트워크 속에서 근대일본의 활동논리를 드러내려 하였다. 양자의 연구시각에는 분명한 중첩이 존재하며, 그 핵심부분은 실제로 현대 일본과 서양, 일본과 아시아대륙의 역사적 관계를 새롭게 설정하려는 데에 있다. 이 연구들은 서로 다른 주권국가 개념·시장체제·현대법률체계·문화교육제도 및 그에 상응하는 지식계보에 의해 특정한 사회적 기초와 조건에서 형성된 것이고, 따라서 단순히 유럽문명이 자극한 결과로 간주할 수 없음을 증명한다. 유럽에 대한 이 비판적 지향은 총체주의적 아시아관을 수립하는 데 기초를 제공하였으며, 장기간 아시아 내륙관계를 지배해온 동력들과 정치형식들을 중시하지 않았다. 이는 분명 근대일본의 역사의식 및 역사시야와 밀접한 관련이 있다.

하나의 분석범주로서, 아시아 개념은 초지역적 경제·무역활동을 연구하는 학자들에게 더욱 쉽게 수용되는 것 같다. 사상사와 문화사의 영역에서 이 개념은 일정한 해석능력을 가지고 있는 것인가? 미조구찌 유우조오는 도표를 이용해 주자학이 근세에 동점(東漸)한 상황을 설명하고, 또 주자학의 전파를 단서로 중국·일본·조선사회의 변화를 관찰하였다. 그는 '중국중심'의 묘사와 이 묘사의 배후에 잠재되어 있는 중국/서구 대비모델을 탈피하고 문화전파와 그에 상응하는 정치·지리 개념을 서사의 기초로 삼고자 애썼다. 브로델과 마찬가지로 미조구찌는 장기지속이라는 역사방법을 택하였고, 지역간의 교류관계(경제·정치·문화)에 근거하여 '아시아의 근대'의 탄생을 해석하였다. 그러나 브로델, 특히 월러스틴의 세계체제 모델과 구별되는 것은 미조구찌가 '아시아의 근대'의 탄생을 유럽중심의 세계체제가 확장된 결과로 보지 않고, 그와 반대로 이 과정이 주로 중국중심의 아시아 교류체계 속에서 발전한 것이라고 여기는 점이다. 미조구찌가 주자학의 전파를 단서로 근세 동아시아의 문화적 특징을 묘사한 것은 다른 학자들이 경제사적 시각에 치중하여 아시아지역 내부의 중심과 주변 관계를 서술한 것과는 다르다. 그가 보기에 동아시아지역의 모종의 전환들은 동아시아문화의 전파과정과 내재적 연계가 있으며, 따라서 이 지역의 근대화과정은 유럽 근대화과정과 구별되는 '문화적 원리성'이 있다. 이는 일정정도 니시지마 사다오의 관점에 대한 응답이다. 예를 들어 그는 10세기의 송조(宋朝), 14세기의 조선조(朝鮮朝)와 17세기의 에도시대를 각기 사회가 '근세' 시기로 진입한 출발점이라고 보았다. 중국에 대해 말하자면, "주자학은 귀족제가 붕괴하고, 과거관료(科擧官僚)가 세력을 갖는 시대로 전환하던 역사과정에서 형성된 것이다. 주자학은 한편으로는 합리주의적 우주관과 세계관을 갖고 있었다. 또 한편으로는 법제에 비해 덕제(德制)를 강조하는 정치원리였다. 게다가 그 기초는 향촌의 지주제에 있었다."[34] 이후 조선조와 에도시대에 각기 귀족제가 붕괴하고 평민사회를 향한 과도적 과정이 출현하였는데, 조선조와 에도시대에는 과거관료제를 시행하고, 새로운 농민계급과 무사계급을 형성하였으며, 상이한 역사적 조건하에서 도덕교화 위주의 질서를 구축하였다. 주자학의 전파는 이러한 사회변화를 촉진한 중요 요소이다. 그러므로 미조구찌는 주자학이 "근세와 상호부응하는 근세적 유교"라고 단언하였다.[35] 이는 근대중국이 주자학을 탈피했다는 역사와 상반된다.

주자학의 전파라는 시각에서 동아시아의 역사적 변천을 고려하여, 초(超)지역 연구의 유럽중심주의와 방법론상의 경제주의를 수정하였다. 우리는 미조구찌의 논의와 일본근대사 역사편찬학의 '동아시아문명권' 개념의 관계를 쉽게 찾을 수 있다. 미조구찌의 서술을 지역간 교류관계에 치중하여 자본주의의 동력을 이해하는 브로델과 월러스틴의 방식과 대비해 보면, 미조구찌가 그들과 의견을 달리하는 두 지점을 발견할 수 있다. 첫

---

34) 溝口雄三『中國的思想』, 75면.
35) 溝口雄三, 같은 책.

째, 중국과 그밖의 아시아국가의 내부 전환은 결코 완전한 유럽세력과 마주친 결과가 아니며, (주자학의 전파 같은) 아시아지역 내부의 문화교류와 조공무역관계 및 중앙제국과 주변지역의 분화 추세는 모두 아시아 민족주의의 형성에 내재적 동력을 제공하였다. 아마도 더욱 심각한 도전은 중고(中古) 이래 발전한 아시아무역이 유럽 자본주의의 발전을 촉진하였고, 당대 세계체제는 길고긴 역사과정에서 다양한 세계체제가 상호충돌한 결과라는 데에 있다. 둘째, 원거리 무역이론은 문화의 전파와 그것이 사회변화에 미치는 영향에 주의하지 않았고, 심각한 경제주의적 경향을 띠고 있다. 세계체제이론은 세계체제로서의 민족국가라는 정치구조의 의미를 부각시켰으나, 문화의 의미를 중시하지 않았다. 바로 이 때문에, 미조구찌 유우조오의 관점은 주목할 가치가 있다. 즉 그는 연구의 시야를 단일사회의 내부에서 아시아지역 내부(주로 동아시아)의 상호작용관계로 전화시켰고, 또 중국의 근대적 변혁을 그것의 윤리세계와 밀접히 연계된 것이라고 여겼다. 그러므로 아시아의 '근대'는 자신의 문화적 가치를 포함하고 있다. 따라서 아시아 개념과 윤리적 관념 또는 문화는 내재적 연계를 갖고 있다. 이 연구시각은 세계체제이론 속에 내포된 유럽중심주의에 대한 도전으로 받아들여졌다.

근세 동아시아에 대한 미조구찌의 설명은 개요적이어서, 대담하기는 하지만 실증적 연구가 부족하다. 그의 시각은 '아시아체계'의 문화모델을 수립할 가능성을 발견한 것이라기보다는 동아시아지역의 문화전파관계를 단서로 하는, 중국과 아시아의 '현대'에 대한 이해를 제공한 것이라고 할 수 있다. 미조구찌의 시각에서 보면 사회의 구조적 변화는 단시간 내에 확정된 것이 아니라 일찍이 현대시기 이전인 16, 17세기에 이미 거대한 전환을 거친 것이다.[36) 이 관점 자체는 결코 완전히 새로운 것이 아니다. 즉, 중국 맑

----

36) 이 변화들은 다양한 방면에서 표현되었다. 철학사상에서는 이원론으로부터 일원론을 향한, 거인욕(去人欲)의 천리(天理)로부터 존인욕(存人欲)의 천리로의 전환, 정치사상에서는

스주의사학은 줄곧 명청시기의 사회변화에 주목하였는데, 이 시기 전제(田制, 예컨대 명대의 일조편법一條鞭法과 청대의 경명법更名法)·도시 수공업 및 시장과 사상의 변화(지방자치·권리의식 및 자아의 관점)가 역사전환의 핵심고리를 구성하였다고 여겼다. 이런 의미에서 미조구찌와 중국 학자들의 연구는 모두 내부발전론의 경향을 지니고 있다. 예컨대 그는 주자학과 양명학을 현대사상의 기원이라고 간주하며, 또한 '향약(鄕約)' 및 전제론과 밀접하게 관련된 사상의 전파가 동아시아지역의 총체적 변화의 일부분을 구성하였다고 본다. 미조구찌의 독특한 관점은 여기에 있다. 즉 그는 조공무역에 관한 하마시다 타께시의 연구를 원용하여 원거리무역과 초지역적 문화전파를 아시아의 '근대'를 이해하는 핵심고리로 간주한다. 만약 전자가 사회 내부의 생산관계의 변화가 사회변동의 핵심적인 원인이라고 여긴다면, 후자는 현대성의 탄생을 해석할 때 (경제와 문화의 교류와 유통을 포함한) 교환과 유통에 더욱 주목한다. 장기적인 역사적 시야에서 보면, 이 두 가지 상이한 방면은 서로 영향을 주고받아, 단일한 시야에서 사회의 변화와 그 동력을 해석하기란 매우 어렵다. 분명한 것은 만약 일본의 '근세' 개념과 독특한 아시아 시각이 없었다면, 미조구찌의 논의는 수립될 수 없다는 것이다. 많은 사람들의 관점과는 달리 미조구찌의 논의는 주자학을 현대와 완전히 무관한 것으로 간주하지 않았고, 주자학의 쇠퇴를 현대 발생의 전제조건으로 여기지도 않았다. '근세' 개념은 아시아 개념과 밀접히 연계되어 미묘하게 주자학과 그것이 체현하는 사회사상을 현대를 향한

덕치군주관으로부터 기능적 군주관으로의 전환, 경제사상에서는 왕토(王土)관념으로부터 민토(民土)관념으로의 전환과 사회적 생존욕·소유욕 관념의 출현, 사회사상에서는 '사(私)'에 대한 긍정, 종족·종교결사를 기초로 하는 민간 상호부조 메커니즘의 확충, 예교(禮敎)의 침투가 가져온 민간의 지역적 혈연질서의 확립, 학술문화에서는 학문영역의 분화와 독립의 추세, 제자학(諸子學)의 새로운 해석 등이다. 미조구찌 유우조오가 1997년 12월 12일 뻬이징의 싼롄서점(三聯書店)에서 한 강연의 요지인 「중국의 역사상과 현대상(中國的 歷史像與現代像)」(미간행 원고) 참조.

과도기적 교량으로 취급한다.[37] 미조구찌는 송대 이래 중국사상 가운데 '천리(天理)'와 '공(公)/사(私)' 등의 범주에 특별히 주목하는데, 이 두 가지 개념이 송대부터 청대까지의 사상사와 사회사를 관통한다고 주장하면서 더 나아가 이렇게 지적한다. 즉 중국 근대혁명에서 쑨 쭝샨의 민생주의와 사회주의혁명의 토지제도와 16, 17세기의 전제론, 군주론 및 그 가치관 사이에는 내재적 연속성이 있다는 것이다. 만약 우리가 '공' 혹은 '천리'를 역사적 연속성의 형식적 특징이자 실질적 존재로 여긴다면, 우리는 반드시 전통사회와 현대사회를 구성하는 제도 사이의 연관과 차이를 고려해야 한다.

미조구찌는 쑨 쭝샨의 사상, 특히 삼민주의의 평등주의적 특징이 전통적 '공'관념 위에 수립되었다고 여기면서, 일종의 연속적 역사해석을 수행하였다. 즉, 황종희(黃宗羲)의 전제론으로부터 쑨 쭝샨의 민생주의, 마오쩌둥의 공사제(公社制)까지는 일관되게 이어지고 있다는 것이다. 그러나

----

37) 주자학의 전파를 '근대의 계보'라고 이해하는 것은 일본 학계의 공통된 인식 중 하나이다. 예를 들면 이시다 이찌로오(石田一良)는 『문화사학: 이론과 방법(文化史學: 理論與方法)』에서 한 장(章)을 할애해 「근대정신의 계보: 주자학의 세계관과 그 역사적 위치(近代精神的系譜: 朱子學的世界觀及其歷史地位)」(杭州: 浙江人民出版社 1989)를 논하였다. 그가 보기에 '근대정신'은 초월적 신앙과 자연에 대한 관심 속에서 발전한 것으로, "초월자에 대한 관심(신앙)과 인류 및 자연에 대한 관심〔俗念〕이 고대에 일찍이 서로 융화하여 합쳐졌으며, 이런 관계방식은 고대와 중세의 교체기에 철저하게 붕괴하였다. 그것을 대신한 것은 두 가지 관심의 분기와 대립이며, 초월자가 던진 강한 빛 아래에서 일본인은 처음으로 자연의 생생한 자태를 목격하였고, 이에 근대를 향한 발걸음에 매진하였다."(284면) 그러나 이시다는 여기서 '근세의 계보'를 고대-중세-근세의 시간순서 속에 두었으니, 명백히 유럽역사의 목적론적 서사를 참조한 것이다. 이 방면에서 미조구찌의 서술은 분명히 다른데, 그는 결코 중국의 근대가 중세의 해체를 통해서야 드러날 수 있다고 생각하지 않는다. 예컨대 그는 '자연법' 문제를 논할 때 "중국에는 본래 해체하거나 제거해야 할 중세 자연법사상이 없었으며, 그런 것이 있었다고 하더라도 곧 그것의 해체를 가정하고, 더 나아가 해체된 상태를 가정하는 식으로 논리를 구성하였다. 그러므로 이는 가정상의 이차, 삼차 중복된 논리에 지나지 않으며, 중국사상사에 대한 해명으로 말하자면, 그 유효성은 사실상 분명 한계가 있다." 溝口雄三 『中國前近代思想的演變』 참조.

역사 속의 이러한 유사한 현상은 결국 어떤 '원리(예컨대 천天과 공公의 관념)의 연속인가, 아니면 국가/지방, 지주/농민이 부단히 변화한 결과인가? 만약 이것이 일종의 원리의 연속이라면, 우리는 어떻게 정주이학(程朱理學)에 대한 현대사상의 비판을 이해해야 하며, 또 평등주의의 부단히 변화한 사회적 내용을 이해해야 하는가?[38] 천리세계관과 공(公)관념이 담고 있는 평등의식은 역사적 변화를 거쳤기에, 관념의 차원에서만 설명하기가 매우 곤란하다. 즉 만약 천리개념 속에 들어 있는 평등의식이 처음부터 귀족등급제를 와해시키고 비판할 의향을 반영한 것이라면, 이후 다시 지주사신(地主士紳)이 황권의 과도한 확장을 반대한 것과도 연계가 있는 것이다. 이런 평등주의를 일종의 '문화적 원리'로 간주하는 것보다는 그것의 함의를 정치권력, 토지 및 노동력의 재분배를 매개로 하는 등급제도의 재편문제로 이해하는 것이 낫다. 바로 이런 의미에서 우리는 비로소 다음의 역설을 이해할 수 있다. 즉 천리관은 등급제에 반대하는 평등주의 이데올로기가 될 수도 있고, 등급구조를 옹호하는 이데올로기가 될 수도 있다. 현대혁명의 평등주의와 천리관의 평등주의는 상호연계되어 있기도 하고 충돌하기도 한다.

이 역설을 통해 우리는 극히 심각한 역사현상을 목격하게 된다. 즉 왕권에 대한 혁명이 최종적으로는 향신분권(鄕紳分權)을 특징으로 하는 지주제를 지향하였다는 것이다. 여기에서 미조구찌의 '근세관'의 난점을 찾을 수 있다. 즉 그의 근세관은 귀족/평민 같은 이분법의 기초 위에 수립되었고, 특수한 역사진보의식의 산물이다. 그러나 또 한편으로는 평등주의의 '공'관념이 등급구조와 신분등급제를 다시 만드는 과정에서 한 역할을 끊

---

38) 예컨대 '신시기' 이래 중국에서는 '가정책임 청부생산제(家庭聯産承包責任制)' 형식의 균전(均田)정책을 집행하였는데, 이 개혁은 평등주의를 그 이데올로기로 하는 공사제와 중앙집권제에 대한 개혁이지만, 그 정책의 기초는 여전히 토지재분배 과정의 평등원칙과 상대적으로 평등한 도농(都農)관계를 포함하고 있다. 평등의 함의는 여기에서 농민/도시인구, 향촌/국가의 관계로 새롭게 조정된다.

임없이 추궁하였고, 천리(天理)·인욕(人欲) 등의 개념과 새로운 질서재편의 복잡한 관계를 드러내었다.[39] 따라서 이런 진보관을 와해시키는 함의를 내포하고 있었다. 그러므로 더욱 절실한 문제는 '공'관념이 어떻게 새로운 사회체제의 합법성의 논리 속으로 조직되어 들어왔는가 하는 것이다.

미조구찌의 사상사 연구 중 가장 암시적인 부분은 그가 천/리, 공/사 등의 문제를 중국사상을 관찰하는 핵심적 요소로 보았다는 것이다. 이 두 가지 범주는 사상 차원과 사회 차원을 소통시켰고, 따라서 더이상 고정불변의 철학개념이 아니었다. 만약 미조구찌가 송명(宋明)시대의 확연히 다른 사상 속에서 '이(理)'개념의 연속성을 발견하였다면, 또한 이지(李贄)의 반역적 사상이 어째서 일관된 '이'관을 포함하고 있었는지 밝혀냈다면, 이런 단절과 연속의 변증법은 우리가 현대사상의 발생을 이해하는 데 유익한 단서를 제공할 수 있는 것인가? 사상사 측면에서 이 관념들과 그 변화는 마침 우리가 역사적 정황을 이해하는 독특한 노선이 되었다. 바로 이런 의미에서, 천리개념과 현대 공리관(公理觀) 사이의 관계는 진지하게 탐구해 볼 만하며, 그것은 우리가 현대사상의 기원을 이해하는 특수한 통로가 될 것이다. 현대사상의 기원은 종횡으로 교차하는 각종의 역사적 관계 속에서 전개된 것이고, 그러므로 중요한 것은 사상 변동의 유일한 원인을 발견하는 것이 아니라 사상적 지향의 다중성, 각종 사상요소의 조합방식, 그 내재적 모순과 실천에서 곤경을 발견하는 것이다. '공'관념에 대한 미조구찌 유우조오의 연구는 오늘날에도 여전히 유효한 평등의 가치를 역사 속에서 발굴하는 것이다. 그렇다면 이 가치는 어떻게 해야 민족주의의 맥락에서

---

39) 예컨대 그는 명말청초의 '인욕'관념을 이렇게 논하였다. "천리의 지위는 여전히 태산처럼 안정적이고, 인욕이 비록 위치를 바꾸었다 하더라도 그 자체는 결코 자립적 기초를 얻지 못하였다. (…) 만약 '천리'를 봉건적 신분질서로 간주하고, '인욕'을 사람들의 자연적 욕망이라고 간주한다면, '인욕'이 반대로 봉건질서 속의 '공' 혹은 '적당함[恰好]'의 요소를 이루었고, '천리'는 일면 '인욕'을 자신 속에 수용하고 일면 자신에 대해 재편과 보강을 진행한다고 할 수 있다." 溝口雄三『中國前近代思想的演變』, 110~16면 참조.

더욱 광범한 평등주의로 전화될 수 있으며, 이런 새로운 평등주의의 사회적 기초는 무엇인가? 미조구찌는 이에 대해 명확한 대답을 하지 않았다. 그의 논의틀에서 천(天)을 중심으로 하는 유교주의 세계관은 중국을 중심으로 하는 아시아의 원리라고 볼 수 있다. 앞에서 살펴본 바와 마찬가지로, 이러한 총체로서의 아시아가 실제로 가리키는 것은 동아시아이며, 중국 유교문화를 포함하는 아시아와 조공네트워크(특히 해양조공 네트워크)를 매개체로 하는 아시아의 복합체이다. 이 총체적인 동아시아 시각에서, 아시아의 중심부와 중국역사의 형성에 핵심적인 작용을 한 대륙관계 —— 중국과 중앙아시아, 서아시아와 북아시아의 전쟁·무역·이주·혼거(混居)·종교전파·문화교류 등 —— 는 분명히 중심적 지위를 차지하고 있지 않다. 그러나 미조구찌의 담론은 하나의 가능성, 즉 19세기 유럽사상이 다져놓은 제국-민족국가의 이원론을 벗어날 가능성을 보여주었다. 이 가능성의 근원은 하나의 기본적 전제에서 성립되었다. 요컨대 미조구찌는 중국이라는 범주를 아시아라는 개념 속에 융화시키지 않았으며, 그의 아시아 이해는 중국사에 대한 긍정적 이해 위에 수립되었다는 것이다. 앞에서 언급한 유럽 사상가들처럼 그렇게 정치적 전제주의, 농경문명 등의 범주를 사용해 중국을 일종의 자기부정의 목적론적 역사관의 틀 안에 가두지 않았다.

– 4 –

하나의 세계사 : 아시아·제국·민족국가

이러한 서술은 아시아의 자주성을 증명했다기보다는 아시아 개념의 애매성과 모순성을 증명하였다고 하는 편이 낫다. 즉 이 개념은 식민주의적이기도 하고 반식민주의적이기도 하다. 동시에 보수적이기도 하고 혁명적이기도 하다. 또한 민족주의적이기도 하고 국제주의적이기도 하다. 유럽적이면서도 역으로 유럽의 자기이해를 형성하였다. 민족국가 문제와 밀접한 관련이 있으면서 또 제국 시각과 상호중첩되기도 한다. 유럽과 상대적인 문명개념이기도 하면서 또 지정학적 정치관계 속에 수립된 지리적 범주이기도 하다. 나는 아시아의 정치·경제·문화적 자주성을 탐구하는 과정에서 반드시 이 개념 생성의 역사 속에 포함된 파생성·애매성·모순성을 직시해야 한다고 본다. 이 특성들은 구체적 역사관계의 산물이며, 따라서 오직 구체적인 역사관계 속에서만 이런 특성을 초월하거나 극복할 단서를 찾을 수 있다.

첫째, 아시아 개념은 '현대' 문제 혹은 자본주의 문제와 밀접한 관련이 있으며, 이러한 '현대' 문제의 핵심은 민족국가와 시장관계의 발전이다. 이 개념 속에서 민족주의와 초민족주의의 장력(張力)은 자본주의시장의 국가와 초국가 관계에 대한 이중적 의존과 밀접한 연관이 있다. 헤겔, 아담 스미스, 맑스가 일종의 역사진화적 범주 속에서 아시아를 봉건·낙후 또는 이른바 아시아적 생산양식과 연계시켰다면, 미야자끼 이찌사다, 하마시다 타께시, 미조구찌 유우조오, 프랑크 등은 아시아를 민족국가, 원거리무역, 산업 및 과학기술의 발전 등 앞에서 설명한 통상유럽에 귀속되는 역사적 특성과 연관지으려고 하였다. 아시아의 초기 현대성에 관한 연구와 아시아 자본주의에 관한 논의는 모두 오늘날 아시아 개념의 사용방식에 중요한 영향을 미쳤다. 논의 범위가 민족국가와 자본주의 등의 문제를 둘러싸고 전개되었기 때문에, 아시아사회의 풍부한 역사적 관계, 제도적 형식, 풍속과 관습, 문화적 구성은 모두 '현대성'에 관한 논의 속에 편입되었다. 이 '현대성' 토론과 연계가 없는 가치·제도·예의 등은 주변으로, 부분으로 억압되었고, 이러한 분석의 목적 중 하나는 이러한 현대성 논의를 통해 억압된 역사적 유산의 윤곽을 다시금 묘사하고, 새로운 역사적 조건에서 이용할 만한 역사적 유산 —— 가치·제도·예의·경제관계 등 —— 의 존재 여부를 검토하는 것이다. 서양중심주의에 대한 비판이 만약 자본주의의 발전과 위기에 대한 사고와 연계되지 못한다면, 허황한 공상에 빠져

버릴 가능성이 생길 것이고, 따라서 아시아문화를 전지구적 자본주의의 다원문화적 장식의 틀 안에 위치시킬 것이다.

둘째, 아시아 개념과 민족국가·민족주의운동은 역사적·현실적으로 밀접한 연관이 있다. 오늘날까지 민족국가는 여전히 아시아 내부의 지역적 연계를 촉진하는 주요 동력이며, 그 주요한 표현은 다음과 같다. ① 지역관계는 국가관계의 연장이다. 즉 말레이시아가 강하게 추진하는 아시아포럼이든, 한국이 추진하는 동아시아 네트워크이든, 또 아세안·샹하이6국 등의 지역적 조직이든 모두 경제교류의 발전을 축으로 하여 형성된 국가 관계이다. ② 아시아지역의 주권수립 과정은 여전히 완성되지 않았다. 즉 한반도·타이완해협의 대치국면, 전후 일본의 불완전한 주권국가 형식은 모두 19세기에 시작된 민족주의의 진행과정이 여전히 동아시아지역의 권력관계에서 중요한 측면을 지배하고 있음을 말한다. ③ 새로운 아시아담론은 전지구일체화 과정이 조성한 일국지배와 동요(動搖)에 대해 보호적이고 건설적인 지역네트워크를 형성하려 하기 때문에, 국가 문제는 여전히 아시아 문제의 중심 부분을 차지한다. 아시아 상상은 종종 모호한 아시아 정체성에 호소하지만, 만약 우리가 이 구상의 제도적·규칙적 전제를 캐묻는다면, 민족국가라는 이 시도는 초월적 정치구조를 통해서 부각될 것이다. 아시아국가는 오직 민족해방운동의 역사적 기초 위에서만, 즉 평등한 주권의 존중이라는 기초 위에서만 새로운 형태의 협력관계의 보호적 성격의 제도적 틀과 공동통치의 사회적 틀을 형성할 수 있다. 아시아 구상은 신자유주의의 제국계획에 대한 거부의 산물로, 보호적 성격의 주권범주에 대한 간단한 부정이 아니며 또 그래서도 안된다.

셋째, 이러한 두 문제와 관련하여, 아시아 상상 속에서 민족국가의 지배적 성격은 근대유럽이 창조한, 제국과 민족국가의 상호대립에 기반한 이원론에서 탄생하였다. 이 이원론의 역사적 함의는 다음과 같다. 즉 민족국가는 유일한 현대적 정치형식이자 자본주의 발전의 가장 중요한 전제이다. 그러나 이 이원론은 '제국' 범주 내에 귀납된 정치와 경제관계의 다양성을 단순화하였고 또 각 민족국가 내부관계의 다양성도 단순화하였다. 예컨대 송대사(宋代史) 속의 '근대성'의 요소에 관한 연구는 중화제국역사에서 풍부한 '국가'자원, 자본주의적 경제관계 및 문화적 내용을 드러내보여주었으나, 청대사(淸代史)에 관한 연구는 국경, 외교 등 '주권국가'에 근접하는 요소가 어떻게 조공관계 및 권력의 다중심화(多中心化) 등의 '제국' 요소와 한데 얽혀 있는지를 증명하였다. 현대 중국의 내외관계는 사실상 전(前) 민족국가시대의 갖가지 유산을 계승하였으며, 또한 주권국가의 모델에 따라 이 유산들을 개조하였다. 현대 동아시아 상상은 국가관계를 주요한 기초로 삼아 아시아 —— 중국을 포함하여 —— 의 복잡한 민족·지역 및 '제국' 범주 속에 덮혀버린 교류형식을 다루는 경우는 아주 드물다. 민족국가가 일종의 주도적 정치틀이 되는 조건에서, 아시아 전통의 각종 교류·공존의 경험과 제도형식은 민족국가체제가 가져오는 내외적 곤경을 초월할 가능성을 제공할 수 있는가?

넷째, 하나의 범주적 총체성으로서의 아시아는 유럽과의 대비관계에서 수립된 것으로, 그 내부에는 각종 이질적인 문화와 종교 및 그밖의 사회적 요소가 포함되어 있다. 역사적 전통으로 보든 현실관계로 보든, 아시아에는 EU식의 슈퍼국가 수립의 가능성이나 조건은 존재하지 않는다. 불교·유태교·기독교·힌두교·이슬람교·시크교·도교·조로아스터교·유교 등은 모두 우리가 아시아라고 부르는, 세계 육지의 3/5과 인구의 반 이상을 차지하는 대륙에서 기원하였다. 단일한 문화로 아시아를 설명하는 것은 그 어떠한 방식으로도 정당성을 부여받기 힘들다. 유교주의적 아시아관으로는 중국의 문화적 구성조차도 설명할 수 없으니, 설령 아시아 개념을 동아시아 개념으로 축소한다고 해도 동아시아 내부의 문화적 다원성 문제를 피할 방법이 없다. 여기에서 문제의 두 측면을 중점적으로 지적할 필요가 있다. 즉 한편으로 문화적 다원성은 이제껏 아시아 내부의 교류와 연계에 방해가 되지 않았으며, 여러 문화 사이의 공존·융합·교류는 오히려 중국 역사와 아시아역사의 가장 중요한 경험을 구성하였다. 또 한편으로 공통의 역사적·문화적 조건, 지역상의 직접적 연계, 경제발전의 상호보완성 및 정치문화의 유사성은 지역연계에 편리한 조건을 제공하였는데, 다양성은 내부의 다중구조 관계가 구성한 것으로, 결코 특정 국가들이 이러한 역사적 조건을 전제로 더욱 긴밀한 정치·경제·문화적 교류의 틀을 형성하는 데 장애가 되지 않는다. 동아시아 상상 혹은 다원적 아시아의 구상은 바로 이 전제 위에 수립된 것이다. 이 두 측면을 종합하면, 아시아 상상의 두 가지 가능한 방향이 나온다. 즉 하나는, 아시아 내부의 문화공존적 제도경험을 취하여 민족국가 범위 내에서 그리고 아시아지역 내부에서 상이한 문화, 종교 및 민족의 평등을 구현할 수 있는 새로운 형태의 민주적 모델을 발전시키는 것이다. 둘은 지역적 연계를 매개체로 하여, 다층적·개방적 사회조직('아세안＋한중일공동회의' '샹하이6국' 등)을 형성하여 경제발전에 협력하고 이익충돌을 없애며 민족국가체제의 위험성을 약화하는 것이다.

다섯째, 아시아와 유럽, 북아프리카 사이의 종교·무역·문화·군사·정치관계에는 오래되었으면서도 분리하기 어려운 역사적 연계가 있고, 민족국가의 내외모델로 아시아 혹은 미래의 아시아를 하나의 방대한 민족국가로 생각하는 것 역시 적당치 못하다. 하나의 역사적 예증은 17세기부터 19세기 중기까지, 청조와 러시아의 교류가 청조와 일본과의 교류보다 훨씬 다원적이었으며, 청러관계는 청조제국의 국경·무역·이민 및 내부 민족관계 모두에 대해 극히 중요한 영향을 낳았다는 것이다. 아시아의 내부관계는 근대 민족국가와 비슷한 제도형식을 만들어냈고, 외부관계는 아시아와 유럽 혹은 그밖의 지역과의 교류를 위한 조건을 만들었다. 또 한편, 몽골의 원(元)제국, 러시아제국, 청조제국의 군사적 확장은 아시아대륙 내부의 무역·이주와 문화적 교류를 선도하였고, 유럽과 아시아대륙 사이의 군사·무역·제도·문화의 상호침투에는 역사적 우연성이 충만하였다. 19세기 중기에 중국의 사대부들은 전통적 동남아 조공지역이 유럽인에 의해 침투되고 지배됨을 발견하였는데, '유럽'은 이미 일종의 내부적 존재였으며, 조공체제는 단지 일종의 관방적·사대부적 중심주의의 환상에 불과했다. 유럽 자본주의와 아시아의 역사적 상호작용은 오래된 역사적 범례를 제공하였는데, 즉 상이한 지역간의 무역·밀수·전쟁·이주는 또다른 지역의 생산양식, 사회관계와 생태환경을 재구성하고 변경하는 데 중요한 조건을 제공한다는 것이다. 그러므로 아시아의 자주성은 내재적 총체성 수립을 목표로 삼아서는 안되며, 이와 반대로 이러한 자주성은 각종 역사적 교류에 대한 총결을 통해서 산출하여야 한다. 바로 이 때문에 우리는 광범한 전지구적 연계 속에서 아시아담론과 지역적 실천을 펴나가야 한다. 즉 그밖의 지역의 시각에서 출발하여 아시아담론을 발전시켜야 하고, 또 아시아 시각의 전개를 통해 유럽과 아메리카를 새롭게 이해해야 한다. 지금까지 아시아 개념은 일종의 자기규정이 아니라 이 지역과 그밖의 지역의 상호작용의 결과로 생겨난 것이었다. 아시아 중심주의에 대한 비판은 아시아중심주의에 대한 확인이 아니라 그런 자기중심적·배타주의적·확장주의적 지배논리를 타파하는 것이다. 이런 의미에서 '신제국' 내부의 혼란과 다양성은 자명한 유럽 개념을 타파하며, 아시아 개념과 유럽 개념을 재구성하는 전제의 하나일 뿐 아니라 '신제국논리'를 돌파하는 필연적 경로이기도 하다. 아시아의 주체성은 새로운 정치·경제 관계와 정치·경제 구조에 의지하는데, 이런 정치·경제 관계와 구조는 각종 문화적·사회적 다양성을 수용할 수 있다. 새로운 개념은 일종의 정치적 아시아 개념이며, 따라서 역사와 실천을 연결할 수 있는 정치문화를 발굴하고 재구성하여 그것과 조화를 이루어야 한다.

여섯째, 만약 아시아의 문화적 잠재력에 대한 발굴이 유럽중심주의에 대한 비판이라고 한다면, 아시아 개념의 재구성 역시 아시아를 분할하는 식민세력·간섭세력·지배세력에 대한 저항이다. 아시아 상상이 함축하는 공통성은 부분적으로 식민주의·냉전시대와 전지구적 질서에 공통적으로 존재하는 종속적 지위로부터 나오며, 아시아사회의 민족자결운동, 사회주의운동과 식민지해방운동에서 나온다. 이러한 역사적 조건과 역사적 운동을 떠나서는 아시아의 현대적 함의를 이해할 수 없고, 당대 아시아의 분열상태와 전쟁위기의 근원을 이해할 수 없다. 사람들은 베를린장벽의 붕괴와 소련과 동구 사회주의 진영의 와해를 '냉전'의 종식으로 보지만, 아시아지역에서 '냉전'의 틀은 매우 크게 보존되어 있고, 또 새로운 역사적 조건하에서 새로운 파생형식을 발전시킨다. 2차대전 이후 전지구에 두루 퍼진 민족해방운동은 유럽의 식민자들을 유럽으로 돌려보냈으며, 식민지와 반식민지 인민들은 민족독립의 형식으로 새로운 국가를 이룩했으나, 오늘날까지 미국의 군사적 힘은 일본·한국·타이완해협·중동·필리핀 및 그밖의 지역에 두루 미치고 있으며, 심지어 지역 내부의 주권국가 —— 일본·한국 등 지역적 경제강국을 포함한 —— 도 실제로 결코 온전한 주권을 갖고 있지 않다. 주의할 만한 사실은 아시아 문제에 대한 당대의 토론은 국가가 추동하지 않으면 엘리뜨들이 발기한 것으로, 아시아지역의 각종 사회운동 —— 노동자운동·학생운동·농민운동·여성운동 등 —— 은 이에 대해 전혀 관심을 갖지 않았다는 것이다. 이것은 20세기에 세차게 끓어오른 아시아 민족해방의 물결과 선명한 대비를 이룬다.

내가 보기에 아시아 각지의 사회운동은 신자유주의의 전지구적 추세와 국가정책에 대한 저항 속에서 발전된 것이며, 따라서 아시아 각지의 사회운동을 연결하는 매개체는 마땅히 신자유주의/신제국의 세계질서와 국내정책에 대한 저항이자 비판이어야 한다. 이런 의미에서 새로운 아시아 상상은 20세기의 민족해방운동과 사회주의운동의 목표와 과제를 뛰어넘어야 하며, 동시에 반드시 새로운 조건에서 이들 운동이 해결할 수 없었던 역사적 과제를 탐색하고 반성해야 한다. 새로운 냉전을 만들어내는 것이 아니라 낡은 냉전과 그 파생형식을 제거하는 것, 그리고 식민관계를 재건하는 것이 아니라 잔존하거나 새로 생겨나는 식민의 가능성을 제거하는 것이 당대 아시아 구상의 중요한 동력이다. 아시아 상상은 역사적으로 식민주의와 자본주의적 현대성에 대한 비판적 사고를 포함하였다. 만약 20세기 민족해방운동과 사회주의운동이 이미 종결되었다고 한다면, 그 잔영은 여전히 새로운 아시아 상상을 불러일으키는 중요한 원천일 것이다. 만약 20세기의 아시아담론이 어떻게 식민주의와 자본주의에 유효하게 저항하고, 그것들을 바꿔나갈 것인가 하는 논리와 밀접히 관련되어 있다면, 근대 아시아의 역사적 유산으로서 민족해방운동과 사회주의운동의 동력, 격정적이고 미완성인 임무는 모두 새로운 아시아 상상으로 전화되어갈 것이다.

대 담

對談

대안적 세계를 향한 아시아 연대

대담자

왕 후이 • 이욱연

　　내가 왕 후이를 처음 만난 것은 1993년 겨울, 그러니까 왕 후이가 1년여 동안의 미국 생활을 마치고 돌아온 직후였다. 중국에 유학간 뒤 왕 후이의 거처를 이곳저곳 수소문해보았지만, 그가 미국에 가 있어서 만날 수가 없었다. 물론 당시 내가 만나고자 한 사람은 지금과 같은 모습의 왕 후이가 아니라 루 쉰(魯迅) 연구자로서의 왕 후이였다. 한국에서 그의 박사학위 논문을 읽고 '역사적 중간물'이라는 개념으로 루 쉰의 핵심을 파악하는 것이나 근대에 대한 루 쉰의 모순적 태도를 해명하는 점 등에서 만만치 않은 학문적 역량을 발견하였고, 중국대륙의 루 쉰 연구에 하나의 전기가 마련되었다는 인상을 받았다. 하지만 왕 후이와 내가 처음 만나 이야기를 나눈 것은 루 쉰에 관한 것이 아니라, 중국의 현실과 중국 지식인 문제 등에 관해서였다. 그는 미국에 다녀온 뒤 루 쉰 연구자에서 중국 근현대사상 연구자로, 특히 중국 근대성(=현대성)에 대한 탐구자이자 90년대 중국 현실에 대한 예리한 비판적 지성의 소유자로 거듭나 있었다.

중국 현실에 대해 왕 후이는 90년대 지배이데올로기라 할 신자유주의자들의 시장에 대한 물신주의를 집요하게 공격하면서 시장화·자본주의화 과정에서 소외되는 민중의 문제 그리고 경제민주의 문제를 강조한다. 그는 이로 인해 97~98년 중국 지식인사회에서 큰 화제를 일으켰던 이른바 '(신)자유주의-신좌파' 논쟁에서 (신)자유주의 지식인들로부터 '신좌파'의 대표적 인물로 불리며 집중 공격을 받기도 했다. 이 대담은 2002년 12월 29일 베이징 왕 후이 자택에서 1차로 진행되었고, 이후 2003년 9월까지 서로 이메일을 주고받으며 많은 내용이 추가되었음을 밝힌다.

중국 지식인사회의 지도와 시장신화

이욱연 · 한국 독자들을 위해 스스로 생각하기에 신자유주의자들과 가장 근본적인 입장 차이가 무엇인지 소개해주었으면 합니다. 선생은 자신을 신좌파가 아니라 비판적 지성으로 분류한 바 있는데 해외의 일부 중국학 학자들은 선생을 자유주의 사상가로 분류하기도 합니다. 이와 관련하여 선생의 사상적 입장을 설명해주시면 좋겠습니다.

왕 후이 · 저는 중국 지식인사회의 논쟁을 비판적 지식인과 신자유주의 혹은 신우파 사이의 논쟁이라고 규정한 바 있습니다. 이것은 저 자신의 이론적 입장에 대한 것이 아니라 지식인사회의 논의에 대한 정리일 텐데, 이렇게 말씀드리는 것은 두 가지 이유 때문입니다. 첫째는 신자유주의 지식인 혹은 신우익과의 논쟁에서 비판적 지식인의 역량이 대폭 확대되었다는 것입니다. 둘째, 중국적 맥락에서 좌와 우의 개념은 여러가지 복잡한 역사를 겪었습니다. 일부 관방이론가들도 자신을 '좌파'라고 칭하죠. 이러한 혼란을 피하기 위해 저는 비판적 지식인이란 개념을 사용하기를 권합니다. 하지만 이것이 좌·우의 의미를 부인하는 것은 아닙니다. 저는 오늘의 중국과 세계에서 좌파나 우파의 의미를 다시금 규정하는 것이 아주 중요한 이론적 과제라고 봅니다. 깐 양(甘陽) 선생도 저를 '자유주의 좌파'의 범주에넣은 바 있는데, 그가 좌파 앞에 자유라는 두 글자를 추가한 것은 관방좌파와 구별하기 위해서입니다.

사회주의와 마찬가지로 자유주의도 하나의 사상적 전통이며, 여러가지 상이한 내용들을 포함하고 있습니다. 제가 사고하는 바는 그러한 여러가지 사상적 배경과 연결되어 있는데, 그중에는 자유주의적 사상 배경도 포함됩니다. 하지만 여기서 강조하고 싶은 사실은 하나의 전통으로서의 자유주의와 신자유주의는 같을 수 없다는 점입니다. 저와 중국의 신자유주의자들 사이에는 여러 면에서 차이가 있습니다. 역사와 관련하여, 저는 중국혁명 과정에서 일어난 비극에 대해 진지한 검토와 비판이 있어야 하지만, 중국혁명과 그 성과를 간단히 부정할 수는 없다고 봅니다. 또한 그러한 혁명적 유산이 비판적 검토작업을 통해 우리가 새로운 역사조건 속에서 진행하는 비판적 작업의 자원으로 활용될 수 있다고 믿습니다. 현실적 측면에서 보자면, 저는 신자유주의가 창조한 시장주의의 환상을 거부합니다. 저는 이러한 시장주의와 정치권력, 그밖의 사회권력 사이의 관계를 드러내려고 노력하고 있지요. 또한 '발전의 환상'으로 도시와 농촌의 격차, 빈부 격차, 지역간 격차 그리고 국가 사이의 심각한 격차와 충돌을 은폐하는 것에 반대합니다. 사회목표 측면에서는 역사종말론을 비판하여 현재 조건에 부합한 사회민주화를 구상하고 대안적 발전모델을 모색하고 있습니다. 중국의 신자유주의자들과 저의 대립은 몇가지 구체적 문제를 통해 드러나기도 하지만 현대사를 보는 기본관점에서도 드러나지요. 신자유주의 혹은 신보수주의가 조성한 위기와 곤경은 결코 중국만이 직면한 도전이 아니고 아시아지역을 포함하여 전세계가 직면한 도전입니다. 대안적 발전의 길을 발견하고 그러한 모색을 가능하게 하는 역사적 동력을 발견하는 것이 비판적 지식인들의 공동 사명이라고 봅니다.

이욱연 • 방금 말씀하신 그러한 차이는 근본적으로 시장메커니즘을 어떻게 이해하느냐와 관련있다고 할 수 있을 것 같습니다. 선생은 중국 신자유주의자들이 중국에서의 시장의 발생과 성격을 자생적이자 중성적인 것으로 보는 가운데 90년대 중국에서 벌어지는 시장과 권력의 결탁 문제를 소홀히한다고 비판했지요. 또한 신자유주의자들은 시장의 형성을 통해 정치개혁뿐만 아니라 중국사회의 전반적인 개혁이 가능하다는 시장만능론에 빠져 있다고 비판한 바 있습니다. 하지만 역으로 선생의 이러한 견해를 두고 이렇게 비판하기도 합니다. 개혁·개방 이후 중국사회의 활력은 대부분 시장메커니즘의 확대에서 왔다는 것입니다. 예컨대, 언론만 보더라도 시장메커니즘 속에서 언론매체들이 예전보다 늘어나면서 전에 비해 공적 여론 형성기제가 상대적으로 발달되었다고 할 수 있을 것입니다. 이러한 입장에 선 사람들은 중국사회의 변화에서 시장메커니즘의 역할과 기능에 대해 선생이 지나치게 부정적으로만 보고 있다고 평가하기도 합니다.

왕 후이 • 아직 한국에 소개되지는 않았지만 저는 「과학주의와 사회이론의 몇가지 문제(科學主義與社會理論的幾個問題)」 「경제사인가 정치경제학인가(經濟史, 還是政治經濟學)」 같은 글에서 시장과 시장경제, 자본주의 등의 범주를 구분하였습니다. 이른바 '시장신화'는 시장메커니즘을 자유영역으로 보고 이러한 메커니즘과 그밖의 사회기제 사이의 내재적 연계를 부정하는 이데올로기입니다. 때문에 '시장신화'를 비판하는 것이 시장이나 시장메커니즘을 부정하는 것은 아닙니다.

이욱연 • 그렇다면 일부 중국 지식인들, 특히 신자유주의 지식인들이 선생의 주장을 시장메커니즘을 부정하는 것으로, 일종의 의도적이고 정치적인 오해를 하고 있다는 말씀인지요?

왕 후이 • 그런 측면이 있습니다. 중국에 시장메커니즘이 탄생한 것은 국가 주도 아래 특정한 역사적 조건과 역사적 과정에 의해서입니다. 이러한 과정의 성과를 단순한 시장메커니즘의 산물로 볼 수는 없고, 그 과정에서 파생한 위기 역시 간단히 시장메커니즘의 산물로 돌릴 수 없습니다. 때문에 현재 중국의 문제에 대한 분석은 순전히 경제학적 분석의 틀에 국한될 수 없으며, 정치경제학적 시각을 비판적으로 재구성하는 것이 필요합니다. 중국경제의 고속 발전과 중국사회의 심각한 균열 및 시장메커니즘의 작동과정 자체가 특정한 정치구조나 비경제적 요인과 밀접한 연관이 있습니다. 이러한 의미에서 중국의 발전과 위기에 대해 분석하고 판단하려면 반드시 시장요소가 작동하는 사회·제도적 조건과 이전 시기에 이러한 발전을 위해 축적한 것들을 역사적으로 분석해야 합니다. 신자유주의의 '시장신화'는 시장메커니즘이 작동하게 된 사회·정치적 조건을 무시함으로써 경제발전을 단순히 자유시장의 성과로 귀결시키고 그밖의 다른 사회메커니즘의 역할을 부정합니다. 또한 사회의 격차와 분열을 자연적 과정으로, 즉 시장메커니즘이 자동적으로 작동한 결과로 보는 거죠. 따라서 저의 분석과 시장메커니즘의 평가에 대한 문제는 같은 차원의 문제가 아닙니다. 잘 아시다시피, 중국의 발전뿐만 아니라 현대세계의 발전은 자연과 인력자원에 대한 심각한 수탈 속에서 이루어지고 있습니다. 이러한 전제에서 보면 중국사회가 아무리 빠른 속도로 발전한다 해도 이것이 우리가 대안적 발전의 길과 발전모델을 모색하는 것을 막는 구실이 될 수는 없습니다. 사실 이는 '시장신화'가 현재 사회에 존재하는 심각한 분열과 위기를 발전이라는 수사를 통해 은폐하는 것이기도 합니다.

전지구화와 중국의 문제

이욱연 • 선생은 중국 문제는 이미 자본주의의 문제, 전지구적 신자유주의 문제와 분리될 수 없다고 하셨지요. 하지만 중국과 일본의 일부 인사들이 지적하듯이 선생의 이러한 진단을 두고 중국의 문제와 서구의 문제를 동일한 수준에서 사고한다는 비판이 나올 수 있습니다. 요컨대 중국 문제를 사회주의의 문제로만 다룰 수 없으며, 이를 전지구화와 직결해야 한다는 것이 선생의 기본 입장이지요. 하지만 경제와 무역이 세계체제 속에 편입되더라도 이것이 곧 중국과 세계의 문제영역의 일체화를 의미하지 않는다는 것, 사회주의적 메커니즘으로 일어나는 문제가 여전히 심각한 상황에서 중국이라는 국민국가에 대한 비판이 글로벌리즘 비판으로 대체될 수 없다는 지적입니다. 물론 이러한 입장은 주로 (신)자유주의자들이 내놓고 있지만, 경청할 부분이 있는 것도 사실이라고 봅니다.

왕 후이 • 여기에는 개념적인 문제도 있고, 정치적 판단 문제도 들어 있습니다. 우선 사람들은 흔히 계획경제와 시장경제로 사회주의와 자본주의를 구분하지요. 하지만 제가 아시아에 관한 논의에서 지적하였고, 일찍이 신해혁명이 성공한 뒤 레닌도 입증한 바 있듯이, 쑨 중샨(孫中山)이 삼민주의에 사회주의적인 요소를 포함시킨 것 자체가 오히려 중국에서 자본주의가 발전할 수 있다는 근거를 마련해준 것이었습니다. 이것이 바로 중국의 변증법입니다. 20세기 역사와 중국 발전의 길을 되돌아볼 때, 레닌의 이러한 판단은 다시금 사고할 가치가 있습니다. 사회주의운동의 시각에서 보자면 일국 사회주의 건설을 주장하는 스딸린과 뜨로쯔끼의 두 가지 역사적 판단과 관계된다고 봅니다. 사람들이 중국의 사회주의 메커니즘을 이야기할 때 주로 국가와 당의 역할을 지칭합니다. 하지만 중국 시장경제의 형성 과정에서 중국 국가와 당이 이러한 시장경제의 형성을 추동하는 동력이자 시장메커니즘의 내재적 요소인지, 아니면 반자본주의 구조인지를 물어야합니다. 국가와 정당의 역할이나 그 변화를 떠나서 오늘날 중국의 시장경제 형성의 동력이나 이것과 전지구 자본주의 사이의 연관을 거론하는 어떤 노력도 모두 비현실적입니다. 또한 저는 『반시장적 자본주의』라는 책의 서문에서 브로델의 이론을 통해 정치경제학적 전통을 재해석한 바 있습니다. 브로델의 의미로 볼 때 자본주의는 반시장적이고, 반시장적 독점력에 기대어 형성된 체제입니다. 이런 의미에서 보면 중국의 국가체제를 사회주의라고 하는 것은 역사적 감각이 없습니다. 중국에는 물론 사회주의적 요소가 존재하지요. 20세기 중국혁명은 현대적 전통을 제공하였습니다. 제가 말하고 싶은 것은 중국사회에 아직도 평등가치에 대한 존중, 보통사람들의 권리에 대한 요구, 세계패권에 대한 저항, 부패와 그것을 유발하는 사회메커니즘에 대한 비판, 사회적 민주주의에 대한 추구 등의 전통이 존재하고 있다는 사실입니다. 이러한 전통들이 국가의 행위 자체에 일정한 제약으로 작용하고 있습니다. 이 모든 것들이 바로 중국의 비판적 역량이 존재할 수 있도록 하는 사회적 기초라고 할 수 있지요.

문혁 기억의 다양화와 재해석

이욱연 • 90년대 이후 중국민중들 사이에서 반복적으로 출현하는 마오 쩌둥 열기 역시 중국사회에 존재하는 그러한 현대적 전통과 관련을 지닌다고 볼 수 있는지요? 민중들의 마오열기는 상업주의의 산물로 마오 쩌둥을 소비하는 행위라는 것이 중국의 일반적인 평가인데, 물론 중국민중들의 마오열기에는 그러한 측면도 있지만, 부분적으로는 중국민중들 특유의 역사적 혜안이 그런 형태로 발현되었다고 볼 수는 없을까요?

왕 후이 • 원론적으로 보자면, 마오 쩌둥과 그 유산에 대한 평가는 중국혁명의 역사와 긴밀한 연관을 지니고 있습니다. 이러한 역사를 총체적으로 그리고 깊이있게 분석하기 전에는 마오 쩌뚱의 역사적 의미에 대해 분명한 평가를 내리기는 어렵다고 봅니다. 마오시대의 기억과 그 시대가 우리에게 남겨준 유산이 현재 중국사회의 변혁에 중요한 역할을 할 수는 있습니다. 하지만 제가 보기에 민간사회의 마오 쩌뚱에 대한 기억이나 마오 쩌뚱 유행현상은 상업적 동기에서 나온 것으로, 매우 피상적인 것입니다.

이욱연 • 민중들의 마오 쩌뚱 열기는 그렇다고 치더라도, 선생을 비롯하여 이른바 비판적 지식인들과 신좌파지식인들 사이에는 마오 쩌뚱 사회주의에 대한 평가에서 중요한 차이가 존재합니다. 선생만 하더라도 마오시대의 사회주의는 현대성에 대한 이중적 태도, 다시 말해 서구 근대성을 비판하면서 대안적 현대성을 모색하려는 태도를 지녔다는 의미에서 서구 근대성에 대한 물신주의에 빠져 있는 개혁·개방정권과 구분된다고 보고 있지 않습니까? 이로 인해 문혁시기에 고초를 겪었던 지식인들이나 신자유주의 지식인들은 선생이나 다른 신좌파지식인들이 문혁 당시 아무것도 모르는 어린아이였고, 그 시절의 고통과 비극을 겪지 않았기 때문에 마오시대에서 '합리적 요소'를 발굴해내자는 주장을 한다고 비난하고 있습니다. 저는 선생이 「지적 편력」에서 언급한 선생 자신의 문혁에 관한 기억을 관심있게 읽었습니다. 사실 개혁·개방정권이 들어선 이후 문혁에 관한 기억은 심각한 국가적 통제를 받는 가운데, 국가적 기억만이 유일하게 존재하고 있습니다. 그리고 이러한 문혁 기억은 마오시대를 부정하고 새로운 정권의 정당성을 강화하는 역할을 해왔고요. 물론 이 국가적 기억의 제조에는 국가만이 아니라 지식인들도 공동으로 참여했다는 점에서 지식인의 기억이기도 합니다. 그런데 90년대 후반 들어 단일한 코드로 해석된 문혁 기억, 문혁에 관한 국가적 기억에 균열이 일어나는 양상이 보입니다. 조금 확대해서 해석하자면, 문혁체험 문제와 관련하여 '기억의 내전'이 일어나고 있다

고 할 수 있고, 종전의 일방적인 국가적 기억이 심각한 도전에 직면했다고
볼 수도 있을 것 같습니다. 문혁 기억의 다양화, 좀더 넓게 보면 마오 쩌둥
시대에 대한 기억의 다양화가 중국 현실에 그리고 중국의 미래를 상상하
는 데 어떤 작용을 할 것이라고 보는지요? 마오 쩌둥 시대에 대한 기억이
지금의 중국 현실에 어떤 의미를 지닐까요?

왕 후이 • 문혁기간 중국에는 수많은 비극이 초래되었습니다. 서로 다른 견
해가 있기는 하지만, 이 점에서는 광범위한 공통적 인식이 존재한다고 믿
습니다. 하지만 그러한 비극을 어떻게 재검토하고 성찰하며 기록할 것인
지에 대해서는 많은 의견 차이가 있습니다. 예컨대 문혁 초기에 왜 그토록
광범위한 사회적 동원이 가능했는지, 그 동력은 무엇인가 하는 문제입니
다. 지금까지 문혁에 관한 서술은 크게 두 집단이 주도하였습니다. 하나는
관방이지요. 특히 문혁중 고초를 겪은 뒤 복귀한 지도자들은 문혁이라는
구호를 철저히 부정하였습니다. 바로 그들 집단이 가장 먼저 문혁의 구호
를 내놓고 주도하였는데도 말이지요. 다른 하나는 지식인그룹입니다. 여
기에는 당시 박해를 받거나 불공정한 대우를 받은 지식인들과 농촌 등지
로 내려갔던 당시의 일부 청년지식인들이 포함됩니다. 이들이 주로 비판
하는 것은 정치적 독재 속에서 희생된 인간의 존엄과 권리의 문제입니다.

이욱연 • 개혁·개방정권과 지식인들이 문혁 기억을 독점하였다고 하셨는데, 그런 점에서 보자면『뚜슈(讀書)』2001년 1월호에 소개되었던 이른바 '까오쟈촌(高家村)' 농민들의 문혁 기억, 마오 쩌뚱 시대에 대한 기억은 주목할 만하다고 하겠습니다. 농민 입장에서 볼 때 문혁시대, 마오시대가 황금시대였다고 주장하고 있기 때문인데요, 그동안 독점적이고, 어떤 의미에서는 억압적 지위를 차지해온 지식인들의 기억을 전복시키고 농민 입장에서, 넓게 보면 계급의 시각에 따라 개혁·개방시대 지배이데올로기로서의 문혁 기억에 균열을 내는 일이라고 할 수 있을 것 같습니다.

왕 후이 • 그렇게 볼 수 있지요. 지금껏 농민의 문혁 기억은 거의 찾아볼 수 없었거나 극히 적었고, 노동자들의 기억 또한 마찬가지였으니까요. 문혁 체험과 기억은 연령에 따라서도 차이가 있습니다. 우리들이 수집할 수 있는 문혁에 관한 기억은 단편적이고 조각난 것들입니다. 중국이 시장화하면서 노동자·농민들의 사회적 지위에도 중요한 변화가 일어났고, 우리는 지금 도시와 농촌, 사회 각 계층 사이에 일어나는 급격하고도 심각한 격차 문제에 직면했지요. 이러한 변화를 어떻게 바라볼 것인가 하는 점은 1949년 이후 중국역사에 대한 재평가 문제와 불가피하게 연결될 수밖에 없습니다. 그런데 지금 우리는 곤경에 처해 있습니다. 어떤 곤경인가 하면 한편으로는 문혁을 철저히 부정하면서 동시에 문혁에 대한 깊이있는 논의와 분석을 제한하고 있다는 사실입니다. 이런 상황에서 하나의 관방 구호로서 '문혁을 부정하라'는 것은 지금의 정책을 합법화하는 일이 되고, 현재에 대한 비판을 모두 '문혁으로 돌아가자'고 주장하는 것으로 몰아붙일 수 있습니다. 때문에 문혁시대에 일어난 비극과 그 원인을 좀더 깊이있게 이해하려면 그 시대의 모습을 총체적으로 이해하고 문혁에 대한 연구와 사고를 지배이데올로기의 서사 속에서 해방시킬 필요가 있습니다.

이욱연 • 문혁에 대한 기억의 문제는 중국만이 아니라 한국에서 문제가 되기도 합니다. 한국사회, 특히 정치사회에서 문혁에 대한 기억은 홍위병(紅衛兵) 위주의 기억뿐이고, 흔히 대중운동의 위험성을 경고하는 도구로 이용되기도 합니다. 사실 문혁은 비단 중국만의 문제가 아니라 동아시아 근대가 서구자본주의 근대와 대결하는 가운데 대안적 근대를 모색해가는 과정에서 그것이 극단에 이른 것이라 할 수도 있을 것입니다. 그만큼 특정 정파 사이의 정치투쟁이나 노선투쟁 차원, 혹은 마오 쩌뚱의 개인적 인격이나 개성 등의 차원에서 바라보는 것만으로 해결할 수 없는 점이 문혁에는 분명히 존재하고, 때문에 거시적 맥락에서 재검토 작업이 필요하다고 봅니다.

왕 후이 • 사실 문혁에 대한 그러한 일면적 이해는 중국뿐만 아니라 한국, 일본에도 동시에 적용된다고 하겠습니다. 문혁이 끝난 뒤, 중국에서는 서로 다른 측면에서 그 시대와 그 시대의 문제를 검토한 바 있습니다. 그 가운데 맑스주의 휴머니즘 측면에서 접근한 경우도 있었지요. 하지만 그러한 이론적 모색은 90년대 이후 사라졌습니다. 그리고 신자유주의나 신보수주의 이데올로기가 역사를 해석하는 주도적 위치를 차지하고 있습니다. 좀더 중요한 사실은 이런 상황에서 문혁에 대한 기술이 점차 전체 20세기 중국혁명에 대한 서술로 확대되어 문혁 기억이 현재 중국 국가이데올로기의 중요한 일부가 되었다는 것입니다. 중국혁명을 일방적으로 부정해버리면 필연적으로 식민지 상태로부터의 중국의 민족독립을 부정하고, 민족독립을 기반으로 점진적으로 완전한 국민경제 씨스템을 세우고 다른 지역 제3세계 국가들의 독립운동을 지원한 사실을 부정하게 됩니다. 그리고 이러한 역사적 상황이 현대 중국의 발전에 미친 영향을 부정하게 되는 거죠. 저는 이런 점에서 문혁과 중국혁명을 다시 분석하고 해석하는 일이 지금 중국의 문제를 이해하는 데 핵심적인 일이라고 생각합니다. 이러한 재해석은 역사적 해석을 존중해야 하지만 그 시대를 위한 변호도, 일방적으로 부정하는 차원의 해석도 되지 말아야 합니다. 그 시대의 역사적 성과와 실패, 문혁이 일어나게 된 상황, 비극을 초래한 원인, 문혁시대의 서로 다른 여러 집단들의 운명, 중국의 문혁과 60년대 세계 각지에서 일어난 반전운동, 학생운동 그리고 그밖의 사회운동과의 관계 등이 검토의 대상이 되어야 하지요.

신자유주의에 대한 저항과 비판

이욱연 • 아마도 6·4 톈안먼사태, 그러니까 이 책에서 선생께서 쓴 표현으로는 '1989년 사회운동'과 중국 신자유주의의 역사적 관계를 구명한 것은 방금 말씀하신 그러한 노력의 일환으로 볼 수 있겠네요. 6·4에 대한 선생의 해석은 기존의 지배적 해석과 차이가 있습니다. 그 원인을 정치적 차원이나 사상적 차원이 아니라 개혁·개방 이후 초래된 경제적 불평등이 끊임없이 확대되어가는 과정에서 찾고 있고, 이를 중국 신자유주의가 헤게모니를 차지하는 분수령으로 보고 있는 것이지요.

왕 후이 • 저는 1989년 사회운동을 축으로 삼아 80년대와 90년대의 전환을 분석하였습니다. 두 가지 측면에서 접근했는데, 첫째는 전통 사회주의체제의 실패와 개혁·개방 이후 나타난 문제 사이의 복잡한 관계입니다. 사실상 사회주의체제 자체의 위기와 모순, 실패가 없었다면 그러한 광범위한 개혁운동은 일어나지 않았을 것입니다. 이런 의미에서 보면 지금의 문제를 분석할 때 간단히 과거를 이상화할 수 없고 과거와 현실적 위기 사이의 상호연동 관계를 분석하는 역사적 태도가 필요합니다. 중국 신자유주의는 박래품(舶來品)이기도 하지만 우리 자신의 역사적 토양에 뿌리를 내린 사상이기도 합니다. 이렇게 사고하다 보면, 이런 질문이 가능해지지요.

왜 동유럽과 러시아는 신자유주의의 가장 충실한 추수자들이 되었는가? 둘째는 개혁과정에서 발생한 사회위기와 사회운동 사이의 관계입니다. 저는 사회운동의 동력을 분석하는 가운데 주류 이데올로기에 자발적으로 그리고 의식적으로 저항하는 사회적 역량을 끌어내고, 세계의 주류 언론들이 구축한 1989년 톈안먼사태에 관한 서사 속에 묻혀버린 비판적 동력을 구출해내고자 했습니다.

이욱연・선생에게 신자유주의에 대한 저항과 비판은 중국 현대성을 재구축하는 작업과 긴밀한 연관을 갖고 있고, 이 과정에서 선생은 중국 근현대사상에 나타난 '반자본주의 현대성적 현대화'의 사상적・정치적 흐름을 재조명하고 있습니다. 표현이 모순어법처럼 보이지만 이 속에 중국 현대화의 특징, 중국 현대성의 개성이 들어 있다고 할 수 있는데요. 그것은 아마 서구자본주의 근대화가 초래한 위기와 모순들을 피하면서 대안적인 현대화의 길을 모색하였다는 것일 겁니다. 그러한 대안적 길을 모색하는 데 주춧돌 역할을 한 것이 반제국주의적 민족주의 아닙니까? 그런데 지금 중국에서는 민족주의가 발전주의의 이름 아래 신자유주의의 튼튼한 지지자, 즉 기반이 되고 있습니다. 민족주의와 신자유주의에 대한 동시적 저항이 필요한 셈이지요. 전지구적 신자유주의에 대한 저항에서 과거처럼 민족주의적 수단에 기댈 수 없게 된 것 같은데, 물론 그렇다고 해서 중국이라는 일국적 차원의 저항이 의미없다는 이야기는 아닙니다. 그러한 저항과 더불어 민족-국가 차원을 넘어 동아시아 같은 지역적 차원이 저항의 거점으로 훨씬 중요시될 수 있다고 보는데요.

왕 후이・근대 반제국주의와 민족주의 발생의 관계는 중요합니다. 하지만 반제국주의・반식민주의 조류가 중국역사에서 민족주의로 표출된 것만은 아니지요. 국제주의, 약소민족을 위해 싸우는 휴머니즘, 사회주의운동, 그리고 민족해방운동 과정에서 형성된 국제적 협력관계 등도 중요한 유산입니다. 이러한 사회운동과 민족주의는 이러저러한 관계를 지니고 있지만 간단히 민족주의란 범주로 분석할 수는 없습니다. 이선생 말씀대로 발전주의가 민족–국가 현대화의 지배적인 이데올로기로 되어 있고, 신자유주의의 주요 동반자가 되어 있는 것이 사실입니다. 세계적 신자유주의의 압력 속에서 세계 여러 지역에서 지역협력의 형식을 추구하고 있지요. 라틴 아메리카, 아프리카, 유럽, 아시아 모두 이런 과정에 있습니다. 하지만 민족주의가 신자유주의의 동반자가 될 수 있듯이 지역주의 역시 신자유주의의 주요 동력이 되는 경우가 흔하지 않습니까? 이들 양자가 패권과 지배에 대항한다는 의도를 지니고 있더라도요. 때문에 지역협력이 민족주의와 자본주의 세계화를 동시에 비판하는 의미를 지니려면 조건이 구비되어야 합니다. 예컨대 그 가능성은 지역협력의 방향과 전제에 달려 있지요. 또한 우리가 자본주의 세계화를 넘어 다른 형태의 대안적 길을 찾을 수 있을지의 여부, 발전주의의 틀을 넘어 대안적 발전의 가능성을 찾을 수 있을지의 여부에 달려 있습니다. 저는 역사의 경험과 교훈을 검토하고 지역협력을 추진해가는 과정에서 신자유주의 시장계획과 다른 길을 모색하고 싶습니다. 이러한 실천은 민족–국가에 국한될 필요도, 지역에 국한될 필요도 없는 것이지요.

새로운 아시아를 상상하기 위하여

이욱연 • 선생은 이 책에 수록된 「아시아 상상의 계보」에서 신자유주의 세계화에 대한 비판역량으로서 '아시아의 협력'을 강조하고 있는데요. 방금 선생의 말씀대로라면 여기서 아시아 혹은 동아시아는 특별한 의미를 지니지 않는 것인가요? 세계적 차원에서 일어나고 있는 반세계화운동과 어떤 차별성이나 특수성을 부여받지 않은 것으로 이해되는군요. 제 입장을 말씀드리자면, 저는 세계적 차원이 중요하다고 하더라도 국가·지역·전세계적 차원의 문제를 고민하는 쪽이고, 그러한 신자유주의 세계화에 대한 저항에서도 지구적 차원뿐만 아니라 동아시아의 특수성 역시 주목하자는 쪽입니다. 이야기를 듣고 보니 한국의 비판적 지식인들이 동아시아 연대와 협력을 주로 제창하는 쪽인 데 비해, 선생은 동아시아란 용어보다 아시아란 용어를 더 많이 쓰신다는 사실에 새삼 주목하게 되네요.

왕 후이 • 저는 '반세계화'라는 용어로 세계 각지에서 일어나고 있는 사회운동을 요약하는 데 찬성하지 않습니다. 두 가지 이유에서 그런데, 첫째는 이 용어가 사람들로 하여금 지금의 신자유주의 세계화가 진정한 '세계화라고 오인하게 한다는 점입니다. 사실 신자유주의의 진정한 문제는 세계화라는 이름으로 새로운 격차와 독점, 차별을 만들어내고 있다는 데 있습니다. 둘째, 이 용어는 사회운동의 방향을 오도할 수 있다는 것입니다. 즉 신자유주의에 대한 비판과 저항을 고립을 추구하는 것으로 취급할 수 있습니다. 아시아의 협력은 패권과 독점, 일국 지배에 반대하는 폭넓은 사회운동의 일부분이어야 하고, 그 전제는 아시아사회의 비판적 국제주의여야 합니다.

제가 「아시아 상상의 계보」라는 글에서 분석하였듯이 동아시아, 아시아 등의 개념은 단순히 지리학적 개념이 아니라 역사 속에서 형성된 개념이고 다른 역사적·정치적 함의를 지니고 있습니다. 때문에 이들 개념을 사용할 때 어쩔 수 없이 그 역사적 함의와 정치성에 직면하게 되지요. 저는 그 글에서 아시아 개념의 역사적 생성과정을 분석하였습니다. 19세기 유럽사상은 유럽의 세계라는 역사틀 속에서 아시아 개념을 세웠고, 이로 인해 아시아란 범주를 유럽중심의 역사적 목적론 속으로 편입시켰지요. 러시아혁명과 중국혁명은 사회주의운동과 민족자결권이라는 틀 속에서 아시아의 혁명적 의의를 강조하고 있습니다. 그런가 하면 일본제국주의 이데올로기에서는 중국과 한반도, 그밖의 지역을 동양 혹은 동아시아란 범주에 넣어 이들 사회 실체의 주체성을 제거해버렸죠. 중국 독자들의 독서경험 차원에서 보면 동아시아란 개념은 흔히 일본식민주의의 '대동아공영권'의 역사를 상기시킵니다. 때문에 우리가 이 개념을 사용할 때면 이 개념에 낙인찍힌 역사적 기억을 어떻게 처리하고 제거할 것인지의 문제에 직면하게 됩니다. 저는 아무런 분석 없이 동아시아나 아시아란 개념을 사용하는 것에 반대합니다. 그리고 근대일본의 동아시아란 개념은 유교문화권 관념과 밀접하게 관련되어 있습니다. 하지만 바로 그렇기 때문에 이 개념으로 내부의 문화적 다양성을 설명할 수 없지요. 중국은 지역이 광활하고 다민족으로 구성되어 있고, 문화가 다양한 사회입니다. 중국의 서부는 중앙아시아에 속해 있고 서아시아에 연결되어 있으며, 문화와 종교 등이 서아시아·중앙아시아·남아시아와 긴밀히 연관되어 있습니다. 이러한 의미에서 저는 아시아란 개념이 훨씬 포괄적인 개념이라고 생각하는 편입니다.

아시아론 또는 동아시아론의 의미

이욱연 • 중국의 시각에서 볼 때, 그런 입장은 충분히 이해할 수 있습니다. 그런데 이런 생각이 들기도 하네요. 한국인의 관점에서 중국에 대한 동아시아의 규정력을 과도하게 강조하는 입장일 수 있다는 점을 인정하며 하는 이야기인데, 제가 말하고 싶은 것은 중국이 아시아보다는 동아시아라는 정체성을 가져야 한다는 것이 아니라, 근대 이후 세계체제가 중국에 영향을 미칠 때 동아시아를 매개항으로 하는 경우가 많았고, 동아시아라는 매개를 거친 중국 문제와 그밖의 아시아지역의 매개를 거친 중국 문제는 성격이 다르게 나타났다는 것이지요. 특히 그러한 경향은 2차대전 이후 더욱 뚜렷해졌다고 봅니다. 요컨대 중국을 전체 아시아라는 틀 속에서 볼 때와 동아시아란 틀 속에 놓고 보는 것 사이에는 중국 문제뿐만 아니라 세계 문제에 대해 논의할 때도 경우가 달라진다고 생각합니다.

왕 후이 • 아시아 혹은 동아시아란 용어는 절대적인 것도, 대립관계도 아닙니다. 문제는 우리가 어떻게 이들 범주를 설정하고, 지역협력 과정에서 어떻게 진정한 기초와 전제를 찾느냐는 것입니다. 20세기에 중국과 소련 사이에는 상호연동(聯動)되었던 극히 중요한 역사가 있었고, 오늘날 유럽에서도 어떻게 상호연동 관계를 형성할 것인지의 문제가 세계 유일패권에 효과적으로 저항하기 위한 중요한 과제가 되고 있습니다. 아시아든 동아시아든 폐쇄적 범주는 아니지요. 분명한 것은 중국이 상당 부분에서 동아시아 국가이며, 환태평양 경제권이 중국경제와 사회발전에 지극히 중요한 역할을 한다는 점입니다. 하지만 그렇다고 하더라도 아시아라는 개념과 동아시아의 개념을 대립시킬 필요성은 없습니다. 아시아란 개념을 사용하는 것은 근대중국의 사상적 전통과 관련있습니다. 중국 내부적 차원에서 볼 때, 개혁 초기에는 연해지역 발전이 중심이었고, 연해지역과 내지의 격차는 갈수록 확대되어가고 있으며, 많은 양식있는 인사들이 서북부와 동부지역을 발전시켜야 한다고 건의하고 정책을 내놓고 있습니다. 균형발전 문제를 제대로 처리하지 못하면 중국사회는 갈수록 심각한 경제적·사회적 분열에 직면할 것입니다. 사실상 중국 범위든, 아시아 범위든 모두 지역차별이 존재합니다. 지역문제를 토론하면서 지역 내부 혹은 지역 사이의 연관과 차이, 격차와 종속관계를 회피할 수는 없습니다.

동아시아 문제는 굉장히 중요한 과제입니다. 세계적 차원에 볼 때, 동아시아의 여러 지역과 국가는 세계자본주의의 두번째 중심지역이지요. 하지만 한편으로는 냉전의 그림자가 가시지 않았고 패권의 지배력도 여전히 존재합니다. 동아시아 각국 사이의 역사를 둘러싼 문제도 해결되지 않고 있고요. 한반도와 타이완해협의 위기는 식민주의와 냉전, 현대세계 패권

구도와 내적 연관을 지니고 있습니다. 그런가 하면 동아시아 민족-국가 사이에는 전통적으로 문화·정치·경제·사회적으로 상호의존과 보완성을 지니고 있습니다. 인민들 사이에도 다른 지역보다 밀접한 왕래가 이루어지고 있고요. 때문에 냉전의 그림자에서 어떻게 벗어나고 패권적 지배에 어떻게 저항하며, 역사의 짐을 벗어버리고 긴밀하고도 유기적인 관계를 어떻게 형성할 것이냐는 것이 우리의 공동 사명입니다.

이욱연 • 선생의 '아시아'에 관한 언급에서 조공(朝貢)관계에 대한 분석이 주의를 끕니다. 한국사람들로서는 이 조공질서에 심리적·역사적 거부감이 있는 것이 사실이지요. 하지만 그렇다고 거론 자체를 기피할 이유는 없으며 더욱더 선생의 분석을 면밀히 검토할 필요가 있을 것입니다. 선생이 조공관계를 거론하는 것이 결코 과거의 중국중심을 복원하려는 것이 아니라는 점을 충분히 이해하면서도 한가지 지적하고 싶은 것은 지역적 네트워크로서의 조공씨스템은 근본적으로 중심-주변, 그리고 조공씨스템의 안과 밖, 문명권의 안과 밖을 전제로 한다는 점입니다. 더욱이 국가간의 관계가 자본의 관계에 제한을 받는 상황에서 조공씨스템이 어떤 역사적 암시를 던져줄 수 있는 부분은 극히 적다고 판단됩니다. 물론 개인적으로 지금처럼 미국이라는 유일제국의 씨스템에서 행해지는 횡포에 비하면 과거의 조공씨스템이 오히려 훨씬 문명적이고 상대적으로 평등하다는 느낌이 드는 것은 사실이지만요.

왕 후이 • 저는 한국과 그밖의 국가에서 조공관계에 대해 심리적 거부감이 존재하는 것을 충분히 이해합니다. 민족평등이 상식이 된 시대에 그러한 개념 자체는 분명 재고되어야 합니다. 그러나 역사적으로 볼 때 다양하고 탄력적인 조공관계 네트워크는 복잡한 역사세계를 하나의 네트워크로 조직하였습니다. 이는 중요한 역사경험입니다. 이러한 경험에서 다양한 암시를 얻을 수 있는데요, 우선 우리는 역사를 이해하는 데서 민족—국가의 지식에 크게 지배받고 영향을 받습니다. 따라서 역사 속의 상호연계를 새롭게 이해하는 것은 우리들이 그러한 지배와 영향에서 벗어나 새로운 연대를 찾는 데 도움을 줄 것입니다. 다음으로 민족—국가 체제는 많은 실질적 불평등을 형식적 평등의 조약체제 속에 두고 있는데, 이러한 체제의 외부에 시선을 둘 때만이 이 체제의 불평등한 전제를 발견할 수 있습니다. 이러한 관계에 대한 새로운 해석은 아시아사회가 지녔던 역사적 연계의 다양성을 이해하는 데 도움이 될 것입니다. 역사연구는 하나의 암시만을 제공할 뿐 완성된 답은 아닙니다. 이러한 체제가 실제로 작동가능한 현실 체제로 직접 전화되기를 바랄 수는 없는 노릇이지요. 덧붙여 우리도 과거를 그리워하는 태도로 그러한 체제를 이상화하지 말아야 합니다.

이욱연 • 아시아 개념이든 동아시아 개념이든 그것이 계속 힘을 가지려면, 단순히 지역협력 차원만으로는 안되고 각국의 국내 변혁을 실천하는 작업과 긴밀하게 연결되어야 할 것입니다. 아시아담론이나 동아시아담론이 중국의 사회운동이나 변혁운동에 어떤 의미가 있다고 보는지요?

왕 후이 • 아시아 문제를 제기하는 목적 가운데 하나는 우리 사회의 모습을 다시금 확인하고자 하는 것입니다. 지난 세기 이래 아시아 각국의 수많은 문화와 정치토론은 모두 서구와의 대비관계 속에서 이루어졌지요. 예를 들어 중국의 자기인식은 다양한 상황에서 중국/서구라는 대비 속에서 이루어졌고, 중국과 그밖의 다른 아시아국가 사이의 교류나 상호추동과 비교해서 이루어진 경우는 아주 적습니다. 이러한 상황은 아시아 각국 사이의 상호이해와 교류를 제한했고, 우리의 각자 사회의 자기인식과 자기이해에 방해가 되었습니다. 개혁의 실천, 개혁의 목표와 과정·방식은 항상 한 사회의 자기이해와 연관되며, 동시에 이러한 사회는 세계적 범위에서 자기의 내외관계를 세우는 방식과 관련이 있습니다. 이러한 의미에서 아시아담론은 중국사회의 자기인식을 촉진하고, 아시아사회가 상호연동적 구조를 지니고 있다는 의미를 이해하는 데 도움을 줄 것입니다. 또한 민족-국가의 경계를 넘어 현재 세계의 구도와 관계를 이해하는 데도 도움이 될 것입니다. 예컨대 신자유주의와 신식민주의는 우리가 직면한 공동의 도전이자 단일사회 내부에서 극복하기 어려운 문제입니다. 또한 지금의 경제체제는 자원에 대한 쟁탈을 초래하기 마련인데, 다른 국가와 지역의 지식인들이 어떻게 공동운명체라는 감각과 이러한 감각에 기초한 국제주의를 토대로 대안적인 발전의 길을 모색할 것인지가 긴박한 과제입니다.

중요한 것은 아시아담론은 역사에서 혁명적·사회주의적 범주와 관계가 있다는 점이고, 제국주의·식민주의 범주의 발생과 연결되어 있다는 것입니다. 아시아담론은 역사적으로 대국 패권주의와 연계되어 있었고, 약소민족의 자결과 해방을 쟁취하기 위한 운동과 연결되어 있었지요. 때문에 다시 아시아담론을 제기하는 것만으로는 부족합니다. 따라서 우리는 아시아담론이 자본주의 세계화를 대체할 대안적 선택이자 비판적 사고인지를 묻지 않을 수 없게 되지요. 바꿔 말하면 아시아담론을 제기할 때 그 담론 자체에 대한 면밀한 검토가 필요하다는 것입니다.

문화다원론의 지평

이욱연 · 선생은 '아시아담론'과 관련하여 '문화다원론'의 문제를 중요하게 지적하셨는데요, 그런데 문화다원론은 정치질서(국가질서)와 긴밀하게 연결되어 있습니다. 문화다원론은 아시아의 공간에 해당되는 것이자 개별 국가 내부에도 해당되는 문제입니다. 이 문제를 중국의 정치상황과 연결해보면, 매우 민감한 문제가 될 수 있습니다. 문화적 다원주의가 실질적으로 보장되려면 현재의 국민국가 체제에 모종의 변화가 필요합니다. 좀더 근본적으로 중국의 정체성 자체, 요컨대 중화성(chineseness) 자체를 해체하는 문화적 작업과 정치적 작업이 동시에 필요할지도 모릅니다. 선생의 문화다원론에 그러한 장기적이고 근본적인 고려가 포함되어 있는지요?

왕 후이 • 문화적 다양성은 우리 사회의 중요한 특징입니다. 다양한 문화 혹은 다원적 문화 사이에 교류·침투·충돌이 존재하지요. 현대자본주의의 주요 특징은 바로 이러한 다양성을 와해시키는 것, 문화·언어·풍속·습관의 다양성을 파괴하는 것입니다. 현대사회의 정치형식으로서 민족-국가는 약소사회가 자기를 보호하는 역할을 했습니다. 하지만 전지구적 자본주의 분업체제의 정치형식으로서 민족-국가는 다양성을 와해시키는 요소 가운데 하나입니다. 하지만 도대체 어떠한 정치체제가 다양성을 보존하는데 유리한지는 다시금 생각해볼 필요가 있겠지요. 중국헌법은 민족·지역 자치의 권리를 확립했습니다. 제대로 실시된다면 다원적 문화·사회의 내부협력 체제에 도움이 되리라 생각합니다. 이 문제의 토론에 대해 저는 두가지 원칙적인 입장을 갖고 있습니다. 하나는 어떤 정치체제의 확립이든 특정한 사회의 전통과 습관, 제도적 조건과 조화를 이루어야 한다는 것이고, 둘째 민족-국가 내부관계의 변화는 국제관계의 조정에 의지한다는 점입니다. 중국사회의 문화적 다양성 문제와 중국의 정체성 사이의 관계에 대해서는 곧 출간될 『현대 중국사상의 기원(現代中國思想的興起)』에서 비교적 체계적으로 다루었습니다.

이욱연 • 『현대 중국사상의 기원』이 출간되면 선생이 심혈을 기울여온 '중국 현대성'에 관한 연구, 다시 말해 근현대사상사를 바탕으로 중국 현대성의 성격과 특징을 구명한 연구가 일단락을 고한다는 점에서 개인적으로 큰 의미가 될 수 있겠네요.

왕 후이 • 그 책을 쓰는 데 10여년의 시간이 걸렸습니다. 10여년 동안 중국 사회와 세계, 저 자신도 많은 변화를 겪었지요. 때문에 이 책은 그 기간의 제 사유를 총정리한 것이라고 할 수 있습니다. 다루고 있는 범위가 비교적 넓어서 근현대 중국사상뿐만 아니라 고대사상도 다루고 있고요. 이 연구를 통해 저는 '현대 중국사상의 기원'이라는 문제를 새롭게 해석하고자 했습니다. 연구과정에서 많은 사회사와 정치사, 경제사 문제를 다루었고, 상관된 각종 사회이론을 공부하기도 했습니다. 이들 연구는 제가 향후 다루려는 과제의 바탕입니다. 이 책에서는 중국혁명과 대중운동의 관계를 본격적으로 다루지 못했는데, 앞으로는 적절한 방식을 통해 이 방면의 연구를 하고 싶습니다.

중국사회의 쟁점들

이욱연 • 끝으로 한국 독자들을 위해 현재 중국 지식인사회의 쟁점과 중국 지식인사회, 넓게는 전체 중국에서 선생 자신의 역할을 어떻게 설정하고 있는지 소개해주시지요.

왕 후이 • 90년대 중국사회에는 급격한 변화가 일어났고, 사람들은 이러한 변화의 의미에 대한 해석을 절박하게 필요로 했습니다. 그러한 해석은 또한 이른바 전지구화 과정에 대한 이해를 포함하는 것이었지요. 당시에 신자유주의에 대한 비판이나 중국개혁으로 인한 사회분화에 관한 토론, 지구화 과정의 패권과 신자유주의의 관계에 대한 분석 등과 관련하여 여러 다른 의견들이 있었습니다. 하지만 토론이 깊어짐에 따라 비판적 지식인들에게 반대하던 사람들도 이러한 문제를 거부하기 어렵게 되었습니다. 21세기에 접어든 이후 최근 몇년간 많은 토론이 좀더 깊이있게 진행되었습니다. 그중 가장 중요한 문제는 이런 것들이었습니다. 농업·농촌·농민

위기, 이른바 '3농' 위기에 관한 토론으로 농촌·농민·농업이 개혁과 전지구화 과정에서 직면한 위기에 관한 것입니다. 아울러 미국의 패권·전쟁·테러리즘 그리고 전지구화에 관한 토론이기도 하고요. 특히 코소보전쟁, 아프간전쟁, 이라크전쟁 등에 대해서 논쟁이 있었습니다. 헌법개정에 관한 논쟁, 특히 사유재산권과 중국사회의 점유관계의 변화에 관한 토론도 있었고 부패, 도시와 농촌의 격차, 빈부 격차, 국가 거시정책에 관한 토론도 벌어졌습니다. 90년대와 비슷한 상황이지요. 이러한 문제들은 비판적 지식인들이 주도적으로 제기한 것이고 정치, 사회 그리고 지식인사회에서 신자유주의·신보수주의와 논쟁을 벌이고 있습니다.

저는 평범한 연구자이고 지속적으로 사고를 견지해나가는 사람이 되길 희망합니다. 저는 중국 지식인사회나 중국에서 어떤 역할을 할 것인지의 문제를 아직 생각해보지 않았습니다. 하지만 제가 연구하고 사고하는 것은 언제나 역사와 현실이 직면한 구체적 곤경에 관한 것이라는 말씀을 드리고 싶습니다. 동시에 저 자신이 직면한 곤경에 관한 것이기도 하고요.

이욱연 • 선생의 연구와 실천이 개인적인 차원은 물론 중국적 차원에서도 커다란 성과를 거두어 여러가지 곤경의 국면이 좀더 개선될 수 있기를 바랍니다. 오랫동안 대담에 응해주서서 감사합니다.

원문출처

중국 사상계의 현황과 현대성 문제

원제는 「當代中國思想的狀況與現代性問題」이다. 『창작과비평』(1994년 겨울호)에 「중국 사회주의와 근대성 문제」(이욱연 옮김)라는 제목으로 처음 발표되었고, 그후 내용을 수정·보완하여 『天涯』 1997年 第5期와 『文藝爭鳴』 1998年 第6期에 발표 되었다. 이 내용이 『당대비평』(2000년 봄호 및 여름호)에 번역되었다(이희옥 옮김). 또한 『꺼진 불 다시 살아나(死火重溫)』(人民文學出版社 2000)란 저서에 재수록되면 서 약간 수정되었는데, 이번 번역은 왕 후이가 보내준 최종 수정본을 저본으로 삼 았다.

1989년 사회운동과 중국 '신자유주의'의 기원

원제는 「一九八九社會運動與中國 '新自由主義'的歷史根源: 再論當代中國大陸的 思想狀況與現代性問題」이며 『臺灣社會研究季刊』 第42期(2001년 6월)에 발표된 글 을 일부 축약한 것이다.

아시아 상상의 계보

원제는 「亞洲想像的譜系: 爲了新亞洲想像」이다. 2002년 2월 성공회대에서 열린 동아시아 문화공동체포럼이 주최한 국제회의 '신자유주의하 동아시아의 문화적 소통과 상생'에서 발표되었고, 『황해문화』(2002년 가을호 및 2003년 봄호)에 번역· 소개되었다. 그후 내용을 수정·보완하여 『視界』 第8期(2002년 10월)에 발표하였 다. 이번 글은 『視界』에 발표된 것 중 서론과 3, 4, 6장을 번역한 것이다.

대담자 및 번역자 소개

대담자

이욱연
李旭淵

1963년 광주에서 태어났다. 고려대 중어중문학과 및 동대학원을 졸업하고, 뻬이징 사범대 대학원에서 고급진수과정을 수료했다. 현재 서강대 중국문화전공 교수로 재직중이다. 주요 논문으로 「노신의 소설 창작과 기억의 서사」「중국 지식인사회의 새로운 동향: '신좌파'를 중심으로」「소설 속의 문화대혁명」등이 있으며, 역서로 『아침 꽃을 저녁에 줍다: 노신산문선집』등이 있다. 이 책의 번역에도 참여했다.

번역자

차태근
車泰根

1967년 강원도 홍천에서 태어났다. 고려대 중어중문학과 및 동대학원을 졸업하고, 뻬이징사범대에서 박사학위를 받았다. 현재 고려대 중문과 강사이며, 주요 논문으로 「방법으로서의 중국: 중국중심론에서 옥시덴탈리즘까지」「지리인식론, 역사와 근대성」등이 있다.

최정섭
崔正燮

1971년 대구에서 태어나 연세대 중어중문학과 및 동대학원을 졸업했다. 해군사관학교 교관 및 전임강사를 역임했고, 현재 연세대 중문과 박사과정에 있다. 주요 논문으로 「이탁오문학사상연구(李卓吾文學思想硏究)」등이 있다.

'동아시아의 비판적 지성' 기획위원

—

백영서 연세대 교수/중국사학
이연숙 일본 히또쯔바시대 교수/사회언어학
이욱연 서강대 교수/중문학
임성모 연세대 교수/일본사학

—

새로운 아시아를 상상한다
동아시아의 비판적 지성

초판 1쇄 발행 • 2003년 10월 1일
초판 2쇄 발행 • 2015년 8월 14일

지은이 • 왕 후이(汪暉)
펴낸이 • 강일우
편집 • 염종선 김태희 김경태 김종곤 서정은 조형옥 백은숙
표지 및 본문 디자인 • 이선희
조판 • 아람디자인
펴낸곳 • (주)창비

등록 • 1986년 8월 5일 제85호
주소 • 413-120 경기도 파주시 회동길 184
전화 • 031-955-3333
팩스 • 영업 031-955-3399 편집 031-955-3400
홈페이지 • www.changbi.com
전자우편 • human@changbi.com

ⓒ 汪暉 2003
ISBN 978-89-364-8517-7 03300
    978-89-364-7990-9 (전6권)